U1012936

SHUISHOU LILUN YU SHIWU

税收理论与实务

王珮 李翠红◎编著

知识产权出版社
全国百佳图书出版单位

图书在版编目（CIP）数据

税收理论与实务/王珮，李翠红编著．—北京：知识产权出版社，2019.4
ISBN 978-7-5130-6127-8

Ⅰ.①税… Ⅱ.①王… ②李… Ⅲ.①税收理论—中国 ②税收管理—中国
Ⅳ.①F812.42

中国版本图书馆 CIP 数据核字（2019）第 036784 号

内容提要

本书从税制构成要素的视角对我国现行实体税种进行了系统全面的阐述，并重点突出了我国流转税与所得税并重的税制结构特点。全书共分七章，其中第一章税收理论基本概述，是后续章节的理论基础；第二章至第四章重点介绍了流转税类的增值税、消费税及关税的相关法律规定、税额计算及申报；第五章和第六章详细阐述了所得税类的企业所得税和个人所得税的相关法律规定、税额计算及申报；第七章则对其他税种进行简要讲解。本书一方面体现了税收制度的最新变化，如第六章个人所得税的内容就是对2019年最新个税政策的解读；另一方面强调理论与实务的紧密结合。在对具体税种进行理论介绍的基础上，对重要知识点都配有相应的例题以加深读者对其的理解和应用。本书不仅适用于高校学生，也可以作为企业财会人员了解税法知识的参考。

责任编辑：栾晓航　　**责任校对**：潘凤越
封面设计：邵建文　　**责任印制**：孙婷婷

税收理论与实务

王　珮　李翠红　编著

出版发行：知识产权出版社有限责任公司	**网　　址**：http://www.ipph.cn
社　　址：北京市海淀区气象路50号院	**邮　　编**：100081
责编电话：010-82000860转8382	**责编邮箱**：luanxiaohang@cnipr.com
发行电话：010-82000860转8101/8102	**发行传真**：010-82000893/82005070/82000270
印　　刷：北京九州迅驰传媒文化有限公司	**经　　销**：各大网上书店、新华书店及相关专业书店
开　　本：720mm×1000mm　1/16	**印　　张**：14.25
版　　次：2019年4月第1版	**印　　次**：2019年8月第2次印刷
字　　数：280千字	**定　　价**：48.00元

ISBN 978-7-5130-6127-8

目　录

第一章　税收理论基本概述

【学习目标】

通过本章的学习，要求掌握以下知识点：

1. 理解税收的定义和特征
2. 掌握税收的职能与作用
3. 了解税收的基本原则
4. 掌握税收法律制度的构成要素
5. 了解我国现行税收体系

【知识框架图】

- 税收理论基本概述
  - 税收的定义
    - 税收的目的是为满足社会公共需要
    - 税收分配的主体是国家
    - 税收是国家取得财政收入的主要形式
    - 税收的本质是由政府实施的国民收入再分配
  - 税收的特点：强制性、无偿性、固定性
  - 税收的职能与作用
    - 税收是财政收入的主要来源
    - 税收是调控经济运行的重要手段
    - 税收是调节收入分配的重要工具
    - 税收具有监督经济活动的作用
  - 税收原则
    - 税法基本原则：税收法定原则、税收公平原则、税收效率原则、实质课税原则
    - 税法适用原则：法律优位原则、法律不溯及既往原则、新法优于旧法原则、特别法优于普通法的原则、实体从旧、程序从新原则、程序优于实体原则
  - 税法要素：征税对象、纳税义务人、税率、税目、计税依据、纳税环节、纳税期限、税收优惠、违章处理
  - 现行税制体系：由18个税种组成的复税制体系

第一节　税收的特征和职能

一、税收的定义

税收，在历史上又称为租税、赋税或捐税，税收是国家为了实现其职能，凭借政治权力，依据法律规定的标准，强制、无偿地取得财政收入的一种手段。

对于税收概念，可以从以下几个方面来理解：

首先，税收的目的是为满足社会公共需要。执行公共事务，满足社会需要是国家的主要职能，包括提供和平安定的社会环境，兴建公共工程和基础设施等。这些都是进行社会生产和人民生活所不可或缺的外部条件，税收正是为了满足这些公共需求而出现的。

其次，税收分配的主体是国家。国家之所以要征税，是因为国家要执行社会职能；社会成员之所以要交税，是因为他们从事生产经营活动要得到国家的保护，并得到国家提供的服务，从而负有纳税的义务。国家征税是国家凭借其政治权力参与社会产品的再分配，是对利益的一种重新分配，故而国家是税收分配的主体。

再次，税收是国家取得财政收入的主要形式。国家取得财政收入的方式可以是发行国债、进行收费、增发货币等，但这些方式都不能替代税收在形成一国财政收入中的主要作用。

最后，税收的本质是由政府实施的国民收入再分配。

二、税收的特征

税收作为一种规范形式，其特征主要有：

（一）强制性

强制性是指国家以社会管理者的身份，用法律形式对征、纳双方的权利与义务进行制约。国家征税是凭借政治权力，而不是凭借财产所有权。国家征税不受财产直接所有权归属的限制，国家对不同所有者都可以行使征税权。

（二）无偿性

无偿性是指国家征税时对具体纳税人既不需要直接偿还，也不付出任何形式的直接报酬。无偿性是税收的关键特征。它使税收区别于国债等财政收入形式。无偿性决定了税收是筹集财政收入的主要手段，并成为调节经济和矫正社会分配不公的有力工具。税收无偿性的特征，是针对具体纳税人而言的。如果从社会整体的角度看，国家取得税收是为了履行其提供公共产品的职能，故而从整体的角度看，国家取得税收是有偿的。

（三）固定性

固定性是指国家征税必须通过法律形式，事先规定课税对象和课征额度。税收确定性的含义包括三个层次，即课税对象上的非惩罚性，课征时间上的连续性和课征比例上的限度性。税收的确定性特征，是税收区别于罚没、摊派等财政收入形式的重要特征。但是，随着社会经济的发展，某一时期制定的税收法律规范也要进行相应地调整。因此，税收的确定性特征是针对某一特定时期的。

三、税收的职能

税收职能是指税收所具有的内在功能，税收作用则是税收职能在一定条件下的具体体现。税收的职能作用主要体现在以下四方面：

一是税收是财政收入的主要来源。组织财政收入是税收的基本职能。税收具有强制性、无偿性、固定性的特点，筹集财政收入稳定可靠。税收的这种特点，使其成为世界各国政府组织财政收入的基本形式。目前，我国税收收入已占国家财政收入的 90% 以上。

二是税收是调控经济运行的重要手段。经济决定税收，税收反作用于经济。这既反映了经济是税收的来源，也体现了税收对经济的调控作用。税收作为经济杠杆，通过增税与减免税等手段来影响社会成员的经济利益，引导企业、个人的经济行为，对资源配置和社会经济发展产生影响，从而达到调控宏观经济运行的目的。政府运用税收手段，既可以调节宏观经济总量，也可以调节经济结构。

三是税收是调节收入分配的重要工具。从总体来说，税收作为国家参与国民收入分配最主要、最规范的形式，规范政府、企业和个人之间的分配关系。从不同税种的功能来看，在分配领域发挥着不同的作用。如个人所得税实行超额累进税率，具有高收入者适用高税率、低收入者适用低税率或不征税的特点，有助于调节个人收入分配，促进社会公平；消费税对特定的消费品征税，能达到调节收入分配和引导消费的目的。

四是税收具有监督经济活动的作用。税收涉及社会生产、流通、分配、消费各个领域，能够综合反映国家经济运行的质量和效率。既可以通过税收收入的增减及税源的变化，及时掌握宏观经济的发展变化趋势，也可以在税收征管活动中了解微观经济状况，发现并纠正纳税人在生产经营及财务管理中存在的问题，从而促进国民经济持续健康发展。

第二节　税收的基本原则

税法的原则反映税收活动的根本属性，是税收法律制度建立的基础。税法原则包括税法基本原则和税法适用原则。

一、税法基本原则

（一）税收法定原则

税收法定原则又称为税收法定主义，是指税法主体的权利义务必须由法律加以规定，税法的各类构成要素都必须且只能由法律予以明确。税收法定主义贯穿税收立法和执法的全部领域，其内容包括税收要件法定原则和税务合法性原则。

税收要件法定原则是指有关纳税人、课税对象、课税标准等税收要件必须以法律形式做出规定，且有关课税要素的规定必须尽量明确。具体来说有以下要求：

（1）国家对其开征的任何税种都必须由法律对其进行专门确定才能实施；

（2）国家对任何税种征税要素的变动都应当按相关法律的规定进行；

（3）征税的各个要素不仅应当由法律做出专门的规定，这种规定还应当尽量明确。如果规定的不明确则定会产生漏洞或者歧义，在税收的立法过程中对税收的各要素加以规定之后还应当采用恰当准确的用语，使之明确化，尽量避免使用模糊性的文字。

税务合法性原则是指税务机关按法定程序依法征税，不得随意减征、停征或免征，无法律依据不征税。

（1）要求立法者在立法的过程中要对各个税种征收的法定程序加以明确规定，既可以使纳税得以程序化，提高工作效率，节约社会成本，又尊重并保护了税收债务人的程序性权利，促使其提高纳税的意识。

（2）要求征税机关及其工作人员在征税过程中，必须按照税收程序法和税收实体法律的规定来行使自己的职权，履行自己的职责，充分尊重纳税人的各项权利。

（二）税收公平原则

一般认为税收公平原则包括税收横向公平和纵向公平，即税收负担必须根据纳税人的负担能力分配，负担能力相等，税负相同；负担能力不等，税负不同。税收公平原则源于法律上的平等性原则，所以许多国家的税法在贯彻税收公平原则时，都特别强调“禁止不平等对待”的法理，禁止对特定纳税人给予歧视性对待，也禁止在没有正当理由的情况下对特定纳税人给予特别优惠。

（三）税收效率原则

税收效率原则包含两方面：一是经济效率；二是行政效率。前者要求税法的制定要有利于资源的有效配置和经济体制的有效运行，后者要求提高税收行政效率，节约税收征管成本。

（四）实施课税原则

实质课税原则指应根据客观事实确定是否符合课税要件，并根据纳税人的真实负担能力决定纳税人的税负，而不能仅考虑相关外观和形式。

二、税法适用原则

税法适用原则是指税务行政机关和司法机关运用税收法律规范解决具体问题所必须遵循的准则。税法适用原则并不违背税法基本原则，而且在一定程度上体现着税法基本原则。但是与其相比，税法适用原则含有更多的法律技术性准则，更为具体化。

（一）法律优位原则

其基本含义为法律的效力高于行政立法的效力。法律优位原则在税法中的作用主要体现在处理不同等级税法的关系上。法律优位原则明确了税收法律的效力高于税收行政法规的效力，对此还可以进一步推论为税收行政法规的效力优于税收行政规章的效力。效力低的税法与效力高的税法发生冲突，效力低的税法即是无效的。

（二）法律不溯及既往原则

法律不溯及既往原则是绝大多数国家所遵循的法律程序技术原则。其基本含义为：一部新法实施后，对新法实施之前人们的行为不得适用新法，而只能沿用旧法。在税法领域内坚持这一原则，目的在于维护税法的稳定性和可预测性，使纳税人能在知道纳税结果的前提下做出相应的经济决策，税收的调节作用才会较为有效。

（三）新法优于旧法原则

新法优于旧法原则也称后法优于先法原则，其含义为：新法、旧法对同一事项有不同规定时，新法的效力优于旧法。其作用在于避免因法律修订带来新法、旧法对同一事项有不同的规定而引起法律适用的混乱，为法律的更新与完善提供法律适用上的保障。新法优于旧法原则在税法中普遍适用，但是当新税法与旧税法处于普通法与特别法的关系时，以及某些程序性税法引用“实体从旧，程序从新原则”时，可以例外。

（四）特别法优于普通法的原则

其含义为对同一事项两部法律分别定有一般和特别规定时，特别规定的效力高于一般规定的效力。特别法优于普通法原则打破了税法效力等级的限制，即居于特别法地位的级别较低的税法，其效力可以高于作为普通法的级别较高的税法。

（五）实体从旧、程序从新原则

这一原则的含义包括两个方面：一是实体税法不具备溯及力。即在纳税义务的确定上，以纳税义务发生时的税法规定为准，实体性的税法规则不具有向前的溯及力。二是程序性税法在特定条件下具备一定的溯及力。即对于新税法公布实施之前发生，却在新税法公布实施之后进入税款征收程序的纳税义务，原则上新税法具有约束力。

（六）程序优于实体原则

程序优于实体原则是关于税收争讼法的原则，其基本含义为：在诉讼发生时，税收程序法优于税收实体法。适用这一原则，是为了确保国家课税权的实现，不因争议的发生而影响税款的及时、足额入库。

第三节　税收法律制度的构成要素

税收法律制度的构成要素明确了税收法律由哪些要素构成，如对什么征税、由谁纳税、征多少税等。税收制度的构成要素，简称税制要素，是指构成一个完整税种所必需的基本因素，是规范征纳双方权利与义务的法律制度的具体表现。税制要素一般由征税对象、纳税义务人、税率、税目、计税依据、纳税环节、纳税期限、税收优惠、违章处理等要素构成，其中征税对象、纳税义务人和税率是税制的基本要素。

（一）征税对象

征税对象又称课税对象，指每个税种征税的客体或标的物。

课税对象决定了税收的课税范围，是区别征税与不征税的主要界限，也是区别不同税种的主要标志。体现了不同税种课税的基本范围和界限。

同时，征税对象按其性质的不同，划分为商品（货物）和劳务税类、所得税类、财产行为税类、资源税和环境保护税类、特定目的税类等五大类。

为了便于计算税额，在税法中还必须对征税对象的质和量做出更具体的规定，这就涉及税基（计税依据）这种税制要素。

税基（计税依据）是据以计算征税对象应纳税额的直接数量依据，是征税对象的数量表现。依计量单位的差异，税基可分为两种基本形态：价值形态和物理形态。以价值形态为税基的称为从价计征，以征税对象的物理单位（如吨、升）为依据计算应纳税额的称为从量计征。

（二）纳税义务人

纳税义务人是指课税主体，包括征税主体和纳税主体两类。

纳税人和负税人不同。纳税人是直接向国家交纳税款的单位和个人，负税人则是最终实际负担税款的单位和个人。前者是法律概念，是法律上的纳税主体；后者是经济学意义上的概念，是税收负担的实际承受者。二者有时一致，有时分离，具体取决于税收负担是否能够转嫁。若税收负担能够转嫁，则二者分离；相反，纳税人就是实际的负税人。

和纳税人相关的概念还有代扣代缴义务人和代收代缴义务人。前者是指尽管不承担纳税义务，但依照有关规定，在向纳税人支付收入、结算货款、收到费用时有义务代扣代缴其应纳税款的单位和个人（如个人所得税）。而代收代缴义务人则是指虽然不承担纳税义务，但依照有关规定，在向纳税人收取商品收入或劳务收入时，有义务代收代缴其应纳税款的单位和个人，如委托加工应税消费品的受托方就是消费税的代收代缴义务人。

（三）税目

税目是税法中对征税对象分类规定的具体征税品种或项目，是课税客体的具体化，其主要作用是规定征税对象的具体内容，其可以采用的方法分别有列举法和概括法，税目体现了一个税种的征收宽度。

（四）税率

税率是据以计算应纳税额的比率，即对课税对象的征收比例，它体现了征税的深度，税负的轻重。税率是税收制度和政策的中心环节，直接关系到国家的财政收入和纳税人的负担。按税率和税基的关系划分，税率主要有比例税率、累进税率和定额税率三类。

1. 比例税率

比例税率是指对同一征税对象不分数额大小，规定相同的征税比例的税率。比例税率又分为单一比例税率和差别比例税率以及幅度比例税率。单一比例税率指一种税只设置一种比例税率，所有纳税人都按同一税率纳税；差异比例税率是指一种税按不同标准分别设置两种或两种以上的比例税率，如消费税按产品种类设置差别比例税率、城市维护建设税按地区设置差别比例税率，幅度比例税率则是指税法只规定最低和最高税率，各地区自行确定，如契税。

2. 累进税率

累进税率，是指随同征税对象数量的增大，征税比例随之提高的税率。一般适用于对收益、财产征税。它可分为全额累进税率、超额累进税率和超率累进税率。

全额累进税率指的是在按照课税对象数额的大小确定税率后，全部课税对象都按前面确定的相应的最高税率计税，它实际上等于按比例税率计税。采用这种税率，在课税对象级距的分界点附近，全额累进税率计算简单，但税负随税基加大而累进过急，税负不合理，会出现税收增加额超过课税对象增加额的不合理现象。目前，全额累进税率一般已不采用。

超额累进税率是把征税对象按数额大小分为若干等级，从低到高对每个等级分别规定相应的税率，一定数额的征税对象可同时适用几个等级的税率，每超过一级，超过部分按提高一级的算，分别计算各等级税额，其应纳税额之和，就是纳税人的应纳税额，如个人所得税的税率采用的就是超额累进税率。超额累进税率计算比较复杂，但更为合理，现在一般都使用超额累进税率。

在这两类税率计算中，全额累进税率计算简单，但税负随税基加大而累进过急。

例如：如果规定 100 以下税率为 10%，超过 100 时税率为 20%，则，

$100\times10\%=10$　　收入净额为 90；

$110\times20\%=22$　　收入净额为 88。

而超额累进税率计算比较复杂，但更为合理，所以现在一般都使用超额累进税率。

超率累进税率是以征税对象数额的相对率划分若干级距，分别规定相应的差别税率，相对率每超过一个级距的，对超过的部分就按高一级的税率计算征税。目前，我国税制中土地增值税采用的就是超率累进税率。

3. 定额税率

定额税率也称固定税额，是指按照征税对象的一定计量单位，直接确定征收的金额。其一般适用范围通常为那些价格稳定、质量和规格标准比较统一的商品，如啤酒。采用定额税率征税，税额的多少同征税对象的数量成正比，一般适用于从量计征。

（五）计税依据

计税依据指的是计算应纳税额的根据，是征税对象的数量化，计税的依据可以划分为两个部分，分别为从价的计征和从量的计征。其中，从价的计征指的是以征税对象的自然数量与单位价格的乘积作为计税依据的计征方法，也是大多数税种的计征方法，而从量的计征，是以征税对象的自然实物数量作为计税依据。如消费税中的黄酒、啤酒的计量标准为“吨”，汽油、柴油的计量标准为“升”，都是以实际销售数量作为计税依据的。

（六）纳税环节

纳税环节指的是税法规定的征税对象在从生产到消费的流转过程中应予征税的环节。

广义的纳税环节与商品运动的过程相对应：资源税对应生产环节，商品税对应生产或流通环节，而所得税对应分配环节；狭义的纳税环节则是指商品流

转过程中应纳税的环节。

（七）纳税期限

纳税期限是指纳税人按照税法规定缴纳税款的期限，是负有纳税义务的纳税人向国家缴纳税款的最后时间限制。纳税期限是税收强制性、确定性在时间上的体现。任何纳税人都必须如期缴纳税款。确定纳税期限，要根据课税对象和国民经济各部门生产经营的不同特点来决定。

与纳税期限相关的概念有纳税义务发生时间、纳税计算期和税款缴库期。

纳税义务发生时间是指纳税人发生应税行为，应当承担纳税义务的起始时间。明确纳税义务发生时间，有利于在法律上正式确认纳税人已经发生的行为属于应税行为，应承担纳税义务，而且有利于税务机关进行税收管理，合理规定纳税期限，监督纳税人按期履行纳税义务，保证国家及时取得财政收入。

纳税计算期是指税法规定的纳税人计算应纳税额的间隔期。纳税计算期分为按次计算和按期计算两种形式。采用哪种形式主要取决于应税事项的发生频率，具有偶然性的应税事项的发生，宜采用按次计算的方式。对于常规业务所涉及的应税事项，宜采用按期计算的方式。

税款缴库期是指税款计算期满后，纳税人将应纳税款缴入国库的法定期限。

（八）税收特别处理

1. 减免

减税是对应征税款减少征收一部分，免税是对应征税款全部予以免征。

从形式上看，税收减免主要包括税基式减免、税率式减免和税额式减免。

税基式减免是指通过缩小计税依据实现减免税的一种形式，具体包括起征点、免征额和项目扣除、跨期结转等方式。

起征点是税法规定的征税对象达到征税数额开始征税的界限。在规定了起征点的情况下，征税对象的数额未达到起点的不征税，达到或超过起征点的须全额征税。

免征额是税法规定的课税对象全部数额中免予征税的数额。它是按照一定标准从征税对象数额中预先扣除的部分。不论课税对象的数额有多大，免征额部分始终不征税，仅对超过免征额的部分征税。

当课税对象小于起征点和免征额时，都不予征税；当课税对象大于起征点和免征额时，起征点制度要对课税对象的全部数额征税，免征额制度仅对课税对象超过免征额部分征税。

项目扣除是指在征税对象总额中先扣除某些项目的金额后，仅就其余额为依据计算应纳税额。它是在税法规定的一般扣除项目的基础上，进一步扩大或增加某些扣除项目，从而减少税基并实现应纳税额的减免。

税率式减免是以降低税率或归于低税率的方式来减轻或免除纳税人的税收负担，即对某些特定的征税对象或纳税人按照低于一般税率的税率征税。

税额式减免是指通过减少一部分税额或免除全部税额的方式实现减免税，包括全部免征、核定减征率或减征额等。

2. 违章处理

违章处理是对纳税人违反税收法规的行为采取的处罚措施。税务违章行为主要包括偷税、抗税、欠税、骗税等，处理方法有税收保全措施、拍卖被扣押或查封的货物和财产、加收滞纳金、补税、罚款、吊销税务登记证，会同工商行政管理部门吊销营业执照以及依法追究刑事责任。税务复议和诉讼违章处理对维护税法的强制性和严肃性具有重要的意义。

第四节　中国现行税制体系

一、现行税制体系

税收制度简称为税制，是国家针对税种结构、税收征收方式和税收收入管理体制而制定的各种税收法规和管理办法的总称，其内容包括：税制结构，税收征收管理制度，以及税收管理体制。税收制度有广义和狭义之分。狭义税收制度专指税制结构。本课程讨论的税收制度是狭义税制，其主要是指国家税收由哪些税种组成和各税种要素的具体内容。我国现行税制是经过 1994 年工商税制改革后逐渐完善的，是一个由多种税组成的复税制体系，共由 18 个税种构成。

二、税收的分类

（一）税收按征税对象的不同可分为以下五大类别

（1）商品（货物）和劳务税类。商品和劳务税类包括增值税、消费税、关税。这些税种主要在生产、流通或服务领域发挥调节作用；

（2）所得税类。所得税类包括企业所得税、个人所得税，它们主要是在国民收入形成后，对生产经营者的利润和个人的纯收入发挥调节作用；

（3）财产和行为税类。财产和行为税类包括房产税、契税、车船税、印花税，这些税主要是对某些财产和行为发挥调节作用；

（4）资源税和环境保护税类。包括资源税、城镇土地使用税、土地增值税和环境保护税等。这些税种主要是对矿产资源和土地资源的征税；

（5）特定目的税类。特定目的税类包括车辆购置税、耕地占用税、烟叶税、船舶吨税、城市维护建设税，主要是为了达到特定目的，对特定对象和特定行为发挥调节作用。

（二）其他分类

按照税负能否转嫁为标准可以划分为直接税和间接税；按照价格与税之间的关系可分为价内税与价外税；按照计征方式可分为从价税和从量税；按照税收的归属关系可分为中央税、地方税及中央和地方共享税。其中，中央税包括消费税、关税、车辆购置税、海关代征的进口环节增值税；中央和地方共享税包括增值税（中央 50%；地方 50%）、企业所得税（铁道部、各银行总行、海洋石油归中央；其余中央 60%，地方 40%）、个人所得税（个人存款利息所得税归中央；其余中央 60%，地方 40%）、资源税（海洋石油企业缴纳部分归中央政府，其余部分归地方政府）、城市维护建设税、印花税（证券交易印花税归中央，其余归地方）；地方税包括土地增值税、契税、环境保护税、城镇土地使用税、耕地占用税、房产税、车船税等。

【本章小结】

税收是国家为向社会提供公共产品，凭借其政治权力，依照法定标准，向国民强制、无偿地征收以获取财政收入的一种规范形式，在调控经济运行、调节收入分配上起到重要作用。运用相关的法律准则对税法的实施加以规范和约束，以保证其合理有序的实行。通过对征税对象、纳税义务人、税率等税制各构成要素的规定，可以确保税法在理解与应用中不产生歧义。税法内容十分丰富，涉及范围也极为广泛，各单行税收法律法规结合起来，形成了完整配套的税法体系，共同规范和制约税收分配的全过程。税法体系也可以按照征收对象、税收从属关系等进行划分，从不同角度对税法的运用进行调控。

第二章　增值税

【学习目标】

通过本章的学习，要求掌握以下知识点：

1. 了解增值税的概念与特点
2. 了解我国增值税的改革历程
3. 掌握一般规模纳税人和小规模纳税人的权利和义务
4. 掌握增值税销项税额、进项税额的各项法律规定及增值税应纳税额的计算
5. 掌握增值税的征收管理规定
6. 掌握增值税的纳税申报办法

【知识框架图】

- 增值税
  - 基本原理
    - 概念、特点、优点
    - 计算原理：直接计税法、间接计税法
    - 计税方法：一般计税法、简易计税法、扣缴计税法
    - 分类：生产型增值税、收入型增值税、消费型增值税
  - 改革历程
    - 1979年引进，1980年试点实施
    - 1993年底出台增值税暂行条例，实行生产型增值税
    - 2009年转型为消费型增值税
    - 2012年1月—2017年10月营改增阶段
    - 2018年深化改革阶段
  - 构成要素
    - 征税范围
      - 一般规定应税销售行为和进口货物
      - 特殊规定视同销售行为、混合和兼营销售
    - 纳税义务人
      - 一般纳税人：年应税销售额＞500万元
      - 小规模纳税人：年应税销售额≤500万元
    - 税率和征收率
      - 四档税率16%、10%、6%、零税率
      - 征收率为3%和5%
    - 优惠政策免税项目、起征点
  - 应纳税额
    - 销项税额计算　销项税额=销售额×适用税率
    - 进项税额计算　允许抵扣、不动产分期抵扣、不得抵扣
    - 应纳税额计算
      - 一般纳税人应纳税额=当期销项税额-当期进项税额
      - 简易办法应纳税额=销售额×征收率
      - 进口环节应纳税额=组成计税价格×税率
    - 营改增后应税服务计算
    - 出口退税“免、抵、退”税计算
  - 征收管理
    - 纳税义务发生时间、纳税地点、纳税期限
    - 增值税专用发票的使用及管理
  - 纳税申报
    - 一般纳税人纳税申报办法
    - 小规模纳税人纳税申报办法

第一节　增值税基本原理

一、增值税的概念

增值税是以商品和劳务在流转过程中产生的增值额作为征税对象而征收的一种流转税。按照我国增值税法的规定，增值税是对在我国境内销售货物或者加工、修理修配劳务（以下简称劳务），销售服务、无形资产、不动产以及进口货物的单位和个人，就其销售货物、劳务、服务、无形资产、不动产（以下统称应税销售行为）的增值额和货物进口金额为计税依据而课征的一种流转税。

增值税是以法定增值额为征税对象征收的一种流转税。增值额是指商品的生产经营者在一定时期内，通过本身的生产经营活动而使商品价值增加的额度。生产经营中的增值额，就一个生产经营环节而言，增值额是当期商品销售收入扣除商品购入额的余额；就一项商品生产经营的全过程而言，增值额是该商品所经过的诸生产经营环节的增值额之和，等于该商品实现最终消费时的销售额。

增值税具有以下特点：

（1）保持税收中性；

（2）征管的严密性，由于增值税实行根据增值税专用发票注明的税额进行税款抵扣的制度，大大减少了偷税的可能性，提高了征管的严密性；

（3）税负具有转嫁性，增值税具有流转税的特点，可以随着商品的定价而转移给最终购买商品的消费者，消费者成为税负的实际承担者，因而具有转嫁性；

（4）征税项目具有普遍性，增值税在商品的流通转让环节普遍征税，具有流转税普遍征收的公平；

（5）实行价外计征。

增值税具有以下优点：

（1）有利于促进企业组织结构的合理化；

（2）有利于国家普遍、及时、稳定地取得财政收入；

（3）有利于制定合理的价格政策；

（4）有利于扩大出口。

二、增值税的计算原理

（一）直接计税法

所谓直接计税法是指首先计算出应税货物或劳务的增值额，然后用增值额乘以适用税率求出应纳税额。

加法：加法是把企业在计算期内实现的各项增值项目一一相加，求出全部增值额，然后再依率计算增值税。增值项目包括工资、奖金、利润、利息、租金以及其他增值项目。由于企业实行的财务会计制度不同，致使增值项目与非增值项目的确定标准也不尽相同。同时，增值额本身就是一个比较模糊的概念，在实际工作中很难准确计算和操作。因此这种加法只是一种理论意义上的方法，实际应用的可能性很小。

（二）间接计税法

所谓间接计税法是指不直接根据增值额计算增值税，而是首先计算出应税货物的整体税负，然后从整体税负中扣除法定的外购项目已纳税款。由于这种方法是以外购项目的实际已纳税额为依据，所以又叫购进扣税法或发票扣税法。这种方法简便易行，计算准确，既适用于单一税率，又适用于多档税率。因此，购进扣税法是实行增值税的国家广泛采用的计税方法。

减法：计算出计划期内实现的销售额，减去法定扣除额，即扣额法。扣额法又分为购进扣额法和实耗扣额法。购进扣税法是各国实施的增值税征收方法。购进扣税法，规定在每一个流转环节均由卖方向买方收取销项税，并且规定经营者必须将其收取的销项税减去进项税之后的余额缴税。购进扣税法等价于采用间接减法对该环节征收了增值税。

三、增值税的计税方法

增值税的计税方法，包括一般计税方法、简易计税方法和扣缴计税方法。

（一）一般计税方法

一般纳税人发生应税销售行为适用一般计税方法计税。其计算公式是：

当期应纳增值税税额=当期销项税额-当期进项税额

（二）简易计税方法

小规模纳税人发生应税销售行为适用简易计税方法计税。简易计税方法的公式是：

当期应纳增值税额=当期销售额(不含增值税)×征收率

一般纳税人发生财政部和国家税务总局规定的特定应税销售行为，也可以选择适用简易计税方法计税，但是不得抵扣进项税额。

（三）扣缴计税方法

境外的单位或者个人在境内销售劳务，在境内未设有经营机构的，以其境内代理人为扣缴义务人；在境内没有代理人的，以购买方为扣缴义务人。扣缴义务人按照下列公式计算应扣缴税额：

应扣缴税额=接受方支付的价款÷(1+税率)×税率

四、增值税的分类

根据应税增值额中是否包含固定资产价值，也就是根据对固定资产已纳税额是否允许扣除，如何扣除，增值税可分为三种类型：生产型增值税、收入型增值税和消费型增值税。

（1）生产型增值税。对购进固定资产价值完全不允许扣除，只允许扣除原材料等中间产品价值。生产型增值税税基最大。负担增值税的是包括固定资产和消费资料的所有最终产品，不利于扩大投资，但有充足的增值税收入。对整个社会来说，增值额相当于国民生产总值。

增值额=销售收入-中间性产品购进额

（2）收入型增值税。对企业购进的固定资产，只允许从当期及以后各期的销售额中扣除其折旧部分。税基稍大于消费型增值税的税基。既有利于保证财政收入，对于固定资产投资也有较大的鼓励作用。对于整个社会来说，增值额相当于国民收入额。

增值额=销售收入-中间性产品购进额-固定资产折旧

（3）消费型增值税。对企业购进固定资产的已纳税金，允许从当期增值税总额中一次全部扣除。增值额中不包含固定资产的购进额，负担增值税的只有消费资料，故称为消费型增值税。税基最小。刺激投资、加速设备更新；但不利于保证财政收入。对整个社会来说，增值额只限于国民收入中用于消费资料的部分。

增值额=销售收入-中间产品购进-当期固定资产购进

第二节　增值税的改革历程

一、引进实施阶段

1979 年，我国已恢复基本税收制度，在这一背景下，我国开始对开征增值税的可行性进行调研，并于当年引进增值税。由于增值税核算的相对复杂性与当时我国税收管理的相对落后，1980 年，国家决定以柳州、长沙、襄樊和上海市等城市为试点，对重复征税矛盾较为突出的机器机械和农业机具两个行业开征增值税。1981 年，试点范围扩大到自行车、电风扇和缝纫机三种产品。1983

年，征税地点扩大到全国范围。

1984 年，在试点的基础上，结合第二步“利改税”，国务院正式颁布《中华人民共和国增值税暂行条例（草案）》（以下简称《条例草案》），自 1984 年 10 月 1 日起试行，这标志着我国正式确定实行增值税制度。《条例草案》规定：“在中华人民共和国境内从事生产和进口本条例规定应税产品的单位和个人，为增值税的纳税义务人”。将增值税税目主要分甲乙两大类产品，其中甲类产品按照“扣额法”计算应纳税额；乙类产品按照“扣税法”计算应纳税额。进口的应税产品，不论是甲类或乙类产品，均按组成计税价格，依率直接计算应纳税额，不扣除任何项目的金额或已纳税额。

这一阶段的增值税征税范围主要针对规定的部分货物的生产和进口，并不包括全部产品和所有环节，同时税率档次过多，且只是引进了增值税计税方法，并非真正意义上的增值税。

二、全面改革阶段

1993 年底，我国工商税制进行了较为彻底的全面改革。1993 年 12 月 13 日正式出台《中华人民共和国增值税暂行条例》（国务院令第 134 号），确立了自 1994 年 1 月 1 日起，在中华人民共和国境内销售货物或者提供加工、修理修配劳务以及进口货物的单位和个人，为增值税的纳税义务人。同时废止《中华人民共和国增值税条例（草案）》《中华人民共和国产品税条例（草案）》，形成增值税与营业税共存的格局。

因《暂行条例》规定不允许一般纳税人扣除固定资产的进项税额，这一阶段的增值税被称为“生产型增值税”。实行生产型增值税，主要是基于控制投资规模、引导投资方向和调整投资结构的需要。

1994 年后征收的增值税，与此前试行开征的增值税相比，具有以下几个方面的特点：

（1）实行价外税，即与销售货物相关的增值税额独立于价格之外单独核算，不作为价格的组成部分；

（2）扩大了征收范围，即征收范围除了生产、批发、零售和进口环节外，还扩展到劳务活动中的加工和修理修配；

（3）简化了税率，即重新调整了税率档次，采用基本税率、低税率和零税率；

（4）采用凭发票计算扣税的办法，即采用以票控税的征收管理办法，按照增值税专用发票等抵扣凭证上注明的税款确定进项税额，将其从销项税额中抵扣后计算出应纳税额；

（5）对纳税人进行了区分，即按销售额的大小和会计核算的健全与否，将纳税人划分为一般纳税人和小规模纳税人，对小规模纳税人实行简易征收办法。

三、增值税转型阶段

2004 年，我国开始实行由生产型增值税向消费型增值税的转型试点。

自 2004 年 7 月 1 日起，为了支持东北地区老工业基地的发展，出台了《财政部国家税务总局关于印发〈东北地区扩大增值税抵扣范围若干问题的规定〉的通知》（财税〔2004〕156 号），在东北地区的辽宁省、吉林省、黑龙江省和大连市实行扩大增值税抵扣范围政策的试点，对东北地区实行固定资产进项税额一次性全部予以扣除，试点增值税由生产型向消费型的转型。

自 2007 年 7 月 1 日起，出台了《财政部、国家税务总局关于印发〈中部地区扩大增值税抵扣范围暂行办法〉的通知》（财税〔2007〕75 号），扩大增值税抵扣范围的改革由东北三省一市扩大到中部地区 26 个老工业基地城市，对中部地区实行固定资产进项税额一次性全部予以扣除。

自 2008 年 7 月 1 日起，出台了《国家税务总局关于印发〈汶川地震受灾严重地区扩大增值税抵扣财政部范围暂行办法〉的通知》（财税〔2008〕108 号），东北老工业基地扩大增值税抵扣范围试点政策适用于内蒙古东部地区，与此同时，增值税转型试点扩大到汶川地震中受灾严重地区，包括极重灾区 10 个县市和重灾区 41 个县区。

2008 年 11 月 5 日，经国务院第 34 次常务会议修订《中华人民共和国增值税暂行条例》（国务院令第 538 号），决定自 2009 年 1 月 1 日起，在全国范围内实施增值税转型改革。2009 年 1 月 1 日，出台了《财政部国家税务总局关于全国实施增值税转型改革若干问题的通知》（财税〔2008〕170 号），从政府层面确立了消费型增值税。

四、"营改增"阶段

（一）"营改增"的背景

在我国现行税制结构中，增值税和营业税是最为重要的两个流转税税种，二者分立并行。然而，随着经济快速发展，这种税制不利于经济结构优化。同时，在税收征管实践中造成了一些困境。

一方面，营业税存在重复征税的问题，造成增值税链条中断。营业税是对营业额全额征税，且无法抵扣，不可避免地导致原营业税单位重复征税。而对现行增值税单位，由于在购进服务环节不能取得增值税专用发票，无进项可抵扣，最终导致对未增值部分也要缴纳增值税，这与增值税自身定义相违背。

另一方面，制约了服务业发展。从产业发展和经济结构调整的角度来看，将我国大部分第三产业排除在增值税的征税范围之外，对服务业的发展造成了不利影响。例如，由于企业外购服务所含营业税无法得到抵扣，企业更愿意自行提供所需服务而非外购服务，导致服务生产内部化，不利于服务业的专业化细分和服务外包的发展。

正是基于上述原因，党中央、国务院根据经济社会发展的新形势，从深化改革的总体部署出发，做出了“营改增”税制改革的重要决策，目的是加快财税体制改革、进一步减轻企业赋税，调动各方积极性，促进服务业尤其是科技等高端服务业的发展，促进产业和消费升级、培育新动能、深化供给侧结构性改革。

（二）“营改增”的进程

“营改增”在全国的推开，大致经历了以下三个阶段：

（1）2011 年，经国务院批准，财政部、国家税务总局联合下发营业税改增值税试点方案。从 2012 年 1 月 1 日起，在上海交通运输业和部分现代服务业开展营业税改征增值税试点。自 2012 年 8 月 1 日起至年底，国务院将扩大营改增试点至 8 省市；

（2）2013 年 8 月 1 日，“营改增”范围已推广到全国试行，将广播影视服务业纳入试点范围；2014 年 1 月 1 日起，将铁路运输和邮政服务业纳入营业税改征增值税试点，至此交通运输业已全部纳入营改增范围；2014 年 6 月 1 日将电信业纳入试点；

（3）2016 年 3 月 18 日召开的国务院常务会议决定，自 2016 年 5 月 1 日起，全面推开营改增试点，将建筑业、房地产业、金融业、生活服务业全部纳入营改增试点；2017 年 7 月 1 日，将 17%、13%、11%、6% 四档税率简并至 17%、11%、6%三档。

2017 年 10 月 30 日，国务院常务会议通过《国务院关于废止〈中华人民共和国营业税暂行条例〉和修改〈中华人民共和国增值税暂行条例〉的决定（草案）》。至此，实施了 60 多年的营业税正式退出历史舞台，增值税制度将更加规范。这是自 1994 年分税制改革以来，财税体制的又一次深刻变革。

（三）全面实施“营改增”试点的基本内容

全面推开“营改增”试点，基本内容是实行“双扩”。一是扩大试点行业范围。将建筑业、房地产业、金融业、生活服务业 4 个行业纳入营改增试点范围，自此，现行营业税纳税人全部改征增值税。其中，建筑业和房地产业适用 11%税率，金融业和生活服务业适用 6%税率。这些新增试点行业，涉及纳税人近1000万户，是前期营改增试点纳税人总户数的近 1.7 倍；年营业税规模约 1.9 万亿元，占原营业税总收入的比例约 80%；二是将不动产纳入抵扣范围。继上一轮增值税转型改革将企业购进机器设备纳入抵扣范围之后，本次改革又将不动产纳入抵扣范围，无论是制造业、商业等原增值税纳税人，还是营改增试点纳税人，都可抵扣新增不动产所含增值税。根据国务院常务会议审议通过的全面推开营改增试点方案，财政部会同税务总局起草了全面推开营改增试点的政策文件和配套操作办法。

（四）“营改增”的意义

全面推开“营改增”试点，是深化财税体制改革，培育发展新动能的重要措施。主要具有以下四点重大意义：

（1）统一货物服务税制是重大的体制机制创新。全面推开“营改增”的试点，建立比较完整的消费型增值税制度，是财税体制改革的重大成果，对于推进国家治理体系和治理模式协调化，培育发展新动能具有积极意义；

（2）为企业减负松绑，是供给侧结构性改革的重要举措。全面推开“营改增”的试点，一方面，可以激发市场主体活力，增强投资意愿，增加有效供给，另一方面，有助于增强市场主体抵御经济下行的压力，增强经济韧性和增长后劲，以短期财政收入的减少，换取未来经济发展的增长；

（3）打通增值税抵扣链条，有利于促进工业发展和经济结构转型升级。全面推开“营改增”试点有助于促进服务业加快发展和制造业转型升级，有利于增强出口服务的国际竞争力，扩大服务贸易规模，优化服务贸易结构，增强企业参与全球资源配置能力；

（4）创造更加中性的税收环境，有利于充分发挥市场配置资源的联动作用。全面推开“营改增”试点增强了企业的灵活性和适应性，降低了制度性交易成本，促进生产要素更加自由的流动，有利于提高生产要素的配置效率，发挥市场配置资源的决定性作用。

五、深化改革阶段

党中央、国务院高度重视深化税制改革。党的十九大报告作出了深化税收制度改革的总体部署。2018 年《政府工作报告》提出了“改革完善增值税制度，按照三档并两档方向调整税率水平，重点降低制造业、交通运输等行业税率，提高小规模纳税人年销售额标准”的要求。

财政部、税务总局积极落实党中央、国务院部署，会同有关部门对改革完善增值税有关问题进行了认真研究，提出了相关政策建议。国务院常务会议决定，从 2018 年 5 月 1 日起，实施以下深化增值税改革措施：

（1）适当降低税率水平。将制造业等行业增值税税率从 17% 降至 16%，将交通运输、建筑、基础电信服务等行业及农产品等货物的增值税税率从 11% 降至 10%，预计全年可减税2400亿元。出台上述改革措施后，现行 17%、11%、6% 三档税率调整为 16%、10%、6%。

(2) 统一增值税小规模纳税人标准。将工业企业和商业企业小规模纳税人的年销售额标准由 50 万元和 80 万元上调至 500 万元，并在一定期限内允许已登记为一般纳税人的企业转登记为小规模纳税人，让更多企业享受按较低征收率计税的优惠。统一小规模纳税人标准，税制更加简洁、公平，更多小微企业可选择登记为小规模纳税人，享受按 3% 征收率计税的优惠，也可自愿选择登记成为一般纳税人，享受抵扣进项税额的红利。

(3) 退还部分企业的留抵税额。对装备制造等先进制造业、研发等现代服务业符合条件的企业和电网企业在一定时期内未抵扣完的进项税额予以一次性退还。退还部分先进制造业企业的留抵税额，可直接增加企业当期现金流，改善企业经营，助力经济高质量发展。

实施上述三项措施，全年将减轻市场主体税负超过4000亿元，内外资企业都将同等受益。除减轻税负外，深化增值税改革，是在营改增基础上对增值税制度的进一步完善，为建立现代增值税制度、继续推进改革打下了基础。

第三节　增值税的构成要素

一、增值税的征税范围

增值税的征税范围包括在境内发生应税销售行为以及进口货物等。根据《增值税暂行条例》《增值税暂行条例实施细则》和“营改增通知”的规定，我们将增值税的征税范围分为一般规定和特殊规定。

（一）征税范围的一般规定

现行增值税征税范围的一般规定包括应税销售行为和进口的货物。具体规定如下：

1. 销售或者进口的货物

货物是指有形动产，包括电力、热力、气体在内。销售货物，是指有偿转让货物的所有权。

2. 销售劳务

劳务是指纳税人提供的加工、修理修配劳务。加工是指受托加工货物，即委托方提供原料及主要材料，受托方按照委托方的要求制造货物并收取加工费的业务；修理修配是指受托对损伤和丧失功能的货物进行修复，使其恢复原状和功能的业务。

提供应税劳务，是指有偿提供劳务。单位或者个体工商户聘用的员工为本单位或者雇主提供劳务，不包括在内。

3. 销售服务

服务包括交通运输服务、邮政服务、电信服务、建筑服务、金融服务、现代服务、生活服务。

4. 销售无形资产

无形资产，是指不具实物形态，但能带来经济利益的资产，包括技术、商标、著作权、商誉、自然资源使用权和其他权益性无形资产。

5. 销售不动产

不动产，是指不能移动或者移动后会引起性质、形状改变的财产，包括建筑物、构筑物等。

（二）征税范围的特殊规定

1. 视同发生应税销售行为

单位或者个体工商户的下列行为，视同发生应税销售行为：

（1）将货物交付其他单位或者个人代销；

（2）销售代销货物；

（3）设有两个以上机构并实行统一核算的纳税人，将货物从一个机构移送至其他机构用于销售，但相关机构设在同一县（市）的除外；

“用于销售”，是指受货机构发生以下情形之一的经营行为：一是向购货方开具发票；二是向购货方收取货款。

受货机构的货物移送行为有上述两项情形之一的，应当向所在地税务机关缴纳增值税；未发生上述两项情形的，则应由总机构统一缴纳增值税。

如果受货机构只就部分货物向购买方开具发票或收取货款，则应当区别不同情况计算并分别向总机构所在地或分支机构所在地缴纳税款。

（4）将自产或者委托加工的货物用于非应税项目；

（5）将自产、委托加工的货物用于集体福利或者个人消费；

（6）将自产、委托加工或者购进的货物作为投资，提供给其他单位或者个体工商户；

（7）将自产、委托加工或者购进的货物分配给股东或者投资者；

（8）将自产、委托加工或者购进的货物无偿赠送其他单位或者个人；

（9）单位或者个体工商户向其他单位或者个人无偿销售应税服务、无偿转让无形资产或者不动产，但用于公益事业或者以社会公众为对象的除外；

（10）财政部和国家税务总局规定的其他情形。

上述10种情况应该确定为视同发生应税销售行为，均要征收增值税。其确定的目的主要有三个：一是保证增值税税款抵扣制度的实施，不致因发生上述行为而造成各相关环节税款抵扣链条的中断，如前两种情况就是这种原因。如果不将之视同发生应税销售行为就会出现销售代销货物方仅有销项税额而无进项税额，而将货物交付其他单位或者个人代销方仅有进项税额而无销项税额的情况，就会出现增值税抵扣链条不完整；二是避免因发生上述行为而造成应税销售行为之间税收负担不平衡的矛盾，防止以上述行为逃避纳税的现象。三是体现增值税计算的配比原则。即购进货物、劳务、服务、无形资产、不动产已经在购进环节实施了进项税额抵扣，这些购进货物、劳务、服务、无形资产、不动产应该产生相应的销售额，同时就应该产生相应的销项税额，否则就会产生不配比情况。

2. 混合销售

一项销售行为如果既涉及货物又涉及服务，为混合销售。从事货物的生产、批发或者零售的单位和个体工商户的混合销售，按照销售货物缴纳增值税；其他单位和个体工商户的混合销售，按照销售服务缴纳增值税。

上述从事货物的生产、批发或者零售的单位和个体工商户，包括以从事货物的生产、批发或者零售为主，并兼营销售服务的单位和个体工商户在内。

混合销售行为成立的行为标准有两点，一是其销售行为必须是一项；二是该项行为必须既涉及货物销售又涉及应税行为。

在确定混合销售是否成立时，其行为标准中的上述两点必须是同时存在。如果一项销售行为只涉及销售服务，不涉及货物，这种行为就不是混合销售行为；反之，如果涉及销售服务和涉及货物的行为，不是存在一项销售行为之中，这种行为也不是混合销售行为。

二、增值税的纳税义务人和扣缴义务人

（一）纳税义务人

在中华人民共和国境内（以下简称境内）销售货物、劳务、服务、无形资产、不动产的单位和个人，为增值税纳税人。这里所称的单位，包括企业、行政单位、事业单位、军事单位、社会团体及其他单位。所称个人，是指个体工商户和其他个人。

单位以承包、承租、挂靠方式经营的，承包人、承租人、挂靠人（以下统称承包人）以发包人、出租人、被挂靠人（以下统称发包人）名义对外经营并由发包人承担相关法律责任的，以该发包人为纳税人。否则，以承包人为纳税人。

资管产品运营过程中发生的增值税应税销售行为，以资管产品管理人为增值税纳税人。

采用承包、承租、挂靠经营方式下，区分以下两种情况界定纳税人：

同时满足以下两个条件的，以发包人纳税人：一是以发包人名义对外经营；二是由发包人承担相关法律责任。不同时满足上述两个条件的，以承包人

为纳税人。

两个或两个以上的纳税人，经财政部和国家税务总局批准可以视为一个纳税人合并纳税。具体办法由财政部和国家税务总局另行制定。

纳税人应当按照国家统一的会计制度进行增值税会计核算。

（二）扣缴义务人

中华人民共和国境外（以下简称境外）的单位或者个人在境内销售劳务，在境内未设有经营机构，以其境内代理人为扣缴义务人；在境内没有代理人，以购买方为扣缴义务人。

（三）一般纳税人和小规模纳税人划分标准

增值税实行凭专用发票抵扣税款的制度，客观上要求纳税人具备健全的会计核算制度和能力。在实际经济生活中我国增值税纳税人众多，会计核算水平参差不齐，大量的小企业和个人还不具备用专用发票抵扣税款的条件，为了既简化增值税的计算和征收，也有利于减少税收征管漏洞，增值税法将增值税纳税人按会计核算水平和经营规模分为一般纳税人和小规模纳税人两类纳税人，分别采取不同的登记管理办法。具体划分标准如表 2-1 所示。

表 2-1　一般纳税人和小规模纳税人划分标准

纳税人类型	应税行为
一般纳税人	年应税销售额>500 万元
小规模纳税人	年应税销售额≤500 万元

（四）一般纳税人登记管理

1. 一般纳税人的登记条件

增值税纳税人（以下简称纳税人），年应税销售额超过财政部、国家税务总局规定的小规模纳税人标准（以下简称规定标准）的，除下述不得办理一般纳税人登记情况（按照政策规定，选择按照小规模纳税人纳税的）规定外，应当向主管税务机关办理一般纳税人登记。

本书所称年应税销售额，是指纳税人在连续不超过 12 个月或 4 个季度的经营期内累计应征增值税销售额，包括纳税申报销售额、稽查查补销售额、纳税评估调整销售额。

销售服务、无形资产或者不动产（以下简称应税行为）有扣除项目的纳税人，其应税行为年应税销售额按未扣除之前的销售额计算。纳税人偶然发生的销售无形资产、转让不动产的销售额，不计入应税行为年应税销售额。

年应税销售额未超过规定标准的纳税人，会计核算健全，能够提供准确税务资料的，可以向主管税务机关办理一般纳税人登记。

2. 纳税人不得办理一般纳税人登记的情况

（1）按照政策规定，选择按照小规模纳税人纳税的（应当向主管税务机关提交书面说明）；

（2）年应税销售额超过规定标准的其他个人。

3. 纳税人办理一般纳税人登记的程序

（1）纳税人向主管税务机关填报《增值税一般纳税人登记表》（见表 2-2），如实填写固定生产经营场所等信息，并提供税务登记证件；

（2）纳税人填报内容与税务登记信息一致的，主管税务机关当场登记；

（3）纳税人填报内容与税务登记信息不一致，或者不符合填列要求的，税务机关应当场告知纳税人需要补正的内容。

表 2-2　增值税一般纳税人登记表

<table>
<tr><td>纳税人名称</td><td colspan="2"></td><td colspan="2">社会信用代码
（纳税人识别号）</td><td></td></tr>
<tr><td>法定代表人
（负责人、业主）</td><td></td><td>证件名称及号码</td><td></td><td>联系电话</td><td></td></tr>
<tr><td>财务负责人</td><td></td><td>证件名称及号码</td><td></td><td>联系电话</td><td></td></tr>
<tr><td>办税人员</td><td></td><td>证件名称及号码</td><td></td><td>联系电话</td><td></td></tr>
<tr><td>税务登记日期</td><td colspan="5"></td></tr>
<tr><td>生产经营地址</td><td colspan="5"></td></tr>
<tr><td>注册地址</td><td colspan="5"></td></tr>
<tr><td colspan="6">纳 税 人 类 别：企业□　非企业性单位□　个体工商户□　其他□</td></tr>
<tr><td colspan="6">主营业务类别：工业□　商业□　服务业□　其他□</td></tr>
<tr><td colspan="6">会计核算健全：是□</td></tr>
<tr><td colspan="6">一般纳税人生效之日：当月 1 日□　次月 1 日□</td></tr>
<tr><td colspan="6">纳税人（代理人）承诺：
会计核算健全，能够提供准确税务资料，上述各项内容真实、可靠、完整。如有虚假，愿意承担相关法律责任。

经办人：　法定代表人：　代理人：　（签章）
年　月　日</td></tr>
<tr><td colspan="6">以下由税务机关填写</td></tr>
<tr><td>税务机关受理情况</td><td colspan="5">受理人：
受理税务机关（章）
年　月　日</td></tr>
</table>

4. 登记的时限

纳税人在年应税销售额超过规定标准的月份（或季度）的所属申报期结束后 15 日内按照相关规定办理相关手续；未按规定时限办理的，主管税务机关应当在规定时限结束后 5 日内制作《税务事项通知书》，告知纳税人应当在 5 日内向主管税务机关办理相关手续；逾期仍不办理的，次月起按销售额依照增值税税率计算应纳税额，不得抵扣进项税额，直至纳税人办理相关手续为止。

纳税人自一般纳税人生效之日起，按照增值税一般计税方法计算应纳税额，并可以按照规定领用增值税专用发票，财政部、国家税务总局另有规定的除外。

本书所称的生效之日，是指纳税人办理登记的当月 1 日或者次月 1 日，由纳税人在办理登记手续时自行选择。

纳税人登记为一般纳税人后，不得转为小规模纳税人，国家税务总局另有规定的除外。

（五）小规模纳税人登记管理

小规模纳税人是指年销售额在规定标准下，并且会计核算不健全，不能按规定报送有关税务资料的增值税纳税人。

根据《关于统一增值税小规模纳税人标准的通知》规定，小规模纳税人的具体法定标准是：增值税小规模纳税人标准为年应征增值税销售额 500 万元及以下。

三、增值税的税率和征收率

（一）增值税税率

我国现行的增值税税率分为 16%、10%、6% 和零税率四档：

1. 16% 税率

（1）一般纳税人销售或者进口货物；

（2）提供加工、修理修配劳务；

（3）提供有形动产租赁服务。

2. 10% 税率

纳税人销售交通运输、邮政、基础电信、建筑，不动产租赁服务，销售不动产，转让土地使用权，销售或者进口下列货物：

（1）粮食等农产品、食用植物油、食用盐；

（2）自来水、暖气、冷气、热水、煤气、石油液化气、天然气、二甲醚、沼气、居民用煤炭制品；

（3）图书、报纸、杂志、音像制品、电子出版物；

（4）饲料、化肥、农药、农机、农膜；

（5）国务院规定的其他货物。

3. 6%税率

金融服务、现代服务、生活服务适用6%的税率。

4. 零税率

（1）纳税人出口货物；

（2）境内单位和个人跨境销售国务院规定范围内的服务，无形资产。如国际运输服务，航天运输服务，向境外单位提供的完全在境外消费的服务。

（二）增值税征收率

增值税征收率是指对特定的货物或特定的纳税人发生应税销售行为在某一生产流通环节应纳税额与销售额的比率。增值税征收率适用于两种情况，一是小规模纳税人；二是一般纳税人发生应税销售行为按规定可以选择简易计税方法计税的。

1. 征收率的一般规定

根据“营改增通知”的规定，下列情况适用5%征收率：

（1）小规模纳税人销售自建或者取得的不动产；

（2）一般纳税人选择简易计税方法计税的不动产销售；

（3）房地产开发企业中的小规模纳税人，销售自行开发的房地产项目；

（4）其他个人销售其取得（不含自建）的不动产（不含其购买的住房）；

（5）一般纳税人选择简易计税方法计税的不动产经营租赁；

（6）小规模纳税人出租（经营租赁）其取得的不动产（不含个人出租住房）；

（7）其他个人出租（经营租赁）其取得的不动产（不含住房）；

（8）个人出租住房，应按照5%的征收率减按1.5%计算应纳税额；

（9）一般纳税人和小规模纳税人提供劳务派遣服务选择差额纳税的；

（10）一般纳税人2016年4月30日前签订的不动产融资租赁合同，或以2016年4月30日前取得的不动产提供的融资租赁服务，选择适用简易计税方法的；

（11）一般纳税人收取试点前开工的一级公路、二级公路、桥、闸通行费，选择适用简易计税方法的；

（12）一般纳税人提供人力资源外包服务，选择适用简易计税方法的；

（13）纳税人转让2016年4月30日前取得的土地使用权，选择适用简易计税方法的。

除上述适用5%征收率以外的纳税人选择简易计税方法发生的应税销售行为均为3%。

2. 征收率的特殊政策

（1）根据增值税法的有关规定，适用3%征收率的某些一般纳税人和小规模纳税人可以减按2%计征增值税。

①一般纳税人销售自己使用过的属于《增值税暂行条例》第十条规定不得抵扣且未抵扣进项税额的固定资产，按照简易办法依照3%征收率减按2%征收增值税。

纳税人销售自己使用过的固定资产，适用简易办法依照3%征收率减按2%征收增值税政策的，可以放弃减税，按照简易办法依照3%征收率缴纳增值税，并可以开具增值税专用发票。

“已使用过的固定资产”是指纳税人根据财务会计制度已经计提折旧的固定资产。

②小规模纳税人（除其他个人外）销售自己使用过的固定资产，减按2%征收率征收增值税。

③纳税人销售旧货，按照简易办法依照3%征收率减按2%征收增值税。

所称旧货，是指进入二次流通的具有部分使用价值的货物（含旧汽车、旧摩托车和旧游艇），但不包括自己使用过的物品。

上述纳税人销售自己使用过的固定资产、物品和旧货适用按照简易办法依照3%征收率减按2%征收增值税的，按下列公式确定销售额和应纳税额：

$$销售额=含税销售额\div(1+3\%)$$

$$应纳税额=销售额\times2\%$$

（2）提供物业管理服务的纳税人，向服务接受方收取的自来水水费，以扣除其对外支付的自来水水费后的余额为销售额，按照简易计税方法依3%的征收率计算缴纳增值税。

（3）小规模纳税人提供劳务派遣服务，可以按照“营改增通知”的有关规定，以取得的全部价款和价外费用为销售额，按照简易计税方法依3%的征收率计算缴纳增值税；也可以选择差额纳税，以取得的全部价款和价外费用，扣除代用工单位支付给劳务派遣员工的工资、福利和为其办理社会保险及住房公积金后的余额为销售额，按照简易计税方法依5%的征收率计算缴纳增值税。

（4）非企业性单位中的一般纳税人提供的研发和技术服务、信息技术服务、鉴证咨询服务，以及销售服务、著作权等无形资产，可以选择简易计税方法按照3%征收率计算缴纳增值税。

（5）一般纳税人提供教育辅助服务，可以选择简易计税方法按照3%征收率计算缴纳增值税。

选择差额纳税的纳税人，向用工单位收取用于支付给劳务派遣员工工资、福利和为其办理社会保险及住房公积金的费用，不得开具增值税专用发票，可以开具普通发票。

四、兼营行为的税率选择

试点纳税人发生应税销售行为适用不同税率或者征收率的，应当分别核算适用不同税率或者征收率的销售额，未分别核算销售额的，按照以下方法适用税率或者征收率：

（1）兼有不同税率的应税销售行为，从高适用税率；

（2）兼有不同征收率的应税销售行为，从高适用征收率；

（3）兼有不同税率和征收率的应税销售行为，从高适用税率；

（4）纳税人销售活动板房、机器设备、钢结构件等自产货物的同时提供建筑、安装服务，不属于“营改增通知”第四十条规定的混合销售，应分别核算货物和建筑服务的销售额，分别适用不同的税率或者征收率。

五、增值税优惠政策规定

（一）《增值税暂行条例》规定的免税项目

（1）农业生产者销售的自产农产品；

（2）避孕药品和用具；

（3）古旧图书，是指向社会收购的古书和旧书；

（4）直接用于科学研究、科学试验和教学的进口仪器、设备；

（5）外国政府、国际组织无偿援助的进口物资和设备；

（6）由残疾人组织直接进口供残疾人专用的物品；

（7）销售自己使用过的物品。自己使用过的物品，是指其他个人自己使用过的物品。

（二）增值税起征点的规定

《增值税暂行条例实施细则》规定，增值税起征点仅适用于个人，包括：个体工商户和其他个人，但不适用于认定为一般纳税人的个体工商户。即增值税起征点仅适用于按照小规模纳税人纳税的个体工商户和其他个人。

“营改增通知”规定，个人发生应税行为的销售额未达到增值税起征点的，免征增值税；达到起征点的，全额计算缴纳增值税。

根据《增值税小规模纳税人销售额限额内免征增值税》规定：自2018年1月1日至2020年12月31日，对月销售额不超过3万元（按季纳税9万元）的增值税小规模纳税人，免征增值税。

第四节　增值税应纳税额的计算

我国采用的一般计税方法是间接计算法，即先按当期销售额和适用税率计算出销项税额，然后将当期准予抵扣的进项税额进行抵扣，从而间接计算出当期增值额部分的应纳税额。增值税一般纳税人发生应税销售行为的应纳税额，除适用简易征税办法外的，均应该等于当期销项税额抵扣当期进项税额后的余额。其计算公式如下：

当期应纳税额=当期销项税额−当期进项税额

增值税一般纳税人当期应纳税额的多少，取决于当期销项税额和当期进项税额这两个因素。

一、销项税额的计算

销项税额是指纳税人发生应税销售行为时，按照销售额与规定税率计算并向购买方收取的增值税税额。销项税额的计算公式为：

销项税额=销售额×适用税率

从销项税额的定义和公式中我们可以知道，它是由购买方在购买货物、劳务、服务、无形资产、不动产时，一并向销售方支付的税额。对于属于一般纳税人的销售方来说，在没有抵扣其进项税额前，销售方收取的销项税额还不是其应纳增值税税额。

销项税额的计算取决于销售额和适用税率两个因素。在适用税率既定的前提下，销项税额的大小主要取决于销售额的大小。

（一）一般销售方式下的销售额确认

销售额是指纳税人发生应税销售行为时向购买方（承受劳务和服务行为也视为购买方）收取的全部价款和价外费用。特别需要强调的是，尽管销项税额也是销售方向购买方收取的，但是由于增值税采用价外计税方式，用不含增值税（以下简称不含税）价作为计税依据，因而销售额中不包括向购买方收取的销项税额。

价外费用，是指价外收取的各种性质的收费，但下列项目不包括在内：

（1）受托加工应征消费税的消费品所代收代缴的消费税。

（2）同时符合以下条件代为收取的政府性基金或者行政事业性收费：

①由国务院或者财政部批准设立的政府性基金，由国务院或者省级人民政府及其财政、价格主管部门批准设立的行政事业性收费；

②收取时开具省级以上财政部门印制的财政票据；

③所收款项全额上缴财政。

（3）以委托方名义开具发票代委托方收取的款项。

（4）销售货物的同时代办保险等而向购买方收取的保险费，以及向购买方收取的代购买方缴纳的车辆购置税、车辆牌照费。

（二）特殊销售方式下的销售额确认

1. 采取折扣方式销售

纳税人发生应税销售行为，如将价款和折扣额在同一张发票上的“金额”栏分别注明的，可按折扣后的销售额征收增值税。未在同一张发票“金额”栏注明折扣额，而仅在发票的“备注”栏注明折扣额的，折扣额不得从销售额中减除；未在同一张发票上分别注明的，以价款为销售额，不得扣减折扣额。

2. 采取以旧换新方式销售

以旧换新是指纳税人在销售自己的货物时，有偿收回旧货物的行为。根据增值税法律法规的规定，采取以旧换新方式销售货物的，应按新货物的同期销售价格确定销售额，不得扣减旧货物的收购价格。

但是，考虑到金银首饰以旧换新业务的特殊情况，对金银首饰以旧换新业务，可以按销售方实际收取的不含增值税的全部价款征收增值税。

【例 2-1】 某金店（增值税一般纳税人）采取“以旧换新”方式销售纯金项链一条，新项链对外零售价格6000元，旧项链作价4000元，从消费者手中收取新旧差价款2000元；并以同一方式销售某品牌手表 10 块，此表对外零售价每块3500元，旧表作价每块1000元。下列关于该金店发生上述业务的处理正确的是（　）。

A. 该金店应确认的增值税销项税额为 5103. 45 元

B. 该金店应缴纳增值税 1380. 34 元

C. 该金店销售的手表应当以25000元为计税依据计算增值税

D. 该金店销售的金项链应以6000元为计税依据计算增值税

【答案】 A

【解析】 该金店上述业务的销项税额 $=(2000+3500\times10)\div(1+16\%)\times16\%=5103.45$（元）

3. 采取还本销售方式销售

还本销售是指纳税人在销售货物后，到一定期限由销售方一次或分次退还给购货方全部或部分价款。这种方式实际上是一种筹资行为，是以货物换取资金的使用价值，到期还本不付息的方法。全额计税：销售额就是货物的销售价格，不得从销售额中减除还本支出。

4. 采取以物易物方式销售

以物易物是一种较为特殊的购销活动，是指购销双方不是以货币结算，而是以同等价款的应税销售行为相互结算，实现应税销售行为购销的一种方式。全额计税：以物易物的双方都应做购销处理，以各自发出的应税销售行为核算销售额并计算销项税额。

5. 包装物押金的税务处理

包装物是指纳税人包装本单位货物的各种物品。纳税人销售货物时另收取包装物押金，目的是促使购货方及早退回包装物以便周转使用。

根据增值税法律法规的规定，纳税人为销售货物而出租出借包装物收取的押金，单独记账核算的，时间在 1 年以内，又未过期的，不并入销售额征税，但对因逾期未收回包装物不再退还的押金，应按所包装货物的适用税率计算销项税额。销售除啤酒/黄酒外其他酒类产品而收取的押金，无论是否返还及会计上如何核算，均计税。

【例 2-2】 某酒厂为增值税一般纳说人，本月向一小规模纳税人销售白酒，开具普通发票上注明金额为11600元，同时收取包装费和优质费共1160元，计算该酒厂此业务应确认的销售额。

【解析】 销售货物收取包装费和优质费属于价外费用，是含税的。先将其进行价税分离后并入销售额中计税；普通发票上注明的金额也是价税合计金额。此酒厂应确认的销售额=(11600+1160)÷(1+16%)= 11000(元)

6. 直销企业的税务处理

直销企业先将货物销售给直销员，直销员再将货物销售给消费者的，直销企业的销售额为其向直销员收取的全部价款和价外费用。直销员将货物销售给消费者时，应按照现行规定缴纳增值税。

7. 贷款服务的销售额

贷款服务，以提供贷款服务取得的全部利息及利息性质的收入为销售额。银行提供贷款服务按期计收利息的，结息日当日计收的全部利息收入，均应计入结息日所属期的销售额，按照现行规定计算缴纳增值税。

8. 直接收费金融服务的销售额

直接收费金融服务，以提供直接收费金融服务收取的手续费、佣金、酬金、管理费、服务费、经手费、开户费、过户费、结算费、转托管费等各类费用为销售额。

（三）按差额确定销售额

（1）金融商品转让的销售额，按照卖出价扣减买入价后的余额作为销售额。

（2）经纪代理服务的销售额，以取得的全部价款和价外费用，扣除项委托方收取并代为支付的政府性基金或者行政事业性收费后的余额作为销售额。

（3）融资租赁和融资性售后回租业务的销售额。

（4）航空运输企业的销售额，不包括代收的机场建设费和代售其他航空运输企业客票而代收转付的价款。

（5）客运场站服务，以其取得的全部价款和价外费用，扣除支付给承运方运费后的余额为销售额。

（6）试点纳税人提供旅游服务，可以选择以取得的全部价款和价外费用，扣除向旅游服务购买方收取并支付给其他单位或者个人的住宿费、餐饮费、交通费、签证费、门票费和支付给其他接团旅游企业的旅游费用后的余额为销售额。

（7）试点纳税人提供建筑服务适用简易计税方法的，以取得的全部价款和价外费用扣除支付的分包款后的余额为销售额。

（8）房地产开发企业中的一般纳税人销售其开发的房地产项目（选择简易计税方法的房地产老项目除外），以取得的全部价款和价外费用，扣除受让土地时向政府部门支付的土地价款后的余额为销售额。

（9）纳税人转让不动产缴纳增值税差额扣除的，按照以下公式进行差额扣除：

①2016 年 4 月 30 日及以前缴纳契税的：

$$增值税应纳税额 = [全部交易价格(含增值税) - 契税计税金额(含营业税)] \div (1 + 5\%) \times 5\%$$

②2016 年 5 月 1 日及以后缴纳契税的：

$$增值税应纳税额 = [全部交易价格(含增值税) \div (1 + 5\%) - 契税计税金额(不含增值税)] \times 5\%$$

（四）视同发生销售应税行为的销售额确定

纳税人发生应税销售行为的情形，价格明显偏低并无正当理由的，或者发生应税销售行为而无销售额的，由主管税务机关按照下列顺序核定销售额：

（1）按照纳税人最近时期发生同类应税销售行为的平均价格确定。

（2）按照其他纳税人最近时期发生同类应税销售行为的平均价格确定。

（3）按照组成计税价格确定。组成计税价格的公式为：

$$组成计税价格 = 成本 \times (1 + 成本利润率)$$

成本利润率由国家税务总局确定。

【例 2-3】 对下列增值说应税行为计算销项税额时，按照全额确定销售额的是（　）。

A. 贷款服务　　　　　　　　　　　　B. 金融商品转让

C. 一般纳税人提供客运场站服务　　　D. 经纪代理服务

【答案】 A

【解析】 贷款服务，以提供贷款服务取得的全部利息及利息性质的收入为销售额。

二、进项税额的计算

纳税人购进货物或者接受应税劳务所支付或者负担的增值税额为增值税的进项税额，但并不是纳税人支付的所有进项税额都可以从销项税额中抵扣。当纳税人购进的货物或接受的应税劳务不是用于增值税应税项目，而是用于简易计税方法计税项目、免税项目或者集体福利、个人消费等情况时，其支付的进项税额就不能从当期的销项税额中抵扣。如果违反规定，将不得抵扣的进项税额进行了抵扣，就按偷税论处。

进项税额的一般规定如下。

（一）允许抵扣的进项税额

允许抵扣的进项税额具体来说包括以下几种情况：

（1）从销货方取得的专用发票上注明的增值税税额；

（2）从海关取得的海关进口增值税专用缴款书上注明的增值税额（只允许取得专用缴款书原件的单位抵扣）；

（3）自境外单位或者个人购进劳务、服务、无形资产或者境内的不动产，从税务机关或者扣缴义务人取得的代扣代缴税款的完税凭证上注明的增值税额；

（4）购进农产品，除取得增值税专用发票或者海关进口增值税专用缴款书外，按照农产品收购发票或者销售发票上注明的农产品买价和10%的扣除率计算的进项税额，国务院另有规定的除外。

（二）购进农产品

（1）纳税人购进农产品，取得一般纳税人开具的增值税专用发票或海关进口增值税专用缴款书的，以增值税专用发票或海关进口增值税专用缴款书上注明的增值税额为进项税额；

（2）按照简易计税方法依照3%征收率计算缴纳增值税的小规模纳税人取得增值税专用发票的，以增值税专用发票上注明的金额和10%的扣除率计算进项税额；

（3）取得（开具）农产品销售发票或收购发票的，以农产品销售发票或收购发票上注明的农产品买价和10%的扣除率计算进项税额；

（4）营业税改征增值税试点期间，纳税人购进用于生产销售或委托受托加工16%税率货物的农产品维持原扣除力度不变；

（5）购进农产品进项税额的计算公式：

进项税额=买价×扣除率

（6）纳税人从批发、零售环节购进适用免征增值税政策的蔬菜、部分鲜活肉蛋而取得的普通发票，不得作为计算抵扣进项税额的凭证；

（7）对烟叶税纳税人按规定缴纳的烟叶税，准予并入烟叶产品的买价计算增值税的进项税额，并在计算缴纳增值税时予以抵扣。计算公式如下：

①买价包括价款和烟叶税

烟叶收购金额=收购价款×(1+10%)

注：10%为价外补贴

应纳烟叶税税额=收购金额×20%

烟叶进项税额=(收购金额+烟叶税)×10%

注：此10%为扣除率

②购进烟叶可抵扣进项税额=收购价款×(1+10%)×(1+20%)×10%

（8）核定扣除

自2012年7月1日起，以购进农产品为原料生产销售液体乳及乳制品、酒及酒精、植物油的增值税一般纳税人，纳入农产品增值税进项税额核定扣除试点范围。

【例2-4】某烟草公司是增值税一般纳税人，20×8年6月向农民收购烟叶，用于生产卷烟销售，收购凭证上注明价款80万元，并按收购价款的10%向烟叶生产者支付了价外补贴。该纳税人6月收购烟叶可抵扣的进项税额为（　）万元。

A. 12.48　　B. 10.56　　C. 11.44　　D. 18.86

【答案】B

【解析】本题考核的知识点是收购烟叶准予抵扣的增值税进项税额。该烟草专卖局收购烟叶准予抵扣的增值税进项税额=80×(1+10%)×(1+20%)×10%=10.56（万元）

（三）不动产进项税额分期抵扣

（1）2016年5月1日后取得并在会计制度上按固定资产核算的不动产或者2016年5月1日后取得的不动产在建工程，其进项税额应自取得之日起分2年从销项税额中抵扣，第一年抵扣比例为60%，第二年抵扣比例为40%。取得不动产，包括以直接购买、接受捐赠、接受投资入股、自建以及抵债等各种形式取得不动产，不包括房地产开发企业自行开发的房地产项目。

融资租入的不动产以及在施工现场修建的临时建筑物、构筑物，其进项税额不适用上述分 2 年抵扣的规定。

（2）纳税人 2016 年 5 月 1 日后购进货物和设计服务、建筑服务，用于新建不动产，或者用于改建、扩建、修缮、装饰不动产并增加不动产原值超过 50% 的，其进项税额依照上述（1）的规定分 2 年从销项税额中抵扣。

上述分 2 年从销项税额中抵扣的购进货物，是指构成不动产实体的材料和设备，包括建筑装饰材料和给排水、采暖、卫生、通风、照明、通信、煤气、消防、中央空调、电梯、电气、智能化楼宇设备及配套设施。

（3）纳税人按照上述规定从销项税额中抵扣进项税额，应取得 2016 年 5 月 1 日后开具的合法有效的增值税扣税凭证。

上述进项税额中，60% 的部分于取得扣税凭证的当期从销项税额中抵扣；40% 的部分为待抵扣进项税额，于取得扣税凭证的当月起第 13 个月从销项税额中抵扣。

（4）购进时已全额抵扣进项税额的货物和服务，转用于不动产在建工程的，其已抵扣进项税额的 40% 部分，应于转用的当期从进项税额中扣减，计入待抵扣进项税额，并于转用的当月起第 13 个月从销项税额中抵扣。

（5）纳税人销售其取得的不动产或者不动产在建工程时，尚未抵扣完毕的待抵扣进项税额，允许于销售的当期从销项税额中抵扣。

（6）已抵扣进项税额的不动产，发生非正常损失，或者改变用途，专用于简易计税方法计税项目、免征增值税项目、集体福利或者个人消费的，按照下列公式计算不得抵扣的进项税额：

不得抵扣的进项税额=(已抵扣进项税额+待抵扣进项税额)×不动产净值率

不动产净值率=(不动产净值÷不动产原值)×100%

不得抵扣的进项税额小于或等于该不动产已抵扣进项税额的，应于该不动产改变用途的当期，将不得抵扣的进项税额从进项税额中扣减。

不得抵扣的进项税额大于该不动产已抵扣进项税额的，应于该不动产改变用途的当期，将已抵扣进项税额从进项税额中扣减，并且从该不动产待抵扣进项税额中扣减不得抵扣进项税额与已抵扣进项税额的差额。

（7）不动产在建工程发生非正常损失的，其所耗用的购进货物、设计服务和建筑服务已抵扣的进项税额应于当期全部转出；其待抵扣进项税额不得抵扣。

（8）按照规定不得抵扣进项税额的不动产，发生用途改变，用于允许抵扣进项税额项目的，按照下列公式在改变用途的次月计算可抵扣进项税额。

可抵扣进项税额=增值税扣税凭证注明或计算的进项税额×不动产净值率

依照规定计算的可抵扣进项税额，应取得2016年5月1日后开具的合法有效的增值税扣税凭证。

按照规定计算的可抵扣进项税额，60%的部分于改变用途的次月从销项税额中抵扣，40%的部分为待抵扣进项税额，于改变用途的次月起第13个月从销项税额中抵扣。

（9）纳税人注销税务登记时，其尚来抵扣完毕的待抵扣进项税额于注销清算的当期从销项税额中抵扣。

【例2-5】 20×6年7月5日，某增值税一般纳税人购进办公大楼一座，该大楼用于公司办公，计入固定资产，并于次月开始计提折旧。7月20日，该纳税人取得该大楼的增值税专用发票并认证相符，专用发票注明增值税税额为1000万元。计算准予抵扣的进项税额。

【解析】 20×6年7月可抵扣的进项税额为1000×60%＝600（万元）

20×7年7月可抵扣的进项税额为1000×40%＝400（万元）

（四）不得从销项税额中抵扣的进项税额

按《增值税暂行条例》和“营改增通知”及其他相关政策规定，下列项目的进项税额不得从销项税额中抵扣：

（1）用于简易计税方法计税项目、免征增值税项目、集体福利或者个人消费的购进货物、劳务、服务、无形资产和不动产；

（2）非正常损失的购进货物，以及相关劳务和交通运输服务；

（3）非正常损失的在产品、产成品所耗用的购进货物（不包括固定资产）、劳务和交通运输服务；

（4）非正常损失的不动产，以及该不动产所耗用的购进货物、设计服务和建筑服务；

（5）非正常损失的不动产在建工程所耗用的购进货物、设计服务和建筑服务。纳税人新建、改建、扩建、修缮、装饰不动产，均属于不动产在建工程；

（6）购进的旅客运输服务、贷款服务、餐饮服务、居民日常服务和娱乐服务。

【例2-6】 根据规定，下列各项中，对应的进项税额不得抵扣的有（　）。

A. 购进的货物用于公司的交际应酬

B. 因管理不善而损失的不动产所耗用的建筑服务

C. 非正常损失的购进货物对应的交通运输服务

D. 购进的娱乐服务

【答案】 ABCD

【解析】 按《增值税暂行条例》和“营改增通知”及其他相关政策规定，ABCD各项对应的进项税额均不得从销项税额中抵扣。

（五）进项税额转出

（1）已经抵扣进项税额而改变用途，不满足抵扣条件的情况需要进项税额转出。

改变用途主要是指不用于销售而用于下列用途或损失：

①用于免税项目的货物或应税劳务；

②用于集体福利或个人消费；

③用于非应税项目；

④用于在建工程；

⑤非正常损失物品。

（2）直接计算转出法。

适用于外购材料的非正常损失、改变用途等。

转出的进项税额=不含税买价×税率

【例2-7】甲企业（增值税一般纳税人）20×8年2月生产货物用于销售，取得不含税销售收入100000元，当月外购原材料取得增值税专用发票上注明增值税3200元。当月将数月前购入的一批原材料（已抵扣进项税额）改变用途，用于生产免征增值税的项目。已知该批原材料的账面成本为10000元，计算该企业当期应纳增值税额。

【解析】已经抵扣过进项税额的外购货物用于免征增值税应税项目，进项税额需要转出。应转出的进项税额=10000×16%=1600（元）；则该企业当期应纳增值税=100000×16%-(3200+1600)-11200（元）。

（3）还原计算转出法。

适用于计算抵扣进项税额的农产品发生非正常损失、改变用途等。

转出的进项税额=账面成本÷(1-扣除率)×扣除率

【例2-8】甲企业为增值税一般纳税人，20×8年2月发现上月从农民手中收购的用于直接销售的已抵扣过进项税的一批大米发生损失。该批大米的成本为15万元，其中因自然灾害使该批大米损失25%，其余是因管理不善造成的损失。甲企业需要转出进项税额（　）万元。

A. 1.95　　B. 1.46　　C. 1.25　　D. 2.24

【答案】C

【解析】甲企业需要转出进项税额=15×(1-25%)÷(1-10%)×10%=1.25（万元）

（4）比例计算转出法。

适用于半成品、产成品的非正常损失。

转出的进项税额=账面成本×外购比例×税率

【例 2-9】甲企业为增值税一般纳税人，产成品成本中的外购比例为 60%，20×8 年 2 月末盘点发现企业因管理不善毁损库存产成品一批，账面成本 10 万元。甲企业需要转出进项税额（　）万元。

A. 1.7　　B. 0.78　　C. 0.96　　D. 0.66

【答案】C

【解析】甲企业需要转出进项税额 = 10×60%×16% = 0.96（万元）

（5）净值折算转出法。

①一般纳税人已抵扣进项税额的固定资产、无形资产或者不动产，发生不得抵扣情形的，按照下列公式计算不得抵扣的进项税额：

不得抵扣的进项税额 = 固定资产、无形资产或者不动产净值×适用税率

【例 2-10】甲公司是增值税一般纳税人，20×8 年 2 月将生产车间里的一批电脑改为职工宿舍使用，该批电脑购进时取得了增值税专用发票注明价款为 5 万元、增值税税额为 0.85 万元。已知，截至 20×8 年 2 月，甲公司为该批电脑计提的符合规定的折旧额为 2.4 万元，则甲公司就该业务应转出的进项税额为（　）万元。

A. 0.41　　B. 0.50　　C. 0.416　　D. 0.85

【答案】C

【解析】应转出的进项税额 = 不得抵扣的进项税额 = 固定资产、无形资产或者不动产净值×适用税率 = (5−2.4)×16% = 0.416（万元）

②已抵扣进项税额的不动产，发生税法规定的不得从销项税额中抵扣情形的：

不得抵扣的进项税额 = (已抵扣进项税额+待抵扣进项税额)×不动产净值率

不动产净值率 = (不动产净值率÷不动产原值)×100%

三、应纳税额计算

（一）一般纳税人应纳税额的计算

一般纳税人应纳税额计算的基本公式如下：

应纳税额 = 当期销项税额 − 当期进项税额

当期是指税务机关规定对纳税人确定的纳税期限。只有在纳税期限内实际发生的进项税额、销项税额，才是法定的当期进项税额和当期销项税额。

（二）增值税计算简易办法

小规模纳税人采用简易办法计算应纳税额。计算公式：

应纳税额 = 销售额×征收率

当采取价税合并收款方式时，要对销售额进行换算：

销售额 = 含增值税销售额÷(1+征收率)

一般纳税人销售的某些货物也可以选择简易办法计算应纳税额，但选定后至少 3 年内不得变更。一般纳税人按简易办法计税，自开专用发票的税率栏只能填写 3%的征收率，而且其进项税额不能抵扣。

【例 2-11】 某餐馆为增值税小规模纳税人，20×8 年 6 月取得含增值税的餐饮收入总额为 12.36 万元。计算该餐馆 6 月应缴纳的增值税税额。

【解析】 6 月取得的不含税销售额 = 12.36÷(1+3%) = 12（万元）

6 月应缴纳增值税税额 = 12×3% = 0.36（万元）

纳税人适用简易计税方法计税的，因销售折让、中止或者退回而退还给购买方的销售额，应当从当期销售额中扣减。扣减当期销售额后仍有余额造成多缴的税款，可以从以后的应纳税额中扣减。

对小规模纳税人发生上述情况而退还销售额给购买方，依照规定将所退的款项扣减当期销售额的，如果小规模纳税人已就该项业务委托税务机关为其代开了增值税专用发票的，应按规定申请开具红字专用发票。

（三）进口环节增值税应纳税额计算

纳税人进口货物，按照组成计税价格和《增值税暂行条例》规定的税率进行计算应纳税额。组成计税价格是指在没有实际销售价格时，按照税法规定计算出作为计税依据的价格。进口货物计算增值税的组成计税价格和应纳税额计算公式如下：

应纳税额 = 组成计税价格×税率

对于不征收消费税的进口货物：

组成计税价格 = 关税完税价格+关税

对于应征消费税的进口货物：

组成计税价格 = (关税完税价格+关税)÷(1-消费税税率)

【例 2-12】 甲公司 20×8 年 7 月从国外进口成套化妆品一批，到岸价为 70000元，进口关税为 17500 元，其消费税税率为 30%。当月，该公司将这批化妆品在国内销售给乙公司，获取销售收入 180000 元。请计算甲公司应纳增值税税额。

【解析】：在进口环节：

组成计税价格 = (70000+17500)÷(1-30%) = 125000（元）

应纳增值税 = 125000×16% = 20000（元）

在国内销售环节：

销项税额 = 180000×16% = 28800（元）

应纳增值税 = 销项税额-进项税额 = 28800-20000 = 8800（元）

四、营改增后应税服务计算

（一）纳税人转让不动产

（1）一般纳税人转让其 2016 年 4 月 30 日前取得（不含自建）的不动产，可以选择两种方法缴纳增值税：

①选择简易计税方法

应预缴税款＝应纳税额＝(全部价款和价外费用－不动产购置原价或者作价)÷(1+5%)×5%

②选择一般计税方法

应预缴税款＝(全部价款和价外费用－不动产购置原价或者作价)÷(1+5%)×5%（预征率）

（2）一般纳税人转让其 2016 年 4 月 30 日前自建的不动产，可以选择两种方法缴纳增值税：

①选择简易计税方法

应预缴税款＝应纳税额＝全部价款和价外费用÷(1+5%)×5%

②选择一般计税方法

应预缴税款＝全部价款和价外费用÷(1+5%)×5%（预征率）

（3）一般纳税人转让其 2016 年 5 月 1 日后取得的不动产，只能采用一般计税方法缴纳增值税：

①转让其取得（不含自建）的不动产

应预缴税款＝(全部价款和价外费用－不动产购置原价或者作价)÷(1+5%)×5%（预征率）

②转让其自建的不动产

应预缴税款＝(全部价款+价外费用)÷(1+5%)×5%（预征率）

（4）小规模纳税人（其他个人转让其购买的住房除外）转让其取得的不动产，增值税的缴纳：

①转让其取得（不含自建）的不动产

应预缴税款＝应纳税额＝(全部价款和价外费用－不动产购置原价或者作价)÷(1+5%)×5%

②转让其自建的不动产

应预缴税款＝应纳税额＝(全部价款+价外费用)÷(1+5%)×5%

（二）纳税人跨县（市、区）提供建筑服务

（1）一般纳税人跨县（市、区）提供建筑服务。

①适用一般计税方法计税

应预缴税款=(全部价款和价外费用-支付的分包费)÷(1+10%)×2%（预征率）

②适用简易计税方法计税

应预缴税款=应纳税额=(全部价款和价外费用-支付的分包费)÷(1+3%)×3%

（2）小规模纳税人跨县（市、区）提供建筑服务。

应预缴税款=应纳税额=(全部价款和价外费用-支付的分包费)÷(1+3%)×3%

（3）纳税人取得的全部价款和价外费用扣除支付的分包费后的余额为负数的，可结转下次预缴税款时继续扣除。

（三）房地产开发企业（一般纳税人）销售自行开发的房地产项目

（1）销售额的确定。

房地产开发企业中的一般纳税人销售自行开发的房地产项目，适用一般计税方法计税，按照取得的全部价款和价外费用，扣除当期销售房地产项目对应的土地价款后的余额计算销售额。

销售额=(全部价款和价外费用-当期允许扣除的土地价款)÷(1+10%)

当期允许扣除的土地价款=(当期销售房地产项目建筑面积)÷房地产项目可供销售建筑面积×支付的土地价款

（2）预缴税款。

一般纳税人采取预收款方式销售自行开发的房地产项目，应在收到预收款时按照3%的预征率预缴增值税。

应预缴税款=预收款÷(1+适用税率或征收率)×3%

适用一般计税方法计税的，按照10%的适用税率计算；适用简易计税方法计税的，按照5%的征收率计算。

【例2-13】甲房地产企业的一个房地产开发项目5月收到预收款2000万元，计算该企业应在6月申报期内向主管国税局预缴的税款。

【解析】预缴税款=2000÷(1+10%)×3%=54.55（万元）。

（3）进项税额。

一般纳税人销售自行开发的房地产项目，兼有一般计税方法计税、简易计税方法计税、免征增值税的房地产项目而无法划分不得抵扣的进项税额的，应以《建筑工程施工许可证》注明的“建筑规模”为依据进行划分。

不得抵扣的进项税额=当期无法划分的全部进项税额×(简易计税、免税房地产项目建筑规模÷房地产项目总建设规模)

（四）金融服务

金融服务，是指经营金融保险的业务活动。包括贷款服务、直接收费金融服务、保险服务和金融商品转让。金融行业一般纳税人适用增值税税率为6%。增值税应纳税额计算公式如下：

应纳税额＝当期销项税额－当期进项税额

1. 贷款服务

贷款，是指将资金贷与他人使用而取得利息收入的业务活动。各种占用、拆借资金取得的收入，包括金融商品持有期间（含到期）利息（保本收益、报酬、资金占用费、补偿金等）收入、信用卡透支利息收入、买入返售金融商品利息收入、融资融券收取的利息收入，以及融资性售后回租、押汇、罚息、票据贴现、转贷等业务取得的利息及利息性质的收入，按照贷款服务全部利息及利息性质的收入为销售额缴纳增值税。

融资性售后回租，是指承租方以融资为目的，将资产出售给从事融资性售后回租业务的企业后，从事融资性售后回租业务的企业将该资产出租给承租方的业务活动。以货币资金投资收取的固定利润或者保底利润为销售额，按照贷款服务缴纳增值税。

2. 直接收费金融服务

直接收费金融服务，是指为货币资金融通及其他金融业务提供相关服务并且收取费用的业务活动。包括提供货币兑换、账户管理、电子银行、信用卡、信用证、财务担保、资产管理、信托管理、基金管理、金融交易场所（平台）管理、资金结算、资金清算、金融支付等服务。

3. 保险服务

保险服务，是指投保人根据合同约定，向保险人支付保险费，保险人对于合同约定的可能发生的事故因其发生所造成的财产损失承担赔偿保险金责任，或者当被保险人死亡、伤残、疾病或者达到合同约定的年龄、期限等条件时承担给付保险金责任的商业保险行为。包括人身保险服务和财产保险服务。

人身保险服务，是指以人的寿命和身体为保险标的的保险业务活动。

财产保险服务，是指以财产及其有关利益为保险标的的保险业务活动。

4. 金融商品转让

金融商品转让，是指转让外汇、有价证券、非货物期货和其他金融商品所有权的业务活动。其他金融商品转让包括基金、信托、理财产品等各类资产管理产品和各种金融衍生品的转让。

【例2-14】 20×8年第3季度，甲银行业务收入如下：

（1）企业利息收入：抵押贷款1000万元，担保贷款500万元，票据贴现贷款 50 万元；个人利息收入：住房抵押贷款 100 万元，银行卡透支贷款 30 万元，消费贷款 20 万元；

（2）有价证券卖出价累计 2 亿元，买入价累计 1.8 亿元；

（3）代收水电费、违章罚款、税款等手续费收入 60 万元；

（4）结算手续费收入，国内 10 万元，国际 50 万元；

（5）单位存款利息 500 万元，个人存款利息 100 万元；

（6）买办公用品，专用发票金额 10 万元；

（7）买统一着装制服，专用发票金额 20 万元；

（8）支付房租，专用发票金额 50 万元；

（9）支付水费，专用发票金额 10000 元；支付电费，专用发票金额 20000元；

（10）农户小额贷款利息收入 20 万元，助学贷款利息收入 30 万元，同业拆借利息收入 50 万元。

上述收入均为含税收入。计算该银行第 3 季度应缴纳增值税。

【解析】 金融业适用税率 6%。农户小额贷款利息收入，国家助学贷款利息收入，同业拆借利息收入均免征增值税。

含税销售额＝1000+500+50+100+30+20+（20000−18000）+（60+10+50）＝3820（万元）

销项税额＝3820÷（1+6%）×6%＝3603.77×6%＝216.23（万元）

存款利息取得方免增值税，故银行利息支出不允许抵扣。

进项税额＝1.7+3.4+5.5+0.11+0.34＝11.05（万元）

应纳税额＝216.23−11.05＝205.18（万元）

（五）交通运输服务

交通运输服务，是指利用运输工具将货物或者旅客送达目的地，使其空间位置得到转移的业务活动。包括陆路运输服务、水路运输服务、航空运输服务和管道运输服务。

1. 陆路运输服务

陆路运输服务，是指通过陆路（地上或者地下）运送货物或者旅客的运输业务活动，包括铁路运输服务和其他陆路运输服务。

（1）铁路运输服务，是指通过铁路运送货物或者旅客的运输业务活动；

（2）其他陆路运输服务，是指铁路运输以外的陆路运输业务活动。包括公路运输、缆车运输、索道运输、地铁运输、城市轻轨运输等。

出租车公司向使用本公司自有出租车的出租车司机收取的管理费用，按照陆路运输服务缴纳增值税。

2. 水路运输服务

水路运输服务，是指通过江、河、湖、川等天然、人工水道或者海洋航道运送货物或者旅客的运输业务活动。

水路运输的程租、期租业务，属于水路运输服务。

程租业务，是指运输企业为租船人完成某一特定航次的运输任务并收取租赁费的业务。

期租业务，是指运输企业将配备有操作人员的船舶承租给他人使用一定期限，承租期内听候承租方调遣，不论是否经营，均按天向承租方收取租赁费，发生的固定费用均由船东负担的业务。

3. 航空运输服务

航空运输服务，是指通过空中航线运送货物或者旅客的运输业务活动。

航空运输的湿租业务，属于航空运输服务。

湿租业务，是指航空运输企业将配备有机组人员的飞机承租给他人使用一定期限，承租期内听候承租方调遣，不论是否经营，均按一定标准向承租方收取租赁费，发生的固定费用均由承租方承担的业务。

航天运输服务，按照航空运输服务缴纳增值税。

航天运输服务，是指利用火箭等载体将卫星、空间探测器等空间飞行器发射到空间轨道的业务活动。

4. 管道运输服务

管道运输服务，是指通过管道设施输送气体、液体、固体物质的运输业务活动。

无运输工具承运业务，按照交通运输服务缴纳增值税。

无运输工具承运业务，是指经营者以承运人身份与托运人签订运输服务合同，收取运费并承担承运人责任，然后委托实际承运人完成运输服务的经营活动。

【例 2-15】 甲公司是北京的一家交通运输企业，营改增后为一般纳税人，适用的增值税税率为 10%。20×8 年 1 月甲公司签订了一项商品运输合同，合同金额为 2200000（含税）元，当月全部收回，发生的联运支出 660000（含税）元。当月发生车辆维修费用 300000 元，购入运输车辆 500000 元，这两项支出均为不含税金额，且已按规定取得了抵扣凭证。计算甲公司 20×8 年 1 月应纳税额。

【解析】 甲公司 20×8 年 1 月销售额 = 2200000÷(1+10%) = 2000000（元）

销项税额 = 2000000×10% = 200000（元）

可抵扣的进项税额 = (300000+500000)×16% +600000×10% = 188000（元）

A 公司 20×8 年 1 月应纳增值税额 = 200000−188000 = 12000（元）

（六）电信服务

电信服务，是指利用有线、无线的电磁系统或者光电系统等各种通信网络资源。提供语音通话服务，传送、发射、接收或者应用图像、短信等电子数据和信息的业务活动。包括基础电信服务和增值电信服务。

生活服务行业包括文化体育服务，教育医疗服务，旅游服务，餐饮住宿服务，居民日常服务和其他生活服务。生活服务业一般纳税人，采用一般计税方法计税，税率为6%。小规模纳税人提供生活服务以及一般纳税人提供的可选择简易计税方法的部分生活服务（文化体育服务），征收率为3%。

一般计税方法，当期销项税额小于当期进项税额不足抵扣时，其不足部分可以结转下期继续抵扣。公式如下：

应纳税额=当期销项税额-当期进项税额

销项税额=销售额×税率

销售额=含税销售额÷(1+税率)

简易计税方法，是指按照销售额和增值税征收率计算的增值税额，不得抵扣进项税额。计算公式如下：

应纳税额=含税销售额÷(1+税率)×征收率

1. 文化体育服务

文艺表演、提供游览场所等。

【提示】纳税人在游览场所经营索道、摆渡车、电瓶车、游船等取得的收入；提供游览场所等。

2. 教育医疗服务

教育服务，是指提供学历教育服务、非学历教育服务、教育辅助服务的业务活动。

3. 旅游娱乐服务

旅游娱乐服务包括旅游服务和娱乐服务。

4. 餐饮住宿服务

提供餐饮服务的纳税人销售的外卖食品，按照“餐饮服务”缴纳增值税。

5. 居民日常服务

居民日常服务包括市容市政管理、家政、婚庆、养老、殡葬、护理、美容美发、按摩、桑拿、沐浴、洗染、摄影扩印等服务。

6. 其他生活服务

除文化体育服务，教育医疗服务，旅游服务，餐饮住宿服务，居民日常服务以外的生活服务。

【例2-16】甲餐饮一般纳税人A，20×8年5月共取得含税收入106万元，购入食材、水、电等取得合法扣除凭证注明增值税税额共3.5万元，计算餐饮店应纳税额。

【解析】应纳税额=106÷(1+6%)×6%-3.5=2.5（万元）

五、出口退税

出口退税是鼓励各国出口货物公平竞争的一种退还或免征间接税的税收措施。我国对增值税出口货物实行零税率（本道环节增值部分免税，前道环节所含进项税额退还），对消费税出口货物免税。

（一）出口货物税收政策

目前，我国的出口货物、劳务和跨境应税行为的增值税税收政策分为以下三种形式：

1. 出口免税并退税

出口免税是指对货物、劳务和跨境应税行为在出口销售环节免征增值税，这是把货物、劳务和跨境应税行为出口环节与出口前的销售环节都同样视为一个征税环节；出口退税是指对货物、劳务和跨境应税行为在出口前实际承担的税收负担，按规定的退税率计算后予以退还。

2. 出口免税不退税

出口免税与上述第1项含义相同。出口不退税是指适用这个政策的出口货物、劳务和跨境应税行为因在前一道生产、销售环节或进口环节是免税的，因此，出口时该货物、劳务和跨境应税行为的价格中本身就不含税，也无须退税。

3. 出口不免税也不退税

出口不免税是指对国家限制或禁止出口的某些货物、劳务和跨境应税行为的出口环节视同内销环节，照常征税；出口不退税是指对这些货物、劳务和跨境应税行为出口不退还出口前其所负担的税款。

（二）适用增值税退（免）税政策的范围

（1）出口企业出口货物。

（2）出口企业或其他单位视同出口的货物。

（3）出口企业对外提供加工修理修配劳务。

（4）融资租赁货物出口退税。

（三）增值税退（免）税办法

适用增值税退（免）税政策的出口货物、劳务和应税行为，按照下列规定实行增值税“免、抵、退”税或“免、退”税办法。

（1）“免、抵、退”税办法。适用增值税一般计税方法的生产企业出口自产货物与视同自产货物、对外提供加工修理修配劳务，以及列名的74家生产企业出口非自产货物，免征增值税，相应的进项税额抵减应纳增值税额（不包括适用增值税即征即退、先征后退政策的应纳增值税额），未抵减完的部分予以退还。

境内的单位和个人提供适用增值税零税率的服务或者无形资产，如果属于适用增值税一般计税方法的，生产企业实行“免、抵、退”税办法，外贸企业直接将服务或自行研发的无形资产出口，视同生产企业连同其出口货物统一实行“免、抵、退”税办法。

实行退（免）税办法的研发服务和设计服务，如果主管税务机关认定出口价格偏高的，有权按照核定的出口价格计算退（免）税，核定的出口价格低于外贸企业购进价格的，低于部分对应的进项税额不予退税，转入成本。

境内的单位和个人提供适用增值税零税率应税服务的，可以放弃适用增值税零税率，选择免税或按规定缴纳增值税。放弃适用增值税零税率后，36个月内不得再申请适用增值税零税率。

（2）“免、退”税办法。不具有生产能力的出口企业（以下简称外贸企业）或其他单位出口货物、劳务，免征增值税，相应的进项税额予以退还。

适用增值税一般计税方法的外贸企业外购服务或者无形资产出口实行“免、退”税办法。外贸企业外购研发服务和设计服务免征增值税，其对应的外购应税服务的进项税额予以退还。

（四）增值税出口退税率

（1）除财政部和国家税务总局根据国务院决定而明确的增值税出口退税率（以下简称退税率）外，出口货物的退税率为其适用税率。

服务和无形资产的退税率为其按照《增值税暂行条例》规定适用的增值税税率。

（2）退税率的特殊规定。

①外贸企业购进按简易办法征税的出口货物、从小规模纳税人购进的出口货物，其退税率分别为简易办法实际执行的征收率、小规模纳税人征收率。上述出口货物取得增值税专用发票的，退税率按照增值税专用发票上的税率和出口货物退税率孰低的原则确定。

②出口企业委托加工修理修配货物，其加工修理修配费用的退税率，为出口货物的退税率。

③中标机电产品、出口企业向海关报关进入特殊区域，销售给特殊区域内生产企业生产耗用的列名原材料、输入特殊区域的水电气，其退税率为适用税率。如果国家调整列名原材料的退税率，列名原材料应当自调整之日起按调整后的退税率执行。

（3）适用不同退税率的货物、劳务及跨境应税行为，应分开报关、核算并申报退（免）税，未分开报关、核算或划分不清的，从低适用退税率。

（五）增值税退（免）税的计税依据

出口货物、劳务的增值税退（免）税的计税依据，按出口货物、劳务的出口发票（外销发票）、其他普通发票或购进出口货物、劳务的增值税专用发票、海关进口增值税专用缴款书确定。增值税不同的退税方式其退税的依据也不尽相同。具体如表 2-4 所示。

表 2-4　不同退税方式的退税依据

免抵退税方式	按出口货物、劳务及应税服务的出口发票（外销发票）、其他普通发票确定
免退税方式	按购进出口货物、劳务及应税服务的增值税专用发票、海关进口增值税专用缴款书确定

（六）增值税“免、抵、退”税的计算

1. 增值税免抵退税的计算——生产企业

“免”指出口销售货物，实行零税率；“抵”指兼营内销和外销货物的企业，用外销货物应退增值税抵顶内销货物的应纳增值税；“退”指只有当外销货物应退增值税大于内销货物应适用于自营和委托出口自产货物的生产企业。

（1）不得免征和抵扣税额=(出口销售额-免税料件价格)×(征税率-退税率)

（2）应纳税额=当期内销销项税-(当期进项税-不得免征和抵扣税)-上期留抵税额

（3）免抵退税额=(出口销售额-免税料件价格)×退税率

（4）将（2）与（3）计算结果的绝对值进行比较，退小的。

这里的免税料件包括国内购进免税料件和进料加工免税进口料件。需要注意的是：新发生出口业务的，12 个月内不计算当期应退税额，当期免抵税额等于当期免抵退税额；未抵顶完的进项税额，结转下期继续抵扣，从第 13 个月开始，按免抵退公式计算当期应退税额。

【例 2-17】甲公司为增值税一般纳税人，出口货物征税率 16%，退税率 13%，6 月业务：

购进原材料，专用发票上价款 400 万元，准予抵扣的进项税额 64 万元。上期末留抵税款 5 万元。本月内销货物不含税销售额 100 万元，收款 116 万元。本月出口货物销售额折合人民币 200 万元。计算当期“免、抵、退”税额。

【解析】没有购进免税料件，是出口退税计算的简单形式。

（1）不得免征和抵扣的税额=200×(16%-13%)=6（万元）

（2）应纳税额=100×16%-(64-6)-5=-47（万元）

（3）免抵退税税额=200×13%=26（万元）

（4）比较，应纳税额的绝对值 47 万元，大于免抵退税额 26 万元，故实际退税额为 26 万元

（5）留下期抵扣税额=47-26=21（万元）

（6）当期免抵税额=0（万元）

2.“免、退”税办法

不具有生产能力的出口企业（以下简称外贸企业）或其他单位出口货物、

劳务，免征增值税，相应的进项税额予以退还。

适用增值税一般计税方法的外贸企业外购服务或者无形资产出口实行“免、退”税办法。

外贸企业外购研发服务和设计服务免征增值税，其对应的外购应税服务的进项税额予以退还。

外贸企业及实行外贸企业财务制度的工贸企业收购货物出口，凭购进出口货物增值税专用发票：

应退税额=不含税购进金额×退税率

【例 2-18】 甲进出口公司 20×8 年 6 月出口美国平纹布 2000 米，进货增值税专用发票列明单价 20 元/平方米，计税金额 40000 元，增值税出口退税率为 13%。要求：计算当期应退增值税税额。

【解析】 应退税额 = 2000×20×13% = 5200（元）

第五节　增值税征收管理

一、增值税纳税义务发生时间、纳税地点、纳税期限

（一）增值税纳税义务发生时间

《增值税暂行条例》《增值税暂行条例实施细则》和“营改增通知”明确规定了增值税纳税义务的发生时间。纳税义务发生时间，是纳税人发生应税销售行为应当承担纳税义务的起始时间。纳税义务发生时间的作用在于：一是正式确认纳税人和扣缴义务人已经发生属于税法规定的应税销售行为时，应承担的纳税和扣缴义务；二是有利于税务机关实施税务管理，合理规定申报期限和纳税期限，监督纳税人切实履行纳税义务。

对应税销售行为的纳税义务发生时间规定如下：

（1）销售货物或提供应税劳务的，其纳税义务发生的时间为收讫销售款或者取得销售款凭据的当天。先开具发票的，为开具发票的当天。

收讫销售款项或者取得索取销售款项凭据的当天，按销售结算方式的不同，具体为：

①采取直接收款方式销售货物，不论货物是否发出，均为收到销售款或者取得索取销售款凭据的当天。

②采取托收承付和委托银行收款方式销售货物，为发出货物并办妥托收手续的当天。

③采取赊销和分期收款方式销售货物，为书面合同约定的收款日期的当天，无书面合同的或者书面合同没有约定收款日期的，为货物发出的当天。

④采取预收货款方式销售货物，为货物发出的当天，但生产销售生产工期超过 12 个月的大型机械设备、船舶、飞机等货物，为收到预收款或者书面合同约定的收款日期的当天。

⑤委托其他纳税人代销货物，为收到代销单位的代销清单或者收到全部或者部分货款的当天。未收到代销清单及货款的，为发出代销货物满 180 天的当天。

⑥销售应税劳务，为提供劳务同时收讫销售款或者取得索取销售款的凭据的当天。

⑦纳税人发生下列视同销售货物行为（委托他人代销、销售代销货物除外），为货物移送的当天。

a. 设有两个以上机构并实行统一核算的纳税人，将货物从一个机构移送其他机构用于销售，但相关机构设在同一县（市）的除外；

b. 将自产或者委托加工的货物用于非增值税应税项目；

c. 将自产、委托加工的货物用于集体福利或者个人消费；

d. 将自产、委托加工或者购进的货物作为投资，提供给其他单位或者个体工商户；

e. 将自产、委托加工或者购进的货物分配给股东或者投资者。

⑧纳税人提供建筑服务、租赁服务采取预收款方式的，其纳税义务发生时间为收到预收款项的当天。

⑨纳税人从事金融商品转让的，为金融商品所有权转移的当天。

⑩纳税人发生视同销售服务、无形资产或者不动产情形的，其纳税义务发生时间为服务、无形资产转让完成的当天或者不动产权属变更的当天。

（2）进口货物的，其纳税义务的发生时间为报关进口的当天。

纳税人进口货物，应当自海关填发海关进口增值税专用缴款书之日起 15 日内缴纳税款。纳税人出口货物，应当按月向税务机关申报办理该项出口货物退税。

（二）增值税纳税地点

（1）固定业户应当向其机构所在地的主管税务机关申报纳税。总机构和分支机构不在同一县（市）的，应当分别向各自所在地的主管税务机关申报纳税；经财政部和国家税务总局或者其授权的财政和税务机关批准，可以由总机构汇总向总机构所在地的主管税务机关申报纳税。

根据税收属地管辖原则，固定业户应当向其机构所在地的主管税务机关申报纳税，这是一般性规定。这里的机构所在地是指纳税人的注册登记地。如果固定业户设有分支机构，且不在同一县（市）的，应当分别向各自所在地的主管税务机关申报纳税。经财政部和国家税务总局或者其授权的财政和税务机关批准，可以由总机构汇总向总机构所在地的主管税务机关中报纳税。具体审批权限如下。

①总机构和分支机构不在同一省、自治区、直辖市的，经财政部和国家税务总局批准，可以由总机构汇总向总机构所在地的主管税务机关申报纳税。

②总机构和分支机构不在同一县（市），但在同一省、自治区、直辖市范围内的，经省、自治区、直辖市财政厅（局）、国家税务局审批同意，可以由总机构汇总向总机构所在地的主管税务机关申报纳税。

（2）固定业户到外县（市）销售货物或者提供应税劳务，应当向其机构所在地的主管税务机关申请开具外出经营活动税收管理证明，并向其机构所在地的主管税务机关申报纳税；未开具证明的，应当向销售地或者劳务发生地的主管税务机关申报纳税；未向销售地或者劳务发生地的主管税务机关申报纳税的，由其机构所在地的主管税务机关补征税款。

（3）非固定业户销售货物或者应税劳务，应当向销售地或者劳务发生地的主管税务机关申报纳税；未向销售地或者劳务发生地的主管税务机关申报纳税的，由其机构所在地或者居地的主管税务机关补征税款。

（4）进口货物，应当向报关地海关申报纳税。

（5）扣缴义务人应当向其机构所在地或者居住地的主管税务机关申报缴纳其扣缴的税款。

（三）增值税纳税期限

根据《增值税暂行条例》和“营改增通知”，增值税的纳税期限分别为1日、3日、5日、10日、15日、1个月或者1个季度。以1个季度为纳税期限的规定适用于小规模纳税人、银行、财务公司、信托投资公司、信用社，以及财政部和国家税务总局规定的其他纳税人。纳税人的具体纳税期限，由主管税务机关根据纳税人应纳税额的大小分别核定；不能按照固定期限纳税的，可以按次纳税。

增值税报缴税款的期限有以下几种形式：

（1）以1个月或者1个季度为一期纳税的，自期满之日起15日内申报纳税；以1日、3日、5日、10日、15日为一期纳税的，自期满之日起5日内预缴税款，次月1~15日内申报纳税，并结清上月应纳税款。扣缴义务人解缴税款的期限，依照该项规定执行。

（2）纳税人进口货物，应当自海关填发税款缴纳凭证之日起15日内缴纳税款。

（3）纳税人出口货物，应当按月向税务机关申报办理该项出口货物退税。

二、增值税专用发票的使用及管理

增值税专用发票（以下简称专用发票）是指增值税一般纳税人销售货物或者提供应税劳务开具的发票，是购买方支付增值税额并可按照增值税有关规定据以抵扣增值税进项税额的凭证。专用发票不仅是经济业务收付款的原始凭证，而且是兼记销货方纳税义务和购货方进项税额的主要依据，是购货方据以抵扣增值税税款的法定凭证。

（一）增值税专用发票的联次

增值税专用发票由基本联次或者基本联次附加其他联次构成。基本联次为三联：发票联、抵扣联和记账联。发票联作为购买核算采购成本和增值税进项税额的记账凭证；抵扣联作为购买方报送主管税务机关认证和留存备查的凭证；记账联作为销售方核算销售收入和增值税销项税额的记账凭证。其他联次用途，由一般纳税人自行确定。

（二）增值税专用发票的领购和开具范围

增值税专用发票只限于增值税一般纳税人领购使用。一般纳税人销售货物或者提供应税劳务，应向购买方开具专用发票。一般纳税人应通过增值税防伪税控系统使用专用发票。商业企业一般纳税人零售的烟、酒、食品、服装、鞋帽（不包括劳保专用部分）、化妆品等消费品不得开具专用发票。增值税小规模纳税人和非增值税纳税人不得领购使用专用发票。增值税小规模纳税人需要开具专用发票的，可向当地主管税务机关申请代开。

一般纳税人有下列情形之一的，不得领购开具专用发票：

（1）会计核算不健全，不能向税务机关准确提供增值税销项税额、进项税额、应纳税额数据及其他有关增值税税务资料的。

（2）有《税收征收管理法》规定的税收违法行为，拒不接受税务机关处理的。

（3）有下列行为之一，经税务机关责令限期改正而仍未改正的：

①虚开专用发票；

②私自印制专用发票；

③向税务机关以外的单位和个人买取专用发票；

④借用他人专用发票；

⑤未按规定开具专用发票；

⑥未按规定保管专用发票和专用设备；

⑦未按规定申报办理防伪税控系统；

⑧未按规定接受税务机关检查。

为了加强增值税专用发票的管理，有以上情形之一的一般纳税人，如已领购专用发票，税务机关应暂扣其结存的专用发票和IC卡。

（三）开具增值税专用发票的要求

（1）项目齐全，与实际交易相符。

（2）字迹清楚，不得压线、错格。

（3）发票联和抵扣联加盖财务专用章或者发票专用章。

（4）按照增值税纳税义务的发生时间开具专用发票。

开具的专用发票有不符合上述要求的，不得作为扣税凭证，购买方有权拒收。

一般纳税人销售货物或者提供应税劳务可以汇总开具专用发票。汇总开具专用发票的，同时使用防伪税控系统开具《销售货物或者提供应税劳务清单》，并加盖财务专用章或者发票专用章。

（四）开具增值税专用发票的时限

对开具专用发票的时限规定如下：

（1）采用预收货款、托收承付、委托银行收款结算方式的，为货物发出的当天。

（2）采用交款提货结算方式的，为收到货款的当天。

（3）采用赊销、分期收款结算方式的，为合同约定的收款日期的当天。

（4）将货物交付他人代销，为收到受托人送交的代销清单的当天。

（5）设有两个以上机构并实行统一核算的纳税人，将货物从一个机构移送其他机构用于销售，按规定应当征收增值税的，为货物移送的当天。

（6）将货物作为投资提供给其他单位或个体经营者，为货物移送的当天。

（7）将货物分配给股东，为货物移送的当天。

一般纳税人必须按规定时限开具专用发票，不得提前或滞后。对已开具专用发票的销售货物，要及时足额计入当期销售额计税。凡开具了专用发票，其销售额未按规定计入销售账户核算的，一律按偷税论处。

（五）关于被盗、丢失增值税专用发票的处理

（1）纳税人必须严格按《增值税专用发票使用规定》保管使用专用发票，对违反规定发生被盗、丢失专用发票的纳税人，按《税收征收管理法》和《发票管理办法》的规定，处以1万元以下的罚款，并可视具体情况，对丢失专用发票的纳税人，在一定期限内（最长不超过半年）停止领购专用发票、对纳税人申报遗失的专用发票，如发现非法代开、虚开问题的，该纳税人应承担偷税、骗税的连带责任。

（2）纳税人丢失专用发票后，必须按规定程序向当地主管税务机关、公安机关报失。各地税务机关对丢失专用发票的纳税人按规定进行处罚的同时，代收取“挂失登报费”，并将丢失专用发票的纳税人名称、发票份数、字轨号码、盖章与否等情况，统一传（寄）至中国税务报社刊登“遗失声明”。传（寄）至中国税务报社的“遗失声明”，必须经县（市）国家税务机关审核盖章、签署意见。

（六）关于对代开、虚开增值税专用发票的处理

代开发票是指为与自己没有发生直接购销关系的他人开具发票的行为，虚开发票是指在没有任何购销事实的前提下，为他人、为自己或让他人为自己或介绍他人开具发票的行为。代开、虚开发票的行为都是严重的违法行为。对代开、虚开专用发票的，一律按票面所列货物的适用税率全额征补税款，并按《税收征收管理法》的规定按偷税给予处罚。对纳税人取得代开、虚开的增值税专用发票，不得作为增值税合法抵扣凭证抵扣进项税额。代开、虚开发票构成犯罪的，按全国人民代表大会常务委员会发布的《关于惩治虚开、伪造和非法出售增值税专用发票犯罪的决定》处以刑罚。

第六节　增值税纳税申报

一、增值税一般纳税人纳税申报办法

为保障全面推开营业税改征增值税改革试点工作顺利实施，国家税务总局发布了《全面推开营业税改征增值税试点后增值税纳税申报有关事项的公告》（国家税务总局公告 2016 年第 13 号）和《关于调整增值税纳税申报有关事项的公告》（国家税务总局公告 2017 年第 19 号）以及《关于于调整增值税纳税申报有关事项的公告》（国家税务总局公告 2018 年第 17 号）。

（一）纳税申报资料

纳税申报资料包括纳税申报表及其附列资料和纳税申报其他资料。

（1）纳税申报表及其附列资料。

增值税一般纳税人（以下简称一般纳税人）纳税申报表及其附列资料包括：

①《增值税纳税申报表（一般纳税人适用）》如表 2-5 所示。

表 2-5 增值税纳税申报表（一般纳税人适用）

根据国家税收法律法规及增值税相关规定制定本表。纳税人无论有无销售额，均应按税务机关核定的纳税期限填写本有，并向当地税务机关申报。

税款所属时间：自 年 月 日至 年 月 日 填表日期： 年 月 日

金额单位： 元至 角 分

纳税人识别号					所属行业	
纳税人名称	（公章）	法定代表人姓名		注册地址		营业地址
开户银行及账号		企业登记注册类型			电话号码	
项目		栏次	一般货物及劳务		即征即退货物及劳务	
			本月数	本年累计	本月数	本年累计
销售额	（一）按适用税率征税货物及劳务销售额	1				
	其中：应税货物销售额	2				
	应税劳务销售额	3				
	纳税检查调整的销售额	4				
	（二）按简易征收办法征税货物销售额	5				
	其中：纳税检查调整的销售额	6				
	（三）免、抵、退办法出口货物销售额	7			—	—
	（四）免税货物及劳务销售额	8			—	—
	其中：免税货物销售额	9			—	—
	免税劳务销售额	10			—	—
税额计算	销项税额	11				
	进项税额	12				
	上期留抵税额	13		—		—
	进项税额转出	14				
	免抵退货物应退税额	15			—	—
	按适用税率计算的纳税检查应补缴税额	16			—	—
	应抵扣税额合计	17=12+13-14-15+16		—		—
	实际抵扣税额	18（如 17<11，则为 17，否则为 11）				
	应纳税额	19=11-18				
	期末留抵税额	20=17-18		—		—

续表

<table>
<tr><td rowspan="4">税额计算</td><td>简易征收办法计算的应纳税额</td><td>21</td><td colspan="2"></td><td></td><td></td><td></td></tr>
<tr><td>按简易征收办法计算的纳税检查应补缴税额</td><td>22</td><td colspan="2"></td><td></td><td>—</td><td>—</td></tr>
<tr><td>应纳税额减征额</td><td>23</td><td colspan="2"></td><td></td><td></td><td></td></tr>
<tr><td>应纳税额合计</td><td>24＝19+21−23</td><td colspan="2"></td><td></td><td></td><td></td></tr>
<tr><td rowspan="14">税款缴纳</td><td>期初未缴税额（多缴为负数）</td><td>25</td><td colspan="2"></td><td></td><td></td><td></td></tr>
<tr><td>实收出口开具专用缴款书退税额</td><td>26</td><td colspan="2"></td><td></td><td>—</td><td>—</td></tr>
<tr><td>本期已缴税项</td><td>27＝28+29+30+31</td><td colspan="2"></td><td></td><td></td><td></td></tr>
<tr><td>①分次预缴税额</td><td>28</td><td colspan="2"></td><td>—</td><td></td><td>—</td></tr>
<tr><td>②出口开具专用缴款书缴税额</td><td>29</td><td colspan="2"></td><td>—</td><td>—</td><td>—</td></tr>
<tr><td>③本期缴纳上期应纳税额</td><td>30</td><td colspan="2"></td><td></td><td></td><td></td></tr>
<tr><td>④本期缴纳欠缴税额</td><td>31</td><td colspan="2"></td><td></td><td></td><td></td></tr>
<tr><td>期末未缴税额（多缴未负数）</td><td>32＝24+25+26−27</td><td colspan="2"></td><td></td><td></td><td></td></tr>
<tr><td>其中：欠税税额（≥0）</td><td>33＝25+26−27</td><td colspan="2"></td><td>—</td><td></td><td>—</td></tr>
<tr><td>本期应补（退）税额</td><td>34＝24−28−29</td><td colspan="2"></td><td>—</td><td></td><td>—</td></tr>
<tr><td>即征即退实际退税额</td><td>35</td><td colspan="2">—</td><td>—</td><td></td><td></td></tr>
<tr><td>期初未缴查补税额</td><td>36</td><td colspan="2"></td><td></td><td>—</td><td>—</td></tr>
<tr><td>本期入库查补税额</td><td>37</td><td colspan="2"></td><td></td><td>—</td><td>—</td></tr>
<tr><td>期末未缴查补税额</td><td>38＝16+22+36−37</td><td colspan="2"></td><td></td><td>—</td><td>—</td></tr>
<tr><td colspan="2">授权声明</td><td colspan="2">如果你已授权委托代理人申报，请填写下列资料：
为代理一切税务事宜，现授权
（地址）为本纳税人的代理人，任何与本申报表有关的往来文件，都可寄予此人。
授权人签名：</td><td>申报人声明</td><td colspan="3">此纳税申报表是根据《中华人民共和国增值税暂行条例》的规定填报，我相信它是真实的、可靠的、完整的。
声明人签字：</td></tr>
</table>

主管税务机关：　　　　　　　　　　接收人：　　　　　　接收日期：

②《增值税纳税申报表附列资料（一）》(本期销售情况明细)。

③《增值税纳税申报表附列资料（二）》(本期进项税额明细)。

④《增值税纳税申报表附列资料（三）》(服务、不动产和无形资产扣除项目明细)。

一般纳税人销售服务、不动产和无形资产，在确定服务、不动产和无形资产销售额时，按照有关规定可以从取得的全部价款和价外费用中扣除价款的，需填报《增值税纳税申报表附列资料（三）》。其他情况不填写该附列资料。

⑤《增值税纳税申报表附列资料（四）》(税额抵减情况表)。

⑥《增值税纳税申报表附列资料（五）》（不动产分期抵扣计算表）。

⑦《增值税减免税申报明细表》。

（2）纳税申报其他资料。

①已开具的税控机动车销售统一发票和普通发票的存根联。

②符合抵扣条件且在本期申报抵扣的增值税专用发票（含税控机动车销售统一发票）的抵扣联。

③符合抵扣条件且在本期申报抵扣的海关进口增值税专用缴款书、购进农产品取得的普通发票的复印件。

④符合抵扣条件且在本期申报抵扣的税收完税凭证及其清单，书面合同、付款证明和境外单位的对账单或者发票。

⑤已开具的农产品收购凭证的存根联或报查联。

⑥纳税人销售服务、不动产和无形资产，在确定服务、不动产和无形资产销售额时，按照有关规定从取得的全部价款和价外费用中扣除价款的合法凭证及其清单。

⑦主管税务机关规定的其他资料。

（3）纳税申报表及其附列资料为必报资料。纳税申报其他资料的报备要求由各省、自治区、直辖市和计划单列市国家税务局确定。

（二）纳税人跨县（市）提供建筑服务、房地产开发企业预售自行开发的房地产项目、纳税人出租与机构所在地不在同一县（市）的不动产，按规定需要在项目所在地或不动产所在地主管国税机关预缴税款的，需填写《增值税预缴税款表》

二、增值税小规模纳税人纳税申报办法

增值税小规模纳税人（以下简称小规模纳税人）纳税申报表及附列资料包括：

（一）《增值税纳税申报表（小规模纳税人适用）》（见表 2-6）

表 2-6　增值税纳税申报表（小规模纳税人适用）

纳税人识别号：

纳税人名称（公章）：　　　　金额单位：元至角分

税款所属期：　　年　　月　　日至　　年　　月　　日　　填表日期：　　年　　月　　日

续表

<table>
<tr><td rowspan="2"></td><td rowspan="2">项目</td><td rowspan="2">栏次</td><td colspan="2">本期数</td><td colspan="2">本年累计</td></tr>
<tr><td>货物及劳务</td><td>服务、不动产和无形资产</td><td>货物及劳务</td><td>服务、不动产和无形资产</td></tr>
<tr><td rowspan="11">一、计税依据</td><td>（一）应征增值税不含税销售额</td><td>1</td><td></td><td></td><td></td><td></td></tr>
<tr><td>税务机关代开的增值税专用发票不含税销售额</td><td>2</td><td></td><td></td><td></td><td></td></tr>
<tr><td>税控器具开具的普通发票不含税销售额</td><td>3</td><td></td><td></td><td></td><td></td></tr>
<tr><td>（二）销售使用过的应税固定资产不含税销售额</td><td>4（4≥5）</td><td></td><td>—</td><td></td><td>—</td></tr>
<tr><td>其中：税控器具开具的普通发票不含税销售额</td><td>5</td><td></td><td>—</td><td></td><td>—</td></tr>
<tr><td>（三）免税销售额</td><td>6=7+8+9</td><td></td><td></td><td></td><td></td></tr>
<tr><td>其中：小微企业免税销售额</td><td>7</td><td></td><td></td><td></td><td></td></tr>
<tr><td>未达起征点销售额</td><td>8</td><td></td><td></td><td></td><td></td></tr>
<tr><td>其他免税销售额</td><td>9</td><td></td><td></td><td></td><td></td></tr>
<tr><td>（四）出口免税销售额</td><td>10（10≥11）</td><td></td><td></td><td></td><td></td></tr>
<tr><td>其中：税控器具开具的普通发票销售额</td><td>11</td><td></td><td></td><td></td><td></td></tr>
<tr><td rowspan="8">二、税款计算</td><td>本期应纳税额</td><td>12</td><td></td><td></td><td></td><td></td></tr>
<tr><td>本期应纳税额减征额</td><td>13</td><td></td><td></td><td></td><td></td></tr>
<tr><td>本期免税额</td><td>14</td><td></td><td></td><td></td><td></td></tr>
<tr><td>其中：小微企业免税额</td><td>15</td><td></td><td></td><td></td><td></td></tr>
<tr><td>未达起征点免税额</td><td>16</td><td></td><td></td><td></td><td></td></tr>
<tr><td>应纳税额合计</td><td>17=12-13</td><td></td><td></td><td></td><td></td></tr>
<tr><td>本期预缴税额</td><td>18</td><td></td><td></td><td>—</td><td>—</td></tr>
<tr><td>本期应补（退）税额</td><td>19=17-18</td><td></td><td></td><td>—</td><td>—</td></tr>
<tr><td colspan="2" rowspan="4">纳税人或代理人声明：
本纳税申报表是根据国家税收法律法规及相关规定填报的，我确定它是真实的、可靠的、完整的。</td><td colspan="5">如纳税人填报，由纳税人填写以下各栏：</td></tr>
<tr><td colspan="5">办税人员：　　　　财务负责人：
法定代表人：　　　联系电话：</td></tr>
<tr><td colspan="5">如委托代理人填报，由代理人填写以下各栏：</td></tr>
<tr><td colspan="5">代理人名称（公章）：　　　　经办人：
联系电话：</td></tr>
</table>

主管税务机关：　　　　接收人：　　　　接收日期：

（二）《增值税纳税申报表（小规模纳税人适用）附列资料》

小规模纳税人销售服务，在确定服务销售额时，按照有关规定可以从取得的全部价款和价外费用中扣除价款的，需填报《增值税纳税申报表（小规模纳税人适用）附列资料》。其他情况不填写该附列资料。

（三）《增值税减免税申报明细表》

前述的纳税申报其他资料同样适用于小规模纳税人。

【本章小结】

增值税是指对从事销售货物、加工、修理修配劳务、应税服务、无形资产和不动产，及进口货物的单位和个人取得的增值额为计税依据征收的一种流转税，具有普遍课征、收入稳定、不重复征税等特点。根据应税增值额中是否包含固定资产价值，增值税可分为三种类型：生产型增值税、收入型增值税和消费型增值税。

1994 年我国确立生产型增值税，2009 年转型为消费型增值税，2012 年在上海选择交通运输业和部分现代服务业开始进行“营改增”试点，2016 年 5 月 1 日全国范围内全面推行“营改增”，2017 年 11 月 19 日正式废止营业税。2018 年国家继续深化增值税改革，进一步降低增值税税率。增值税的纳税人按照会计核算是否健全和规模大小，分为一般纳税人和小规模纳税人。对一般纳税人设置了 16%、10%、6% 三档税率，对跨境应税行为（除另有规定外）实行零税率。对小规模纳税人实行 3% 的征收率。

增值税一般纳税人应纳税额计算公式为：应纳税额 = 当期销项税额 - 当期进项税额。小规模纳税人按照销售额和规定的征收率，实行简易办法计算应纳税额，不得抵扣进项税额。出口产品退（免）税是国际通行的税收规则，按照《增值税暂行条例》的规定，我国实行“纳税人出口货物，税率为零”的优惠政策。

第三章　消费税

【学习目标】

通过本章的学习，要求掌握以下知识点：

1. 了解消费税的定义与特点
2. 掌握消费税的构成要素
3. 掌握消费税应纳税额的计算
4. 了解消费税的征收管理
5. 了解消费税的纳税申报

【知识框架图】

- 消费税
  - 纳税义务人与纳税环节
    - 纳税义务人
    - 纳税环节
      - 生产销售环节
      - 委托加工环节
      - 进口环节
      - 零售、批发环节
  - 税目与税率
    - 税目：15个，重点关注：卷烟、白酒
    - 税率：比例税率、定额税率及复合计税
  - 应纳税额的计算
    - 生产销售环节
      - 直接对外销售应纳消费税的计算
      - 自产自用应纳消费税的计算（注意组成计税价格的确定）
    - 委托加工环节
      - 委托加工应税消费品的确认
      - 组成计税价格及应纳税额计算
    - 进口环节
    - 已纳消费税扣除
      - 外购应税消费品已纳消费税的扣除
      - 委托加工收回的应税消费品已纳税款的扣除
    - 特殊环节
  - 征收管理及纳税申报

第一节　消费税基本原理

一、消费税的概念

消费税是流转税的另一重要税种。消费税是对在我国境内从事生产、委托加工和进口《中华人民共和国消费税暂行条例》（以下简称《消费税暂行条例》）规定的消费品的单位和个人，以及国务院确定的销售《消费税暂行条例》规定的消费品的其他单位和个人，就其销售额或销售数量，在特定环节征收的一种税。确切地说，消费税是在普遍征收增值税的基础上，对特定消费品、特定消费者行为征收的一种流转税。征收消费税主要是为了调节产品结构，引导消费方向，保证国家财政收入。

二、消费税的特点

消费税与增值税相比，具有以下特点：

（1）征税项目具有选择性：目前我国只有 15 个项目征收消费税，征税范围有限。只有消费税税目税率表上列举的应税消费品才征收消费税，没有列举的则不征收消费税。

（2）单一环节征税：从生产到消费的整个过程，只在某一个环节征收消费税，其他环节则不征收。如在生产或进口环节征收了消费税，后面的批发和零售环节则不再征收，如在零售环节征收消费税，则在前面的生产环节和批发环节都不征收，故消费税是一次性征收的流转税。目前消费税中只有卷烟、超豪华小汽车是双环节征税，其他消费品都是单一环节征税。

（3）征收方法具有多样性：与增值税从价征收相比较，消费税可以采用从价定率、从量定税额和复合征收三种方式。

（4）税收调节具有特殊性：为了调节特定消费品和特定消费行为，在有形动产普遍征收增值税的基础上，对特定消费品和特定消费行为再征收一道消费税。与增值税相比，平均税率水平比较高且税负差异大，特别是对需要限制或控制的消费品，通常税负较高。

（5）税负具有转嫁性：同其他流转税一样，消费税税款最终都要转嫁到消费者身上，由消费者负担。

第二节　消费税的改革历程

1993 年 12 月国务院颁布了《中华人民共和国消费税暂行条例》及实施细则，自 1994 年 1 月 1 日起开征消费税。自 1994 年实行消费税以来，存在征税范围偏窄、原来确定的某些属于高档消费品的产品，已经逐渐具有大众消费的特征；有些应税消费品的税率结构与国内产业结构、消费水平和消费结构的变化不相适应；消费税促进节约资源和环境保护的作用有待加强。因此，2006 年 4 月，我国进行了消费税的重大改革。这次改革突出了促进环境保护和节约资源，突出了合理引导消费和间接调节收入分配两个重点。具体改革内容如下。

（1）新增高尔夫球及球具、高档手表、游艇、木质一次性筷子、实木地板等税目。新增成品油税目，原汽油、柴油税目作为子目，并新增石脑油、溶剂油、润滑油、燃料油和航空煤油五个子目；

（2）取消护肤护发品税目；

（3）调整部分税目税率。调整白酒、小汽车、摩托车和汽车轮胎几个税目的税率。

此次消费税的改革旨在增强环保意识、引导消费和节约木材资源，将木质一次性筷子和实木地板纳入了征税范围；为了合理引导消费，对高档消费品进行税收调节，将游艇、高尔夫球及球具、高档手表等少数群体消费的高档消费品纳入了消费税征收范围，但这次消费税改革还没有将高档家具、高档服装、高档住房、歌厅舞厅等应当调节的高档消费品纳入了消费税征税范围。随着税制改革的深入，这些高档消费品会逐渐纳入消费税的征税范围。

2008年11月5日国务院第34次常务会议修订通过并颁布《中华人民共和国消费税暂行条例》，自2009年1月1日起执行。此次改革主要对成品油消费税税率进行调整：（1）含铅汽油由每升0.28元提高到每升1.4元；（2）无铅汽油、石脑油、溶剂油、润滑油消费税单位税额由每升0.2元提高到每升1.0元；（3）柴油、航空煤油和燃油税消费税单位税额由每升0.1元提高到每升0.8元。

2014年11月底财政部、国家税务总局发布《关于调整消费税政策的通知》（财税〔2014〕93号），主要改革内容如下：（1）取消酒精消费税；（2）啤酒包装物的押金不包括重复使用的塑料周转箱的押金；（3）航空煤油暂缓征收消费税；（4）取消车用含铅汽油消费税，汽油税目不再划分二级子目，统一按照无铅汽油税率征收消费税；（5）删除汽车轮胎税目及其相关规定；（6）取消气缸容量250毫升（不含）以下的小排量摩托车消费税；（7）添加电池和涂料的税目和税目注释；（8）调整后目前确定征收消费税包括烟、酒、化妆品等15个税目。

2015年1月财政部、国家税务总局发布《关于对电池、涂料征收消费税的通知》（财税〔2015〕16号），指出为促进节能环保，经国务院批准，自2015年2月1日起对电池、涂料征收消费税：将电池、涂料列入消费税征收范围，在生产、委托加工和进口环节征收，适用税率均为4%；对无汞原电池、金属氢化物镍蓄电池（又称“氢镍蓄电池”或“镍氢蓄电池”）、锂原电池、锂离子蓄电池、太阳能电池、燃料电池和全钒液流电池免征消费税。2015年12月31日前对铅蓄电池缓征消费税；自2016年1月1日起，对铅蓄电池按4%税率征收消费税。对施工状态下挥发性有机物（Volatile Organic Compounds，VOC）含量低于

420克/升（含）的涂料免征消费税。

2015年5月财税〔2015〕60号关于《调整卷烟消费税的通知》，将卷烟批发环节从价税税率由5%提高至11%，并按0.005元/支加征从量税。并规定纳税人兼营卷烟批发和零售业务的，应当分别核算批发和零售环节的销售额、销售数量；未分别核算批发和零售环节销售额、销售数量的，按照全部销售额、销售数量计征批发环节消费税。

2016年9月财政部、国家税务总局发布《关于调整化妆品消费税政策的通知》（财税〔2016〕103号），自2016年10月1日起：取消对普通美容、修饰类化妆品征收消费税，将“化妆品”税目名称更名为“高档化妆品”。征收范围包括高档美容、修饰类化妆品、高档护肤类化妆品和成套化妆品。税率调整为15%。高档美容、修饰类化妆品和高档护肤类化妆品是指生产（进口）环节销售（完税）价格（不含增值税）在10元/毫升（克）或15元/片（张）及以上的美容、修饰类化妆品和护肤类化妆品。

2016年11月财政部、国家税务总局发布《关于对超豪华小汽车加征消费税有关事项的通知》（财税〔2016〕129号），自2016年12月1日起：“小汽车”税目下增设“超豪华小汽车”子税目。征收范围为每辆零售价格130万元（不含增值税）及以上的乘用车和中轻型商用客车，即乘用车和中轻型商用客车子税目中的超豪华小汽车。对超豪华小汽车，在生产（进口）环节按现行税率征收消费税基础上，在零售环节加征消费税，税率为10%。将超豪华小汽车销售给消费者的单位和个人为超豪华小汽车零售环节纳税人。超豪华小汽车零售环节消费税应纳税额计算公式：应纳税额 = 零售环节销售额（不含增值税，下同）× 零售环节税率；国内汽车生产企业直接销售给消费者的超豪华小汽车，消费税税率按照生产环节税率和零售环节税率加总计算，消费税应纳税额计算公式：应纳税额 = 销售额 ×（生产环节税率 + 零售环节税率）。

第三节 消费税的构成要素

一、纳税义务人

消费税的纳税人是在我国境内生产、委托加工、零售和进口《中华人民共和国消费税暂行条例》规定的消费品的单位和个人，具体包括在我国境内生产、委托加工、零售和进口应税消费品的国有企业、集体企业、私有企业、股份制企业、其他企业、行政单位、事业单位、军事单位、社会团体和其他单位、个体经营者及其他个人。

根据《国务院关于外商投资企业和外国企业适用增值税、消费税、营业税等税收暂行条例有关问题的通知》规定，在我国境内生产、委托加工、零售和进口应税消费品的外商投资企业和外国企业，也是消费税的纳税人。

二、纳税环节

我国消费税的纳税环节是在生产销售环节、委托加工环节和进口环节，但金银首饰缴纳的消费税在零售环节征收。零售环节征收消费税的金银首饰范围仅限于：金基、银基合金首饰；金、银和金基、银基合金的镶嵌首饰。零售环节适用税率为5%，在纳税人销售金银首饰、铂金首饰、钻石及钻石饰品时征收。镀金（银）、包金（银）等首饰仍在生产销售环节征收消费税。此外，卷烟除了在生产销售环节征收消费税外，还在批发环节加征一次；自2016年12月1日起，对超豪华小汽车在生产（进口）环节按现行税率征收消费税的基础上，在零售环节加征消费税。

三、消费税税目与税率

（一）消费税税目

现行消费税税目共有15个，包括烟、酒、高档化妆品、贵重首饰及珠宝玉石、鞭炮和火焰、成品油、小汽车、摩托车、高尔夫球和球具、高档手表、游艇、木制一次性筷子、实木地板、电池和涂料。消费税具体税目如表3-1所示。

表3-1　消费税具体税目

税目	子目	具体说明
（一）烟	1. 卷烟 2. 雪茄烟 3. 烟丝	2009年5月1日起我国在卷烟批发环节加征了一道从价税，2015年5月10日起将卷烟批发环节从价税税率由5%提高至11%，并按0.005元/支加征从量税 雪茄烟和烟丝执行比例税率
（二）酒	1. 白酒 2. 黄酒 3. 啤酒 4. 其他酒	饮食业、商业、娱乐业举办的啤酒屋（啤酒坊）利用啤酒生产设备生产的啤酒，应当按250元/吨的税率征收消费税 果啤属于啤酒税目 调味料酒不属于消费税的征税范围
（三）高档化妆品		2016年10月1日起，本税目调整为包括高档美容、修饰类化妆品、高档护肤类化妆品和成套化妆品 不含舞台、戏剧、影视化妆用的上妆油、卸妆油、油彩
（四）贵重首饰及珠宝玉石		与金、银、铂金、钻石相关的首饰和饰品在零售环节纳税，税率5%；其他与金、银、铂金、钻石无关的贵重首饰及珠宝玉石在生产（出厂）、进口、委托加工环节纳税，税率为10%

续表

税目	子目	具体说明
（五）鞭炮和焰火		不含体育用的发令纸、鞭炮药引线
（六）成品油	1. 汽油 2. 柴油 3. 石脑油 4. 溶剂油 5. 润滑油 6. 航空煤油 7. 燃料油	生物柴油，以及植物性润滑油、动物性润滑油，已属于消费税征收范围 各子目计税时，吨与升之间计量单位换算标准的调整由财政部、国家税务总局确定 航空煤油暂缓征收
（七）小汽车	1. 乘用车 2. 中轻型商用客车 3. 超豪华小汽车	含9座内乘用车、10~23座内中轻型商用客车（按额定载客区间值下限确定）。电动汽车以及沙滩车、雪地车、卡丁车、高尔夫车等均不属于本税目征税范围，不征消费税。超豪华小汽车为每辆零售价格130万元（不含增值税）及以上乘用车和中轻型商用客车
（八）摩托车		气缸容量小于250毫升不征
（九）高尔夫球和球具		包括高尔夫球，高尔夫球杆，高尔夫球包（袋），高尔夫球杆的杆头、杆身和握把
（十）高档手表		包括不含增值税售价每只在10000元及以上的手表
（十一）游艇		本税目只涉及机动艇
（十二）木制一次性筷子		包括未经打磨、倒角的木制一次性筷子
（十三）实木地板		含各类规格的实木地板、实木指接地板、实木复合地板及用于装饰墙壁、天棚的侧端面为榫、槽的实木装饰板，以及未经涂饰的素板
（十四）电池		铅蓄电池在2015年12月31日前缓征消费税，自2016年1月1日起按4%税率征收消费税
（十五）涂料		

（二）消费税的税率

消费税共设置了15个税目。其中，2008年9月1日起排气量在1.0升（含1.0升）以下的乘用车，税率由3%下调至1%；2009年经国务院批准，财政部、国家税务总局对烟产品消费税政策做了重大调整，甲类香烟的消费税从价税率由原来的45%调整至56%。另外，2009年5月1日起卷烟批发环节还加征了一道从价税，2015年5月10日起将卷烟批发环节从价税税率由5%提高至11%，并按0.005元/支加征从量税。自2016年12月1日起，对超豪华小汽车在零售环节加征10%消费税。

针对上述 15 个税目，消费税税率有比例税率和定额税率两种，其计税方式有从量计征、复合计征和从价计征三种。消费税三种计征方式适用的范围如表 3-2 所示。

表 3-2　三种计征方式适用范围

计征方式	适用应税项目
从量计征	啤酒、黄酒、成品油
复合计征	白酒、卷烟
从价计征	除啤酒、黄酒、成品油、卷烟、白酒前述项目以外的其他各项应税消费品

（三）按照最高税率征税的特殊情况

有两种情况消费税税率需从高计征：一是纳税人兼营不同税率的应当缴纳消费税的消费品未分别核算销售额、销售数量的；二是将不同税率的应税消费品组成成套消费品销售的。

【例 3-1】 甲公司既生产高档化妆品又生产护发品，为了扩大销路，该公司将高档化妆品和护发品组成礼品盒销售，当月直接销售高档化妆品取得收入 8 万元，直接销售护发品取得收入 7.6 万元，销售高档化妆品和护肤品的组合礼品盒取得收入 14 万元，上述收入均不含增值税。甲公司应纳的消费税为多少？

【解析】 护发品不属于消费税征税范围。高档化妆品和护肤品的组合礼品盒按从高税率征税。高档化妆品的税率为 15%。

应纳消费税 = (8+14)×15% = 3.3（万元）

（四）几种特殊税率

（1）2015 年 5 月 10 日以后的卷烟税目税率情况如表 3-3 所示。

表 3-3　卷烟税目税率

<table>
<tr><th colspan="2">税　　目</th><th>税　率</th></tr>
<tr><td colspan="2">一、烟</td><td></td></tr>
<tr><td colspan="2">1. 卷烟</td><td></td></tr>
<tr><td rowspan="2">生产、进口、委托加工环节</td><td>（1）甲类卷烟——调拨价 70 元/标准条以上（不含增值税，含 70 元）</td><td>56%加 0.003 元/支</td></tr>
<tr><td>（2）乙类卷烟——调拨价 70 元/标准条以下（不含增值税）</td><td>36%加 0.003 元/支</td></tr>
<tr><td colspan="2">商业批发环节</td><td>11%加 0.005 元/支</td></tr>
<tr><td colspan="2">2. 雪茄烟</td><td>36%</td></tr>
<tr><td colspan="2">3. 烟丝</td><td>30%</td></tr>
</table>

【提示】

第一，只有卷烟在商品批发环节额外再缴纳一笔消费税；

第二，消费税条例将生产、进口、委托加工环节的卷烟分为甲类和乙类，但在批发环节计征卷烟消费税时不区分甲类和乙类。注意甲类、乙类税目按复合税率的换算和运用，如表 3-4 所示。

表 3-4　卷烟复合计税换算

环节	卷烟类型	比例税率	定额税率		
			每支	每标准条（200 支）	每标准箱（5 万支）
生产、进口、委托加工环节	甲类	56%	0.003 元/支	0.6 元/条	150 元/箱
	乙类	36%	0.003 元/支	0.6 元/条	150 元/箱
批发	卷烟	11%	0.005 元/支	1 元/条	250 元/箱

（2）白酒的适用税率。

第一，白酒同时采用比例税率和定额税率。白酒的比例税率为 20%，如表 3-5 所示。

表 3-5　白酒税率

计量单位	500 克或 500 毫升	1 千克（1000克）	1 吨（1000千克）
单位税额	0.5 元	1 元	1000元

第二，啤酒分为甲类和乙类，分别适用 250 元/吨和 220 元/吨的税率，如表 3-6 所示。

表 3-6　啤酒税目与税率

税目	啤酒采用定额税率
甲类	250 元/吨
乙类	220 元/吨

（3）贵重首饰及珠宝玉石的适用税率。

贵重首饰及珠宝玉石税率及纳税环节的规定如表 3-7 所示。

表 3-7　贵重首饰及珠宝玉石相关税率

分类	税率	纳税环节
金基、银基合金首饰，以及金、银和金基、银基合金的镶嵌首饰、钻石及钻石饰品、铂金首饰	5%	零售环节
与金、银和金基、银基、钻石、铂金无关的其他首饰	10%	生产、进口、委托加工环节

四、消费税的计税方法

消费税的计税方法有：从价定率、从量定额和复合计税三种。

(一) 从价定率计税方法

实行从价定率征收的消费品，其消费税税基和增值税税基是一致的，即都是以含消费税而不含增值税的销售额作为计税基数，其计算公式为：

应交消费税=应税消费品的销售额×消费税税率

(1) 销售额的基本内容。

销售额是纳税人销售应税消费品向购买方收取的全部价款和价外费用，包括消费税但不包括增值税。

价外费用是指价外收取的基金、集资费、返还利润、补贴、违约金（延期付款利息）和手续费、包装费、包装物租金、储备费、优质费、运输装卸费、代收款项、代垫款项以及其他各种性质的价外收费。但承运部门的运费发票开具给购货方的，纳税人将该项发票转交给购货方的代垫运费不包括在内。同时符合条件的代为收取的政府性基金或行政事业收费也不包括在销售额内。

(2) 含增值税销售额的换算。

计算消费税的价格中如含有增值税税额时，应换算为不含增值税的销售额。换算公式为：

应税消费品的销售额 = 含增值税的销售额(以及价外费用) ÷ (1 + 增值税的税率或征收率)

如果消费税纳税人属于增值税一般纳税人，就按 16% 的增值税税率使用上述换算公式计算；如果属于小规模纳税人，按规定不得开具增值税专用发票，就要按 3% 征收率使用换算公式。一般情况下，从价计算消费税的销售额与计算增值税销项税的销售额是相同的。

【例 3-2】 乙公司是一家高档化妆品生产企业，为增值税一般纳税人，20×8年 5 月它向某大型商场销售高档化妆品，增值税专用发票上列明价款 30 万元，增值税 4.8 万元，同时收取运费 110 元，取得运费专用发票；向某单位销售高档化妆品，开普通发票上列明金额 4.64 万元。高档化妆品的适用税率为 15%，计算应交的增值税和消费税。

【解析】 化妆品应税销售额 = 300000+110/1. 10+46400/1. 16

= 340100（元）

应纳消费税 = 340100×15% = 51015（元）

应缴纳增值税：

增值税销项税额 = 300000×16% +100×10% +6400 = 54410（元）

（二）从量定额计税方法

从量定额计税方法适用于黄酒、啤酒、成品油消费税的计算。其计算公式为：

应纳消费税 = 应纳消费品数量×单位税额

销售数量的确定方法如下。

（1）销售应税消费品的，为应税消费品的销售数量；

（2）自产自用应税消费品的，为应税消费品的移送使用数量；

（3）委托加工应税消费品的，为纳税人收回的应税消费品数量；

（4）进口的应税消费品为海关核定的应税消费品进口征税数量。

（三）复合计税方法

现行消费税征收范围中，只有卷烟、白酒采用复合计税的方法。应纳税额等于应税销售数量乘以定额税率再加上销售额乘以比例税率。计算公式为：

应交消费税 = 应税数量×定额税率+应税销售额×比例税率

【例 3-3】 丙公司是一家从事卷烟生产的一般增值税纳税人，20×8 年 6 月对外销售卷烟 30 箱，含税售价 23200 元/箱，赠送给关系户卷烟 10 条，卷烟消费税比例税率 56%，定额税率 150 元/箱，每箱 250 条，计算丙公司应纳的增值税和消费税。

【解析】 10 条卷烟换算成箱 = 10÷250 = 0. 04（箱）

应纳消费税 = (30+0. 04)×150+（30+0. 04)×23200÷1. 16×56%

= 4506+336448 = 340954（元）

应缴纳增值税：

增值税销项税额 = (30+0. 04)×23200/1. 16×16% = 96128（元）

【例 3-4】 丙公司是增值税一般纳税人，业务是生产销售卷烟。20×8 年 6 月期初结存烟丝 20 万元，期末结存烟丝 5 万元；本月购进烟丝 10 万元，取得专用发票；本月销售卷烟 100 箱，税率为 56%，定额税 150 元/箱，含税收入 1508000元；没收逾期包装物押金 23200 元。烟丝税率为 30%。计算丙公司增值税销项税和消费税。

【解析】（1）计算扣除外购已税烟丝已纳消费税

=(200000+100000-50000)×30%=75000（元）

（2）销售货物应纳消费税

=100×150+(1508000+23200)÷1.16×56%

=15000+1320000×56%=754200（元）

增值税销项税额=(1508000+23200)÷1.16×16%

=1320000×16%=211200（元）

（3）应缴消费税=754200-75000=679200（元）

（四）计税依据的特殊规定

在确定消费税应税销售额时还要注意几个方面：

（1）纳税人通过非独立核算门市部销售的自产应税消费品，应按门市部对外销售额或者销售数量征收消费税；

（2）纳税人用于换取生产资料、消费资料、投资入股、抵偿债务的应税消费品，按照同类应税消费品的最高销售额计算消费税；

（3）关联方交易要符合独立企业之间业务往来的作价原则，白酒生产企业向商业销售单位收取的“品牌使用费”应属于白酒销售价款的组成部分；

（4）纳税人兼营不同税率的应税消费品，即生产销售两种税率以上的应税消费品时，应当分别核算不同税率应税消费品的销售额或销售数量，未分别核算的，按最高税率征税。

第四节　消费税应纳税额的计算

一、生产销售环节应纳消费税的计算

纳税人在生产销售环节应缴纳的消费税，包括直接对外销售应税消费品应缴纳的消费税和自产自用应税消费品应缴纳的消费税。

（一）直接对外销售

1. 从价定率计算

在从价定率计算方法下，基本计算公式为：

应纳税额=应税消费品销售额×比例税率

2. 从量定额计算

在从量定额计算方法下，应纳税额等于应税消费品的销售数量乘以单位税额。基本计算公式为：

应纳税额=应税消费品的销售数量×定额税率

3. 从价定率和从量定额复合计算

现行消费税的征税范围中，只有卷烟、白酒采用复合计算方法。基本计算公式为：

应纳税额=应税消费品的销售数量×定额税率+应税消费品的销售额×比例税率

（二）自产自用

自产自用通常指的是纳税人生产应税消费品后，不是直接用于对外销售，而是用于连续生产应税消费品，或用于其他方面。

1. 自产自用应税消费品的计税规则

纳税人自产自用的应税消费品，用于连续生产应税消费品的，不纳税；用于其他方面的，于移送使用时纳税。计税规则如表 3-8 所示。

表 3-8　自产自用应税消费品的计税规则

应税行为	增值税	消费税
将自产应税消费品连续生产应税消费品	不计	不计
将自产应税消费品连续生产非应税消费品	不计	计收入征税
将自产应税消费品用于馈赠、赞助、集资、广告、样品、职工福利、奖励、管理部门、在建工程等	计收入征税	计收入征税
将自产应税消费品以物易物、用于投资入股、抵偿债务	按同类平均价计收入征税	按同类最高价计收入征税

2. 税额计算

纳税人自产自用的应税消费品。凡用于生产非应税消费品、在建工程、管理部门、非生产机构、提供劳务、馈赠、赞助、集资、广告、样品、职工福利、奖励等方面的，应当纳税。具体分为以下两种情况：

第一种情况，有同类消费品销售价格的，按照纳税人生产的同类消费品的销售价格计算纳税。

应纳税额=同类消费品销售单价×自产自用数量×适用税率

第二种情况，自产自用应税消费品没有同类消费品销售价格的，按照组成计税价格计算纳税。

（1）实行从价定率办法计算纳税的组成计税价格计算公式：

组成计税价格=（成本+利润）÷（1-比例税率）

=［成本×（1+成本利润率）］÷（1-比例税率）

（2）实行复合计税办法计算纳税的组成计税价格计算公式：

组成计税价格=（成本+利润+自产自用数量×定额税率）÷（1-比例税率）

=［成本×（1+成本利润率）+自产自用数量×定额税率］÷（1-比例税率）

公式中的“成本”是指应税消费品的产品生产成本；公式中的“利润”，是指根据应税消费品的全国平均成本利润率计算的利润。应税消费品的全国平均成本利润率由国家税务总局确定。

【例 3-5】 甲公司是一般纳税人，将 1 辆自产摩托车奖励性发给优秀职工，其成本2000元/辆，成本利润率 6%，适用消费税税率 10%，其应纳消费税是多少？增值税的销项税是多少？

【解析】 组成计税价格 = 2000×(1+6%)÷(1-10%) = 2355.56（元）

应纳消费税 = 2355.56×10% = 235.56（元）

增值税销项税额 = 2355.56×16% = 376.89（元）

或增值税销项税额 = [2000×(1+6%) +235.56] ×16% = 376.89（元）

【例 3-6】 乙公司是一家汽车制造厂且直接销售给消费者，为增值税一般纳税人。将其自产的小汽车一辆转为固定资产用于管理部门。若没有同类售价，生产成本 125 万元，成本利润率 8%，消费税税率 25%，超豪华小汽车零售环节消费税税率为 10%。计算增值税和消费税。

【解析】 自产自用小汽车，如没有同类售价，按组成计税价格计税。

组成计税价格 = 1250000×(1+8%)÷(1-25%-10%) = 2076923.08（元）

消费税 = 2076923.08×(25%+10%) = 726923.08（元）

增值税销项税额 = 2076923.08×16% = 332307.69（元）

【例 3-7】 甲公司是增值税一般纳税人，主要业务是生产高档化妆品。公司将一批自产的高档化妆品用作职工福利，高档化妆品的成本10000元，该高档化妆品无同类产品市场销售价格，已知其成本利润率为 5%，消费税税率为 15%。计算该批高档化妆品应缴纳的消费税税额。

【解析】 组成计税价格 = 10000×(1+5%)÷(1-15%) = 12352.94（元）

应纳消费税 = 12352.94×15% = 1852.94（元）

二、委托加工应税消费品应纳税额的计算

（一）委托加工应税消费品的特点

委托加工是指委托方提供原料和主要材料，受托方代垫辅料和收取加工费的方式。委托加工的应税消费品，在委托方提货时，由受托方代收代缴消费税。委托加工的应税消费品收回后，再继续用于生产应税消费品销售的，其加工环节缴纳的消费税款可以扣除。其具体特点如表 3-9 所示。

表 3-9　委托加工应税消费品的特点

	委托方	受托方
委托加工关系的条件	提供原料和主要材料	收加工费和代垫辅料
加工及提货时涉及税种	①购材料涉及增值税进项税 ②支付加工费涉及增值税进项税 ③委托加工应税消费品应缴消费税	①买辅料涉及增值税进项税 ②收取加工费和代垫辅料费涉及增值税销项税
消费税纳税环节	提货时受托方代收代缴（受托方为个人、个体的除外）	交货时代收代缴委托方消费税款
代收代缴后消费税的相关处理	①以不高于受托方的计税价格直接出售的，不再纳消费税 ②以高于受托方的计税价格出售的，需按照规定申报缴纳消费税，在计税时准予扣除受托方已代收代缴的消费税 ③连续加工后销售的在出厂环节缴纳消费税，符合抵税条件的，可按生产领用量计算抵扣已纳消费税（只限于规定的情况）	及时解缴税款，否则按征管法规定惩处

（二）受托方代收代缴消费税的计算

委托加工的应税消费品，按照受托方的同类消费品的销售价格计算纳税；没有同类消费品销售价格的，按照组成计税价格计算纳税。

实行从价定率办法计算纳税的组成计税价格计算公式：

$$组成计税价格=(材料成本+加工费)\div(1-比例税率)$$

实行复合计税办法计算纳税的组成计税价格计算公式：

$$组成计税价格=(材料成本+加工费+委托加工数量\times 定额税率)\div(1-比例税率)$$

其中“材料成本”是指委托方所提供加工材料的实际成本。如果加工合同上未如实注明材料成本的，受托方所在地主管税务机关有权核定其材料成本。“加工费”是指受托方加工应税消费品向委托方所收取的全部费用（包括代垫辅助材料的实际成本），但不包括随加工费收取的销项税，这样组成的价格才是不含增值税但含消费税的价格。

【例 3-8】 甲公司（一般纳税人）是一家高尔夫球具厂，接受某俱乐部委托加工一批高尔夫球具。俱乐部提供主要材料的不含税成本为6000元，球具厂收取含税加工费和代垫辅料费3000元，球具厂没有同类球具的销售价格，消费税税率 10%，计算甲公司代收代缴的消费税。

【解析】 组成计税价格 = [6000 + 3000 ÷ (1 + 16%)] ÷ (1 − 10%) = 9540.23（元）

代收代缴的消费税=9540.23×10%=954.02（元）

如果委托加工的应税消费品提货时受托方没有代收代缴消费税时，委托方要补交税款。委托方补交税款的依据是：已经直接销售的，按销售额（或销售量）计税；收回的应税消费品尚未销售或用于连续生产的，应按下列组成计税价格计税补交：

比例税率，组成计税价格 =（材料成本 + 加工费）÷（1 − 比例税率）

复合计税，组成计税价格 =（材料成本 + 加工费 + 委托加工数量 × 定额税率）÷（1 − 比例税率）

委托加工的应税消费品在提取货物时已由受托方代收代缴了消费税，委托方收回后直接销售时不再缴纳消费税，但如果连续加工成另一种应税消费品的，销售时还应按新的消费品纳税。为了避免重复征税，税法规定，按当期生产领用量，将委托加工收回的应税消费品的已纳税款准予扣除。

注意：自2012年9月1日起，委托方将收回应税消费品，以不高于受托方的计税价格出售的，为直接出售，不再缴纳消费税；委托方以高于受托方的计税价格出售的，不属于直接出售，需按照规定申报缴纳消费税，在计税时准予扣除受托方已代收代缴的消费税。

【例3-9】 丙公司（一般纳税人）是一家卷烟厂，业务是生产销售卷烟。发出烟叶委托乙厂加工成烟丝，烟叶成本20万元，不含税加工费8万元，乙厂没有同类烟丝售价。收回烟丝后出售一半，不含税售价25万元，生产卷烟领用另一半。烟丝税率30%，请计算丙公司应交的增值税和消费税。

【解析】 缴纳增值税=8×16%=1.28（万元）

消费税组税价格 =（20 + 8）÷（1 − 30%）= 40（万元）

缴纳消费税 = 40 × 30% = 12（万元）

委托方收回后出售烟丝的一半，售价25万元高于受托方计税价格（40÷2），不属于直接销售，应再缴纳消费税1.5万元（25×30%−6），同时还需缴纳销售烟丝时的增值税；生产领用另一半的烟丝连续生产卷烟，其已纳的消费税可扣除。

【例3-10】 甲公司（增值税一般纳税人）是一个高尔夫球及球具生产厂家。20×8年6月发生以下业务：

（1）购进一批PU材料，增值税专用发票注明价款10万元，委托乙企业将其加工成100个高尔夫球包，支付加工费2万元，取得增值税专用发票；乙企业当月销售同类球包不含税销售价格为0.25万元/个。高尔夫球包税率为10%。

计算乙企业已代收代缴的消费税和增值税销项税额。

【解析】 乙企业代收代缴消费税=0.25×100×10%=2.5（万元）

乙企业增值税销项税额＝2×0.16＝0.32（万元）

（2）将委托加工收回的球包批发给代理商，收到不含税价款28万元。计算甲公司批发球包应缴纳的消费税。

【解析】 因为委托收回的球包对外销售的价格为28万元高于收回的价格25万元（0.25×100），故不属于直接销售，应补交消费税。

甲公司批发球包应缴纳的消费税＝28×10%－2.5＝0.3（万元）

（3）购进一批碳素材料，增值税专用发票注明价款150万元，委托丙企业将其加工成高尔夫球杆，支付加工费30万元，取得增值税专用发票，丙企业没有同类球杆售价，且丙企业在交货时并未代扣代缴消费税。甲公司委托收回的高尔夫球杆80%当月已经销售，收到不含税价款300万元，尚有20%留存仓库。计算甲公司销售高尔夫球杆和留存球杆应补交的消费税。

【解析】 委托方要按如下情况补缴税款：

①收回的应税消费品已经直接出售的，按售价计税；

②收回的应税消费品未出售或不能直接销售（如收回后用于连续生产等）的，按组成计税价格征税。

故甲公司销售高尔夫球杆应补交的消费税＝300×10%＝30（万元）

甲公司留存高尔夫球杆应补交的消费税＝(150+30)÷(1－10%)×10%×20%＝4（万元）

【例3-11】 乙公司为增值税一般纳税人。20×8年5月接受某烟厂委托加工烟丝，乙公司自行提供烟叶的成本为35000元，代垫辅助材料2000元（不含税），发生加工支出4000元（不含税）；乙公司当月允许抵扣的进项税额为320元。烟丝消费税税率为30%。计算乙公司应缴纳的增值税和消费税。

【解析】 组成计税价格＝(35000+2000+4000)÷(1－30%)＝58571.43（元）

应纳增值税＝58571.43×16%－320＝9051.43（元）

应纳消费税＝58571.43×30%＝17571.43（元）

【例3-12】 丙公司委托乙公司加工应税消费品，该应税消费品无同类产品销售价格。丙公司提供的原材料成本为40000元，加工费8000元（不含增值税），消费税税率为5%。丙公司为一般纳税人，增值税税率为16%；乙公司为小规模纳税人，增值税征收率为3%（税务局代开发票）。计算受托方代扣代缴消费税和增值税。

【解析】 受托方在移送货物时确认收入和代扣税金。

应纳消费税组成计税价格＝(40000+8000)÷（1－5%）＝50526.32（元）

代扣代缴的消费税＝50526.32×5%＝2526.32（元）

应纳增值税＝8000×3%＝240（元）

三、进口应税消费品应纳税额的计算

进口的应税消费品，于报关进口时由海关代征进口环节的消费税。由进口人或其代理人向报关地海关申报纳税，自海关填发税款缴纳证之日起 15 日内缴纳税款。

（一）从价计征

适用比例税率的进口应税消费品实行从价定率办法按组成计税价格计算应纳税额：

组成计税价格=(关税完税价格+关税)÷(1-消费税税率)

应纳税额=组成计税价格×消费税税率

公式中的关税完税价格是指海关核定的关税计税价格。

（二）从量计征

实行定额税率的进口应税消费品按从量定额办法计算应纳税额：

应纳税额=应税消费品数量×消费税单位税额

（三）复合计征

实行复合计税方法的进口应税消费品的税额计算按组成计税价格计算应纳税额：

组成计税价格=(关税完税价格+关税+进口数量×消费税定额税率)÷(1-消费税比例税率)

应纳税额=应税消费品数量×消费税单位税额+组成计税价格×消费税税率

【例 3-13】 甲公司进口高档化妆品，海关审定完税价格 60000 元，关税 50%，消费税 15%，增值税 16%。款已付，化妆品已入库。计算进口环节税。

【解析】 关税=60000×50%=30000（元）

消费税组成计税价格=(60000+30000)÷(1-15%) = 105882. 35（元）

应纳消费税=105882. 35×15%=15882. 35（元）

应纳增值税=105882. 35×16%=16941. 18（元）

【例 3-14】 乙公司是一家外贸公司，一次进口卷烟 100 箱，海关审定完税价格1500000元，关税 20%，消费税 56%，消费税定额税 150 元/箱，增值税 16%。款项已支付，卷烟已验收入库。计算进口环节税。

【解析】 消费税定额税=100×150=15000（元）

消费税组成计税价格=(1500000+1500000×20%+15000)÷(1-56%)
=4125000（元）

应纳消费税=4125000×56%+15000=2325000（元）

应纳增值税=4125000×16%=660000（元）

【例 3-15】丙公司进口一批摩托车，海关应征进口关税 10 万元。关税税率为 20%，增值税税率为 16%，消费税税率为 10%。计算该企业应缴纳的消费税和增值税。

【解析】关税完税价格 = 10÷20% = 50（万元）

应纳消费税 = (50+10)÷(1−10%)×10% = 6.67（万元）

应纳增值税 = (50+10)÷(1−10%)×16% = 10.67（万元）

四、已纳消费税扣除的计算

为了避免重复征税，现行消费税规定，将外购应税消费品和委托加工收回的应税消费品继续生产应税消费品销售的，可以将外购应税消费品和委托加工收回的应税消费品已缴纳的消费税给予扣除。

（一）外购应税消费品连续生产应税消费品

由于某些应税消费品是用外购已缴纳消费税的应税消费品连续生产出来的，在对这些连续生产出来的应税消费品计算征税时，税法规定应按当期生产领用数量计算准予扣除外购的应税消费品已纳的消费税税款。扣除范围包括：

（1）外购已税烟丝生产的卷烟；

（2）外购已税高档化妆品生产的高档化妆品；

（3）外购已税珠宝玉石生产的贵重首饰及珠宝玉石；

（4）外购已税鞭炮焰火生产的鞭炮焰火；

（5）外购已税杆头、杆身和握把为原料生产的高尔夫球杆；

（6）外购已税木制一次性筷子为原料生产的木制一次性筷子；

（7）外购已税实木地板为原料生产的实木地板；

（8）以外购已税汽油、柴油、石脑油、燃料油、润滑油用于连续生产应税成品油；

（9）外购已税摩托车连续生产的摩托车（如两轮改三轮）；

（10）从葡萄酒生产企业购进、进口葡萄酒连续生产应税葡萄酒。

扣税计算公式如下：

当期准予扣除的外购应税消费品已纳税款 = 当期准予扣除的外购应税消费品（当期生产领用数量）买价×外购应税消费品适用税率

当期准予扣除的外购应税消费品买价 = 期初库存的外购应税消费品买价+当期购进的应税消费品买价−期末库存的外购应税消费品的买价

买价是指发票上的销售额，不包括增值税税额。

（二）委托加工收回的应税消费品已纳税款的扣除

委托加工的应税消费品因为已由受托方代收代缴消费税，因此，委托方收回货物后用于连续生产应税消费品的，其已纳税款准予按照规定从连续生产的应税消费品应纳消费税税额中抵扣，按照国家税务总局的规定，下列连续生产的应税消费品准予从应纳消费税税额中按当期生产领用数量计算扣除委托加工收回的应税消费品已纳消费税税款：

（1）以委托加工收回的已税烟丝生产的卷烟；

（2）以委托加工收回的已税高档化妆品生产的高档化妆品；

（3）以委托加工收回的已税珠宝玉石生产的贵重首饰及珠宝玉石；

（4）以委托加工收回的已税鞭炮焰火生产的鞭炮焰火；

（5）以委托加工收回的已税杆头、杆身和握把为原料生产的高尔夫球杆；

（6）以委托加工收回的已税木制一次性筷子为原料生产的木制一次性筷子；

（7）以委托加工收回的已税实木地板为原料生产的实木地板；

（8）以委托加工收回的已税汽油、柴油、石脑油、燃料油、润滑油用于连续生产应税成品油；

（9）以委托加工收回的已税摩托车连续生产的摩托车（如外购两轮摩托车改装三轮摩托车）。

计算公式为：

当期准予扣除的委托加工应税消费品已纳税款=期初库存的委托加工应税消费品已纳税款+当期收回的委托加工应税消费品已纳税款−期末库存的委托加工应税消费品已纳税款

纳税人以外购、进口、委托加工收回的应税消费品（以下简称外购应税消费品）为原料连续生产应税消费品，准予按现行政策规定抵扣外购应税消费品已纳消费税税款。经主管税务机关核实上述外购应税消费品未缴纳消费税的，纳税人应将已抵扣的消费税税款，从核实当月允许抵扣的消费税中冲减。

第五节　消费税征收管理

一、纳税义务发生时间

消费税纳税义务发生时间，以货款结算方式或行为发生时间分别确定。

（1）纳税人销售的应税消费品，其纳税义务发生时间为：

①纳税人采取赊销和分期收款结算方式的，其纳税义务的发生时间为书面合同规定的收款日期的当天。书面合同没有约定收款日期或者无书面合同的，为发出应税消费品的当天。

②纳税人采取预收货款结算方式的，其纳税义务的发生时间，为发出应税

消费品的当天。

③纳税人采取托收承付和委托银行收款方式销售的应税消费品，其纳税义务的发生时间，为发出应税消费品并办妥托收手续的当天。

④纳税人采取其他结算方式的，其纳税义务的发生时间，为收讫销售款或者取得索取销售款凭据的当天。

（2）纳税人自产自用的应税消费品，其纳税义务的发生时间为移送使用的当天。

（3）纳税人委托加工的应税消费品，其纳税义务的发生时间为纳税人提货的当天。

（4）纳税人进口的应税消费品，其纳税义务的发生时间为报关进口的当天。

【注意】除委托加工应税消费品的纳税义务发生时间是消费税的特有规定之外，消费税的纳税义务发生时间与增值税基本一致。

【例 3-16】根据《消费税暂行条例实施细则》的规定，消费税纳税义务发生时间根据不同情况分别确定为（　）。

A. 纳税人委托加工的应税消费品，其纳税义务发生时间，为纳税人提货的当天

B. 纳税人进口的应税消费品，其纳税义务发生时间，为报关进口的当天

C. 纳税人采取预收货款结算方式销售应税消费品的，其纳税义务发生时间，为收到预收货款的当天

D. 纳税人自产自用的应税消费品，用于生产非应税消费品的，其纳税义务发生时间，为移送使用的当天

【答案】ABD

二、纳税期限

按照《消费税暂行条例》规定，消费税的纳税期限分别为 1 日、3 日、5 日、10 日、15 日、1 个月或者 1 个季度。纳税人的具体纳税期限，由主管税务机关根据纳税人应纳税额的大小分别核定；不能按照固定期限纳税的，可以按次纳税。

纳税人以 1 个月或者 1 个季度为 1 个纳税期的，自期满之日起 15 日内申报纳税；以 1 日、3 日、5 日、10 日或者 15 日为 1 个纳税期的，自期满之日起 5 日内预缴税款，于次月 1 日起 15 日内申报纳税并结清上月应纳税款。

纳税人进口应税消费品，应当自海关填发海关进口消费税专用缴款书之日起 15 日内缴纳税款。

三、纳税地点

消费税具体纳税地点有：

（1）纳税人销售的应税消费品，以及自产自用的应税消费品，除国务院财政、税务主管部门另有规定外，应当向纳税人机构所在地或者居住地的主管税务机关申报纳税。

纳税人到外县（市）销售或者委托外县（市）代销自产应税消费品的，于应税消费品销售后，向机构所在地或者居住地主管税务机关申报纳税。

纳税人的总、分支机构不在同一县（市）的，应在各自机构所在地主管税务机关申报缴纳消费税；纳税人的总机构与分支机构不在同一县（市），但在同一省（自治区、直辖市）范围内，经省（自治区、直辖市）财政厅（局）、国家税务局审批同意，可以由总机构汇总向总机构所在地的主管税务机关申报纳税。

【注意】卷烟批发企业的纳税地点比较特殊，总机构与分支机构不在同一地区的，由总机构申报纳税。

（2）委托加工的应税消费品，除委托个人加工以外，由受托方向机构所在地或者居住地主管税务机关解缴消费税税款。

委托个人加工的应税消费品，由委托方向其机构所在地或者居住地主管税务机关申报纳税。

（3）进口的应税消费品，由进口人或者其代理人向报关地海关申报纳税。

（4）纳税人销售的应税消费品，如因质量等原因发生退货的，其已缴纳的消费税税款可予以退还。纳税人办理退税手续时，应将开具的红字增值税发票、退税证明等资料报主管税务机关备案。主管税务机关核对无误后办理退税。

（5）纳税人直接出口的应税消费品办理免税后，发生退关或者国外退货，复进口时已予以免税的，可暂不办理补税，待其转为国内销售的当月申报缴纳消费税。

第六节　消费税纳税申报

消费税的纳税人，应依照法律、行政法规规定或者税务机关确定的申报期限、申报内容及时办理消费税纳税申报，并如实填写纳税申报表。消费税纳税申报表如表 3-10 和表 3-11 所示。

表 3-10　酒类应税消费品消费税纳税申报表

税款所属期：　　年　　月　　日至　　年　　月　　日

纳税人名称（公章）：

纳税人识别号：

填表日期：　　年　　月　　日　　金额单位：元（列至角分）

项目 应税消费品名称	适用税率		销售数量	销售额	应纳税额
	定额税率	比例税率			
粮食白酒	0.5 元/斤	20%			
薯类白酒	0.5 元/斤	20%			
啤酒	250 元/吨	—			
啤酒	220 元/吨	—			
黄酒	240 元/吨	—			
其他酒	—	10%			
合计	—	—	—	—	

<table>
<tr><td>本期准予抵减税额：</td><td rowspan="3">声明
此纳税申报表是根据国家税收法律的规定填报的，我确定它是真实的、可靠的、完整的。

经办人（签章）：
财务负责人（签章）：
联系电话：</td></tr>
<tr><td>本期减（免）税额：</td></tr>
<tr><td>期初未缴税额：</td></tr>
<tr><td>本期缴纳前期应纳税额：</td><td rowspan="4">（如果你已委托代理人申报，请填写）
授权声明

为代理一切税务事宜，现授权
（地址）为
本纳税人的代理申报人，任何与本申报表有关的往来文件，都可寄予此人。
授权人签章：</td></tr>
<tr><td>本期预缴税额：</td></tr>
<tr><td>本期应补（退）税额：</td></tr>
<tr><td>期末未缴税额：</td></tr>
</table>

以下由税务机关填写

受理人（签章）：　　　　受理日期：　　年　　月　　日　　　受理税务机关（章）：

表 3-11　其他应税消费品消费税纳税申报表

税款所属期：　　年　　月　　日至　　年　　月　　日

纳税人名称（公章）：

纳税人识别号：

填表日期：　　年　　月　　日　　金额单位：元（列至角分）

项目 应税消费品名称	适用税率	销售数量	销售额	应纳税额
合计	—	—	—	

<table>
<tr><td>本期准予抵减税额：</td><td rowspan="3">声明
此纳税申报表是根据国家税收法律的规定填报的，我确定它是真实的、可靠的、完整的。

经办人（签章）：
财务负责人（签章）：
联系电话：</td></tr>
<tr><td>本期减（免）税额：</td></tr>
<tr><td>期初未缴税额：</td></tr>
<tr><td>本期缴纳前期应纳税额：</td><td rowspan="4">（如果你已委托代理人申报，请填写）
授权声明

为代理一切税务事宜，现授权
（地址）为
本纳税人的代理申报人，任何与本申报表有关的往来文件，都可寄予此人。
授权人签章：</td></tr>
<tr><td>本期预缴税额：</td></tr>
<tr><td>本期应补（退）税额：</td></tr>
<tr><td>期末未缴税额：</td></tr>
</table>

以下由税务机关填写

受理人（签章）：　　　受理日期：　　年　　月　　日　　　受理税务机关（章）：

【本章小结】

消费税是对中华人民共和国境内销售、委托加工和进口特定消费品所征收的一种流转税，即在普遍征收增值税的基础上，对某些特定消费品征收消费税，具有较强的消费引导作用。一般情况下，消费税征税环节具有单一性，主要在生产销售、委托加工和进口环节征收。目前我国消费税暂行条例对15个税目的消费品征收消费税。消费税的计征方式比较灵活，实行从价定率、从量定额和复合计税三种计征方式。纳税人在生产销售环节应缴纳的消费税包括直接对外销售应税消费品应缴纳的消费税和自产自用应税消费品应缴纳的消费税，应税消费品销售额在一般情况下与计算增值税销项税的销售额一致，但是换取生产资料和消费资料、对外投资、抵债的应税消费品，在计算消费税时不用平均价格而用最高价格。委托加工是指委托方提供原料和主要材料，受托方代垫辅料和收取加工费的方式。委托加工的应税消费品，在委托方提货时，由受托方代收代缴消费税。委托加工的应税消费品收回后，再继续用于生产应税消费品销售的，其加工环节缴纳的消费税款可以扣除。委托加工的应税消费品，按照受托方的同类消费品的销售价格计算纳税；没有同类消费品销售价格的，按照组成计税价格计算纳税。进口的应税消费品，于报关进口时由海关代征进口环节的消费税；由进口人或其代理人向报关地海关申报纳税，自海关填发税款缴纳证之日起 15 日内缴纳税款。纳税人进口应税消费品按照组成计税价格和规定的税率计算应纳税额。消费税的抵扣规则与增值税不同，消费税按照生产领用量计算抵扣外购（含进口）或委托加工收回的应税消费品的已纳税额，扣税范围和计算有着特殊的要求。

第四章　关　税

【学习目标】

通过本章的学习，要求掌握以下知识点：

1. 了解关税的基本原理
2. 掌握关税的构成要素
3. 掌握关税应纳税额的计算
4. 了解关税的征收管理
5. 了解关税的纳税申报

【知识框架图】

- 关税
  - 基本原理
    - 纳税义务人：进口货物的收货人、出口货物的发货人、进出境货物的所有人
    - 征税范围：准许进出境的货物和物品
    - 税率
      - 进口关税税率：从价税、从量税、复合税、选择税、滑准税
      - 特别关税
    - 原产地规定：全部产地标准、实质性加工标准
  - 完税价格
    - 进口货物的完税价格=货价+至运抵口岸的运费+保险费
    - 出口货物的完税价格=成交价格+境内运费、保险费
    - 海关估价：当进出口货物价格不明或难以确定时由海关采用合理方法估价
  - 应纳税额的计算
    - 从价计税关税税额=进（出）口货物数量×单位完税价格×适用税率
    - 从量计税关税税额=进（出）口货物数量×单位货物税额
    - 复合计税关税税额=进（出）口货物数量×单位完税价格×适用税率+进（出）口货物数量×单位货物税额
    - 滑准税关税税额=进（出）口货物数量×单位完税价格×滑准税税率
  - 税收优惠
    - 法定减免税、特定减免税、暂时免税、临时减免税
  - 征收管理
    - 关税的强制执行
      - 加收关税滞纳金：每日万分之五，周末节假日不扣除
      - 强制征收：强制扣缴、变价抵缴
    - 关税的退还
      - 海关发现：立即退还
      - 纳税人发现：1年内申请，加算银行同期活期利息
    - 关税补征和追征
      - 补征：海关发现自缴纳税款或物品放行之日起1年内补征
      - 追征：应纳税之日起海关可3年内追征，按日加收万分之五的滞纳金
  - 纳税申报
    - 申报进口货物自运输工具申报进境之日起14日内
    - 出口货物自货物运抵海关监区后装货的24小时前
    - 缴纳自海关填发税款缴款书之日起15日内缴纳关税
    - 关税的延期纳税——海关总署批准，最长延期6个月
    - 申报地点
    - 申报材料

第一节　关税基本原理

一、关税的概念

关税是海关依法对进出境货物、物品征收的一种税。所谓“境”指关境，又称“海关境域”或“关税领域”，是国家《海关法》全面实施的领域。在通常情况下，一国关境与国境是一致的，包括国家全部的领土、领海、领空。但当某一国家在国境内设立了自由港、自由贸易区等，这些区域就进出口关税而言处在关境之外，此时该国家的关境小于国境，如我国。根据《中华人民共和国香港特别行政区基本法》和《中华人民共和国澳门特别行政区基本法》，香港和澳门保持自由港地位，为我国单独的关税地区，即单独关境区。单独关境区是不适用该国海关法律、法规或实施单独海关管理制度的区域。当几个国家结成关税同盟，组成一个共同的关境，实施统一的关税法令和统一的对外税则，这些国家彼此之间货物进出国境不征收关税，只对来自或运往其他国家的货物进出共同关境进征收关税，这些国家的关境大于国境，如欧盟国家。

二、关税政策

关税政策反映了一国一定时期内的贸易政策、产业政策以及国民经济发展的基本思路，是政府调节经济的重要方式。关税政策的调整一般可以分为两种类型：一是自主性的调整；二是具有外部约束的调整。自主性的关税政策调整的局限性在于：关税政策调整的过程可能相对较长，没有外部压力的调整方式可能会因为国内各利益集团的影响而延缓政策目标的实现。具有外部约束的关税政策调整则不然，它强调一旦该国接受了某种协议，承诺要实行贸易自由化，那么该国的关税就必须按照所承诺的内容严格执行有关协议。加入 WTO 以后，我国关税政策的调整明显地表现出“非自主性”，也就是说，关税政策的制定必须符合 WTO 各项协议的要求。

我国目前实行的是以财政关税政策服从于保护关税政策的复合型关税政策，即贯彻国家的对外开放政策，鼓励出口和扩大必需品的进口，保护和促进国民经济的发展，保证国家的财政收入。

这一关税政策通过如下原则具体表现出来：

（1）对进口国家建设和人民生活所必需的，而且国内不能生产或者供应不足的动植物良种、肥料、饲料、药剂、精密仪器、仪表、关键机械设备和粮食等，予以免税或低税。

（2）原材料的进口税率一般比半成品、成品要低，特别是受自然条件制约、国内生产短期内不能迅速发展的原材料，其税率应更低。

（3）对于国内不能生产的机械设备和仪器、仪表的零件、部件，其税率应比整机低。

（4）对国内已能生产的非国计民生所必需的物品，应制定较高的税率。

（5）对国内需要进行保护的产品和国内外价差大的产品，应制定更高的税率。

（6）为了鼓励出口，对绝大多数出口商品不征出口关税，但对在国际市场上容量有限而又竞争性强的商品，以及需要限制出口的极少数原料、材料和半制成品，必要时可征收适当的出口关税。

三、关税分类

按照不同的标准，关税有多种分类方法。按征收对象分类，关税可分为进口关税、出口关税和过境关税三类；按征收目的分类，可分为财政关税和保护关税；按征税计征标准分类，可分为从价税、从量税、复合税、选择税、滑准税；按货物国别来源而区别对待的原则，可分为最惠国关税、协定关税、特惠关税和普通关税等。

（一）按征收对象分类

关税按征收对象分类可分为正税和特别关税。

1. 正税

关税的正税包括进口税、出口税和过境税三种。

（1）进口税：是指进口商品进入一国关境或从自由港、出口加工区、保税仓库进入国内市场时，由该国海关根据海关税则对本国进口商所征收的一种关税。进口关税又称正常关税或进口正税。进口税有正税与附加税之分。正税即按税则法定税率征收的关税；此外征收的即为附加税。我国加入 WTO 后，于 2002 年 1 月 1 日再次调整了进口税则税目税率，将总税目数增加到 7316 个，其中 5332 个税目的税率有不同程度的降低。进口税是关税中最重要的一种，在许多废除了出口税和过境税的国家，进口税是唯一的关税。

（2）出口税：是出口国家的海关在本国产品输往国外时，对出口商所征收的关税。目前，世界上大多数国家都不征收出口税。我国在 2002 年出口税则中仅对一小部分关系到国计民生的重要出口商品征收出口税，一共有 36 个税目，其中对 23 个税目实行出口暂定税率，其余的不征税。

（3）过境税：是对外国经过本国国境运往另一国的货物所征收的关税。目前，世界上大多数国家都不征收过境税，我国也不征收过境税。

2. 特别关税

特别关税是因某种特定的目的而对进口的货物和物品征收的关税。

我国政府规定，任何国家或者地区对其进口的原产于中华人民共和国的货物征收歧视性关税或者给予其他歧视性待遇的，我国海关对原产于该国家或地区的进口货物，可以征收特别关税。

（二）按征收标准分类

按征收标准不同，关税可以分为从价税、从量税、复合税、选择税和滑准税。

1. 从价税

从价税是一种最常用的关税计税标准。它是以货物的价格或者价值为征税标准，以应征税额占货物价格或者价值的百分比为税率，价格越高，税额越高。货物进口时，以此税率和海关审定的实际进口货物完税价格相乘计算应征税额。从价税的特点是，相对进口商品价格的高低，其税额也呈相应高低变化。优点是：税负公平明确、易于实施；但是，从价税也存在着一些不足，如不同品种、规格、质量的同一货物价格有很大差异，海关估价有一定的难度，因此计征关税的手续也较繁杂。目前，我国海关计征关税标准主要是从价税。

2. 从量税

从量税是以货物的数量、重量、体积、容量等计量单位为计税标准，以每计量单位货物的应征税额为税率。从量税的特点是，每一种货物的单位应税额固定，不受该货物价格的影响。计税时以货物的计量单位乘以每单位应纳税金额即可得出该货物的关税税额。从量税的优点是：计算简便，通关手续快捷，并能起到抑制低廉商品或故意低瞒价格货物的进口。但是，由于应税额固定，物价涨落时，税额不能相应变化，因此，在物价上涨时，关税的调控作用相对减弱。我国目前对原油、啤酒和胶卷等进口商品征收从量税。

3. 复合税

复合税又称混合税，即订立从价、从量两种税率，随着完税价格和进口数量而变化，征收时两种税率合并计征。它是对某种进口货物混合使用从价税和从量税的一种关税计征标准。混合使用从价税和从量税的方法有多种，如对某种货物同时征收一定数额的从价税和从量税；或对低于某一价格进口的货物只按从价税计征关税，高于这一价格，则混合使用从价税和从量税等。复合税既可发挥从量税抑制低价进口货物的特点，又可发挥从价税税负合理、稳定的特点。我国目前仅对录像机、放像机、摄像机、数字照相机和摄录一体机等进口商品征收复合税。

4. 选择税

选择税是指对某种商品同时订有从量和从价两种税率，征税时由海关选择其中一种征税，作为该种商品的应征关税额。一般是选择税额较高的一种税率征税，在物价上涨时使用从价税，物价下跌时使用从量税。目前，我国对天然橡胶实行选择税。

5. 滑准税

滑准税是根据货物的不同价格适用不同税率的一类特殊的从价关税。它是一种关税税率随进口货物价格由高至低而由低至高设置计征关税的方法。即进口货物的价格越高，其进口关税税率越低。反之，进口商品的价格越低，其进口关税税率越高。滑准税的特点是可保持实行滑准税商品的国内市场价格相对稳定，而不受国际市场价格波动的影响。我国目前仅对进口新闻纸实行滑准税。

（三）按货物国别来源分类

按货物国别来源而区别对待的原则，关税可分为最惠国关税、协定关税、特惠关税和普通关税。

1. 最惠国关税

最惠国关税适用原产于与我国共同适用最惠国待遇条款的 WTO 成员国或地区的进口货物，或原产于与我国签订有相互给予最惠国待遇条款的双边贸易协定的国家或地区的进口货物。

2. 协定关税

协定关税适用原产于我国参加的含有关税优惠条款的区域性贸易协定的有关缔约方的进口货物。

3. 特惠关税

特惠关税适用原产于与我国签订有特殊优惠关税协定的国家或地区的进口货物。

4. 普通关税

普通关税适用原产于上述国家或地区以外的国家或地区的进口货物。

第二节　关税的构成要素

一、纳税义务人

进口货物的收货人、出口货物的发货人、进出境物品的所有人，是关税的纳税义务人。进出口货物的收、发货人是依法取得对外贸易经营权，并进口或者出口货物的法人或者其他社会团体。进出境物品的所有人包括该物品的所有人和推定为所有人的人。一般情况下，对于携带进境的物品，推定其携带人为所有人；对分离运输的行李，推定相应的进出境旅客为所有人；对以邮递方式进境的物品，推定其收件人为所有人；以邮递或其他运输方式出境的物品，推定其寄件人或托运人为所有人。

【例 4-1】下列各项中，属于关税纳税人的有（ ）。

A. 进口货物的收货人

B. 出口货物的发货人

C. 进出口货物的经纪人

D. 进出境货物的携带人

【答案】ABD

【解析】关税的纳税人包括进出口货物的收货人、出口货物的发货人、进出境货物的所有人和推定所有人（携带人、收件人、寄件人或托运人）。

二、征税对象

关税的征税对象是准许进出境的货物和物品。货物是指贸易性商品；物品指入境旅客随身携带的行李物品、个人邮递物品、各种运输工具上的服务人员携带进口的自用物品、馈赠物品以及其他方式进境的个人物品。

三、税率

（一）进口关税税率

1. 税率设置与适用

在我国加入 WTO 之前，我国进口税则设有两栏税率，即普通税率和优惠税率。对原产于与我国未订有关税互惠协议的国家或者地区的进口货物，按照普通税率征税；对原产于与我国订有关税互惠协议的国家或者地区的进口货物，按照优惠税率征税。在我国加入 WTO 之后，为履行我国在加入 WTO 关税减让谈判中承诺的有关义务，享有 WTO 成员应有的权利，自 2002 年 1 月 1 日起，我国进口税则设有最惠国税率、协定税率、特惠税率、普通税率、关税配额税率等税率。对进口货物在一定期限内可以实行暂定税率。适用最惠国税率、协定税率、特惠税率的国家或者地区名单，由国务院关税税则委员会决定，报国务院批准后执行。

2. 税率计征办法

我国对进口商品基本上都实行从价税，即以进口货物的完税价格作为计税依据，以应征税额占货物完税价格的百分比作为税率。从 1997 年 7 月 1 日起，我国对部分产品实行从量税、复合税和滑准税。

3. 暂定税率与关税配额税率

根据经济发展需要，国家对部分进口原材料、零部件、农药原药和中间体、乐器及生产设备实行暂定税率。暂定税率优先适用于优惠税率或最惠国税率，按普通税率征税的进口货物不适用暂定税率。同时，对部分进口农产品和化肥产品实行关税配额，即一定数量内的上述进口商品适用税率较低的配额内税率，超出该数量的进口商品适用税率较高的配额外税率。现行税则对700多个税目中的进口商品实行了暂定税率，对小麦、玉米等7种农产品和尿素等3种化肥产品实行关税配额管理。

4. 税则附录中《非全税目信息技术产品税率表》

我国对251个税目的信息技术产品基本实行0~7.2%的低税率，有少数产品税率超过10%。其中有15类信息技术产品只占应归入税目商品中的一部分，即非全税目商品。如只对“离心机”税目中的“半导体晶片加工用离心干燥器”实行低税率。这类信息技术产品的税率列在现行进口税则附录《非全税目信息技术产品税率表》中，凡申报进口表列15类产品并要求适用低税率的，须经信息产业部审核并经海关确认后，方可以低税率计征关税。

【例4-2】适用特惠税率、协定税率的进口货物有暂定税率的，应（ ）。

A. 适用特惠税率

B. 适用协定税率

C. 适用暂定税率

D. 从低适用税率

【答案】D

【解析】使用特惠税率、协定税率法人进口货物有暂定税率的，应当从低适用税率。

（二）出口关税税率

我国出口税则为一栏税率，即出口税率。国家仅对少数资源性产品及易于竞相杀价、盲目进口、需要规范出口秩序的半制成品征收出口关税。1992年对47种商品计征出口关税，税率为20%~40%。现行税则对100余种商品计征出口关税，主要是鳗鱼苗、部分有色金属矿砂及其精矿、生锑、磷、氟钽酸钾、苯、山羊板皮、部分铁合金、钢铁废碎料、铜和铝原料及其制品、镍锭、锌锭、锑锭。出口商品税则税率一直未予调整。但对上述范围内的23种商品实行0~25%的暂定税率，此外，根据需要对其他200多种商品按暂定税率进行计税管理。与进口暂定税率一样，出口暂定税率优先适用于出口税则中规定的出口税率。

（三）特别关税税率

特别关税税率一般由国家根据需要在特定时期针对特定商品来制定，具有针对性非常强的定向调节作用。

（四）税率的运用

我国《进出口关税条例》规定，进出口货物，应当依照税则规定的归类原则归入合适的税号，并按照适用的税率征税。其中：

（1）进出口货物，应当按照纳税义务人申报进口或者出口之日实施的税率征税。

（2）进口货物到达前，经海关核准先行申报的，应当按照装载此货物的运输工具申报进境之日实施的税率征税。

（3）进出口货物的补税和退税，适用该进出口货物原申报进口或者出口之日所实施的税率，但下列情况除外：

①按照特定减免税办法批准予以减免税的进口货物，后因情况改变经海关批准转让或出售或移作他用需予补税的，适用海关接受纳税人再次填写报关单申报办理纳税及有关手续之日实施的税率征税。

②加工贸易进口料、件等属于保税性质的进口货物，如经批准转为内销，应按向海关申报转为内销之日实施的税率征税；如未经批准擅自转为内销的，则按海关查获日期所施行的税率征税。

③暂时进口货物转为正式进口需予补税时，应按其申报正式进口之日实施的税率征税。

④分期支付租金的租赁进口货物，分期付税时，适用海关接受纳税人再次填写报关单申报办理纳税及有关手续之日实施的税率征税。

⑤溢卸、误卸货物事后确定需征税时，应按其原运输工具申报进口日期所实施的税率征税。如原进口日期无法查明的，可按确定补税当天实施的税率征税。

⑥对由于税则归类的改变、完税价格的审定或其他工作差错而需补税的，应按原征税日期实施的税率征税。

⑦对经批准缓税进口的货物以后交税时，不论是分期或一次交清税款，都应按货物原进口之日实施的税率征税。

⑧查获的走私进口货物需补税时，应按查获日期实施的税率征税。

【例 4-3】 以下关于关税税率的表述，错误的有（　）。

A. 进口适用税率的选择是根据货物的不同起运地而确定的

B. 适用最惠国税率、协定税率、特惠税率的国家或地区的名单，由国务院关税税则委员会决定

C. 我国进口商品绝大部分采用从价定率的征税方法

D. 原产地不明的进口货物不予征税

【答案】 AD

【解析】 进口适用税率的选择是根据货物的不同原产地而确定的，所以选项 A 错误；原产地不明的进口货物实行普通税率，所以选项 D 错误。

四、关税减免

关税减免是对某些纳税人和征税对象给予鼓励和照顾的一种特殊调节手

段，是贯彻国家关税政策的一项重要措施。关税减免分为法定减免税、特定减免税和临时减免税。根据《中华人民共和国海关法》规定，除法定减免税外的其他减免税均由国务院决定。减征关税在我国加入世界贸易组织之前以税则规定税率为基准，在我国加入世界贸易组织之后以最惠国税率或者普通税率为基准。

（一）法定减免税

法定减免税是税法中明确列出的减税或免税。符合税法规定可予减免税的进出口货物，纳税义务人无须提出申请，海关可按规定直接予以减免税。海关对法定减免税货物一般不进行后续管理。

《中华人民共和国海关法》和《中华人民共和国进出口关税条例》明确规定，下列货物、物品予以减免关税：

（1）关税税额在人民币 50 元以下的一票货物，可免征关税。

（2）无商业价值的广告品和货样，可免征关税。

（3）外国政府、国际组织无偿赠送的物资，可免征关税。

（4）进出境运输工具装载的途中必需的燃料、物料和饮食用品，可予免税。

（5）在海关放行前损失的货物，可免征关税。

（6）在海关放行前遭受损坏的货物，可以根据海关认定的受损程度减征关税。

（7）我国缔结或者参加的国际条约规定减征、免征关税的货物、物品，按照规定予以减免关税。

（8）法律规定减征、免征的其他货物。

（二）特定减免税

特定减免税也称政策性减免税。在法定减免税之外，国家按照国际通行规则和我国实际情况，制定发布的有关进出口货物减免关税的政策，称为特定或政策性减免税。特定减免税货物一般有地区、企业和用途的限制，海关需要进行后续管理，也需要进行减免税统计。

1. 科教用品

为有利于我国科研、教育事业发展，国务院制定了《科学研究和教学用品免征进口税收暂行规定》，对科学研究机构和学校不以营利为目的，在合理数量范围内进口国内不能生产的科学研究和教学用品，直接用于科学研究或者教学的，免征进口关税和进口环节增值税、消费税。该规定对享受优惠的科研机构和学校资格、类别以及可以免税的物品都做了明确规定。

2. 残疾人专用品

为支持残疾人的康复工作，国务院制定了《残疾人专用品免征进口税收暂行规定》，对规定的残疾人个人专用品，免征进口关税和进口环节增值税、消费税；对康复、福利机构、假肢厂和荣誉军人康复医院进口国内不能生产的、该规定明确的残疾人专用品，免征进口关税和进口环节增值税。该规定对可以免税的残疾人专用品种类和品名做了明确规定。

3. 慈善捐赠物资

为促进慈善事业的健康发展，支持慈善事业发挥扶贫济困积极作用，经国务院批准，财政部、国家税务总局、海关总署发布了《慈善捐赠物资免征进口税收的暂行办法》。对境外自然人、法人或者其他组织等境外捐赠人，无偿向经国务院有关部门和各省、自治区、直辖市人民政府，中国红十字总会、中华全国妇女联合会、中国残疾人联合会、中华慈善总会、中国初级卫生保健基金会、中国宋庆龄基金会和中国癌症基金会，以及经民政部或省级民政部门登记注册且被评为5A级的以人道救助和发展慈善事业为宗旨的社会团体或基金会等受赠人捐赠的直接用于慈善事业的物资，免征进口税和进口环节增值税。所称慈善事业是指非营利的慈善救助等社会慈善和福利事业，包括以捐赠财产方式自愿开展的扶贫济困、扶助老幼病残等困难群体，促进教育、科学、文化、卫生、体育等事业发展，防治污染和其他公害，保护和改善环境等慈善活动。该办法对可以免税的捐赠物资种类做了明确规定。

4. 加工贸易产品

（1）加工装配和补偿贸易。

加工装配即来料加工、来样加工及来件装配，是指由境外客商提供全部或部分原辅料、零配件和包装物料，必要时提供设备，由我方按客商要求进行加工装配，成品交外商销售，我方收取工缴费。客商提供的作价设备价款，我方用工缴费偿还。补偿贸易是指由境外客商提供或国内单位利用国外出口信贷进口生产技术或设备，由我方生产，以返销产品方式分期偿还对方技术、设备价款或贷款本息的交易方式。因加工装配和补偿贸易有利于较快地提高出口产品生产技术，改善我国产品质量和品种，扩大出口，增加我国外汇收入，国家给予一定的关税优惠：进境料件不予征税，准许在境内保税加工为成品后返销出口；进口外商的不作价设备和作价设备，分别比照外商投资项目和国内投资项目的免税规定执行；剩余料件或增产的产品，经批准转内销时，价值在进口料件总值2%以内，且总价值在3000元以下的，可予免税。

（2）进料加工。

经批准有权经营进出口业务的企业使用进料加工专项外汇进口料件，并在1年内加工或装配成品外销出口的业务，称为进料加工业务。对其关税优惠为：对专为加工出口商品而进口的料件，海关按实际加工复出口的数量，免征进口税；加工的成品出口，免征出口税，但内销料件及成品照章征税；对加工过程中产生的副产品、次品、边角料，海关根据其使用价值分析估价征税或者酌情减免税；剩余料件或增产的产品，经批准转内销时，价值在进口料件总值2%以内，且总价值在5000元以下的，可予免税。

5. 边境贸易进口物资

为了鼓励我国边境地区积极发展与我国毗邻国家间的边境贸易与经济合作，国家制定了有关扶持、鼓励边境贸易和边境地区发展对外经济合作的政策措施。边境贸易有边民互市贸易和边境小额贸易两种形式。边民互市贸易指边境地区边民在边境线20公里以内、经政府批准的开放点或指定的集市上进行的商品交换活动。边民通过互市贸易进口的商品，每人每日价值在3000元以下的，免征进口关税和进口环节增值税。边境小额贸易指沿陆地边境线经国家批准对外开放的边境县（旗）、边境城市辖区内经批准有边境小额贸易经营权的企业，通过国家指定的陆地边境口岸，与毗邻国家边境地区的企业或其他贸易机构之间进行的贸易活动。边境小额贸易企业通过指定边境口岸进口原产于毗邻国家的商品，除烟、酒、化妆品以及国家规定必须照章征税的其他商品外，进口关税和进口环节增值税减半征收。

6. 保税区进出口货物

为了创造完善的投资、运营环境，开展为出口贸易服务的加工整理、包装、运输、仓储、商品展出和转口贸易，国家在境内设立了保税区，即与外界隔离的全封闭方式，在海关监控管理下进行存放和加工保税货物的特定区域。保税区的主要关税优惠政策有：进口供保税区使用的机器、设备、基建物资、生产用车辆，为加工出口产品进口的原材料、零部件、元器件、包装物料，供储存的转口货物以及在保税区内加工运输出境的产品免征进口关税和进口环节税；保税区内企业进口专为生产加工出口产品所需的原材料、零部件、包装物料以及转口货物予以保税；从保税区运往境外的货物，一般免征出口关税，等等。

7. 出口加工区进出口货物

为加强与完善加工贸易管理，严格控制加工贸易产品内销，保护国内相关产业，并为出口加工企业提供更宽松的经营环境，带动国产原材料、零配件的出口，国家设立了出口加工区。出口加工区的主要关税优惠政策有：从境外进入区内生产性的基础设施建设项目所需的机器、设备和建设生产厂房、仓储设施所需的基建物资，区内企业生产所需的机器、设备、模具及其维修用零配件，区内企业和行政管理机构自用合理数量的办公用品，予以免征进口关税和进口环节税；区内企业为加工出口产品所需的原材料、零部件、元器件、包装物料及消耗性材料，予以保税；对加工区运往区外的货物，海关按照对进口货物的有关规定办理报关手续，并按照制成品征税；对从区外进入加工区的货物视同出口，可按规定办理出口退税。

8. 进口设备

为进一步扩大利用外资，引进国外先进技术和设备，促进产业结构的调整和技术进步，保持国民经济持续、快速、健康发展，国务院决定自1998年1月1日起，对国家鼓励发展的国内投资项目和外商投资项目进口设备，在规定范围内免征进口关税和进口环节增值税。具体为：对符合《外商投资产业指导目录》鼓励类和限制乙类，并转让技术的外商投资项目，在投资总额内进口的自用设备，以及外国政府贷款和国际金融组织贷款项目进口的自用设备、加工贸易外商提供的不作价进口设备，除《外商投资项目不予免税的进口商品目录》所列商品外，免征进口关税和进口环节增值税；对符合《当前国家重点鼓励发展的产业、产品和技术目录》的国内投资项目，在投资总额内进口的自用设备，除《国内投资项目不予免税的进口商品目录》所列商品外，免征进口关税和进口环节增值税；对符合上述规定的项目，按照合同随设备进口的技术及配套件、备件，也免征进口关税和进口环节增值税。

9. 特定行业或用途的减免税政策

为鼓励、支持部分行业或特定产品的发展，国家制定了部分特定行业或用途的减免税政策，这类政策一般对可减免税的商品列有具体清单。如为支持我国海洋和陆上特定地区石油、天然气开采作业，对相关项目进口国内不能生产或性能不能满足要求的，直接用于开采作业的设备、仪器、零附件、专用工具，免征进口关税和进口环节增值税，等等。

（三）暂时免税

暂时进境或者暂时出境的下列货物，在进境或者出境时纳税义务人向海关缴纳相当于应纳税款保证金或者其他担保的，可以暂时不缴纳关税，并应当自进境或者出境之日起6个月内复运出境或者复运进境；需要延长复运出境或者复运进境期限的，纳税义务人应当根据海关总署的规定向海关办理延期手续。

（1）在展览会、交易会、会议及类似活动中展示或者使用的货物；

（2）文化、体育交流活动中使用的表演、比赛用品；

（3）进行新闻报道或者摄制电影、电视节目使用的仪器或者使用的货物；

（4）开展科研、教学、医疗活动使用的仪器、设备及用品；

（5）在上述第（1）项至第（4）项所列示活动中使用的交通工具和特种车辆；

（6）货样；

（7）供安装、调试、检测设备时使用的仪器、工具；

（8）盛装货物的容器；

（9）其他用于非商业目的的货物。

第一款所列示暂时进境货物在规定期限内未复运出境的，或者暂时出境货物在规定期限内未复运进境的，海关应当依法征收关税。

第一款所列示可以暂时免征关税范围以外的其他暂时进境货物，应当按照该货物的完税价格和其在境内滞留时间与折旧时间的比例计算征收进口关税。具体办法由海关总署规定。

（四）临时减免税

临时减免税是指以上法定和特定减免税以外的其他减免税，即由国务院根据《中华人民共和国海关法》对某个单位、某类商品、某个项目或某批进出口货物的特殊情况给予特别照顾，一案一批，专文下达的减免税，一般有单位、品种、期限、金额或数量等限制，不能比照执行。

第三节　关税应纳税额的计算

一、关税完税价格

《中华人民共和国海关法》规定，进出口货物的完税价格由海关以该货物的成交价格为基础审查确定。成交价格不能确定时，完税价格由海关依法估定。自我国加入世界贸易组织后，我国海关已全面实施《世界贸易组织估价协定》，遵循客观、公平、统一的估价原则，并依据2002年1月1日起实施的《中华人民共和国海关审定进出口货物完税价格办法》（以下简称《完税价格办法》），审定进出口货物的完税价格。

（一）一般进口货物的完税价格

1. 以成交价格为基础的完税价格

《中华人民共和国海关法》规定，进口货物的完税价格包括货物的货价、货物运抵我国境内输入地点起卸前的运输及其相关费用、保险费。我国境内输入地为入境海关地，包括内陆河、江口岸，一般为第一口岸。货物的货价以成交价格为基础。进口货物的成交价格是指买方为购买该货物，并按《完税价格办法》有关规定调整后的实付或应付价格。

【例4-4】下列各项中应计入关税完税价格的有（　）。

A. 货物运抵我国关境内输入地点起卸前的包装费

B. 货物运抵我国关境内输入地点起卸前的运费

C. 货物运抵我国关境内输入地点起卸前的保险费

D. 向境外支付的与该项进口货物有关的专利权费用

【答案】ABCD

【解析】一般贸易下进口的货物将以海关审定的成交价格为基础的到岸价格为完税价格。到岸价格是指由货价以及货物运抵我国关境内输入地点起卸前的包装费、运费、保险费和其他劳务费用等构成的一种价格。

【例 4-5】甲公司进口一批货物，买价人民币 2000 万元，该批货物进口关税税率为 5%，则应纳多少关税?

【解析】应纳关税 = 2000×5% = 100（万元）

【例 4-6】乙公司为增值税一般纳税人。20×8 年 4 月进口化妆品一批，支付国外的买价 220 万元、国外的经纪费 4 万元、自己的采购代理人佣金 10 万元；支付运抵我国海关前的运输费用 20 万元、装卸费用和保险费用 11 万元；支付海关地再运往商贸公司的运输费用 8 万元、装卸费用和保险费用 3 万元。请计算该公司进口环节应缴纳的关税（已知关税税率是 20%）。

【解析】进口环节应缴纳关税 =（220+4+20+11）×20% = 51（万元）

2. 进口货物海关估价方法

进口货物的价格不符合成交价格条件或者成交价格不能确定的，海关应当依次以相同货物成交价格方法、类似货物成交价格方法、倒扣价格方法、计算价格方法及其他合理方法确定的价格为基础，估定完税价格。如果进口货物的收货人提出要求，并提供相关资料，经海关同意，可以选择倒扣价格方法和计算价格方法的适用次序。

（1）相同或类似货物成交价格方法。

相同或类似货物成交价格方法，即以与被估的进口货物同时或大约同时（在海关接受申报进口之日的前后各 45 天以内）进口的相同或类似货物的成交价格为基础，估定完税价格。

以该方法估定完税价格时，应使用与该货物相同商业水平且进口数量基本一致的相同或类似货物的成交价格，但对因运输距离和运输方式不同，在成本和其他费用方面产生的差异应当进行调整。在没有上述的相同或类似货物成交价格的情况下，可以使用不同商业水平或不同进口数量的相同或类似货物的成交价格，但对因商业水平、进口数量、运输距离和运输方式不同，在价格、成本和其他费用方面产生的差异应当做出调整。

以该方法估定完税价格时，应当首先使用同一生产商生产的相同或类似货物的成交价格，只有在没有这一成交价格的情况下，才可以使用同一生产国或地区生产的相同或类似货物的成交价格。如果有多个相同或类似货物的成交价格，应当以最低的成交价格为基础，估定进口货物的完税价格。

上述“相同货物”指与进口货物在同一国家或地区生产的，在物理性质、质量和信誉等所有方面都相同的货物，但表面的微小差异允许存在；“类似货物”指与进口货物在同一国家或地区生产的，虽然不是在所有方面都相同，但却具有相似的特征、相似的组成材料、同样的功能，并可在商业中互换的货物。

（2）倒扣价格方法。

倒扣价格方法即以被估的进口货物、相同或类似进口货物在境内销售的价格为基础估定完税价格。按该价格销售的货物应当同时符合五个条件，即在被估货物进口时或大约同时销售，按照进口时的状态销售，在境内第一环节销售，合计的货物销售总量最大，向境内无特殊关系方销售。

以该方法估定完税价格时，下列各项应当扣除：

①该货物的同等级或同种类货物在境内销售时的利润和一般费用及通常支付的佣金；

②货物运抵境内输入地点起卸后的运输及其相关费用、保险费；

③进口关税、进口环节海关代征税及其他国内税。

【例 4-7】 丙公司从新加坡进口货物一批，货物实际成交价格折合人民币1640万元（包括单独计价并经海关审查属实的向自己采购代理人支付的买方佣金 40 万元，但不包括买方负担的包装材料费 65 万元），另支付货物运抵目的港的运费、保险费等 35 万元。假设该货物适用的关税税率为 20%，计算应缴纳的关税金额。

【解析】 关税完税价格 = 1640−40+65+35 = 1700（万元）

应纳关税 = 关税完税价格×关税税率 = 1700×20% = 340（万元）

（3）计算价格方法。

计算价格方法即按下列各项的总和计算出的价格估定完税价格：

①生产该货物所使用的料件成本和加工费用；

②向境内销售同等级或同种类货物通常的利润和一般费用（包括直接费用和间接费用）；

③该货物运抵境内输入地点起卸前的运输及相关费用、保险费。

（4）其他合理方法。

使用其他合理方法时，应当根据《完税价格办法》规定的估价原则，以在境内获得的数据资料为基础估定完税价格。但不得使用以下价格：

①境内生产的货物在境内的销售价格；

②可供选择的价格中较高的价格；

③货物在出口地市场的销售价格；

④以计算价格方法估价方法规定之外的价值或者费用计算的相同或者类似货物的价格；

⑤出口到第三国或地区的货物的销售价格；

⑥最低限价或武断、虚构的价格。

（二）出口货物的完税价格

1. 以成交价格为基础的完税价格

出口货物的完税价格由海关以该货物向境外销售的成交价格为基础审查确定，并应包括货物运至我国境内输出地点装载前的运输及其相关费用、保险费，但其中包含的出口关税税额应当扣除。

出口货物的成交价格是指该货物出口销售到我国境外时买方向卖方实付或应付的价格。出口货物的成交价格中含有支付给境外的佣金的，如果单独列明，应当扣除。

2. 出口货物海关估价方法

出口货物的成交价格不能确定时，完税价格由海关依次使用下列方法估定：

（1）同时或大约同时向同一国家或地区出口的相同货物的成交价格。

（2）同时或大约同时向同一国家或地区出口的类似货物的成交价格。

（3）根据境内生产相同或类似货物的成本、利润和一般费用（包括直接费用和间接费用），境内发生的运输及其相关费用、保险费计算所得的价格。

（4）按照合理方法估定的价格。

二、应纳税额的计算

1. 从价税应纳税额的计算

关税税额=应税进（出）口货物数量×单位完税价格×税率

2. 从量税应纳税额的计算

关税税额=应税进（出）口货物数量×单位货物税额

3. 复合税应纳税额的计算

我国目前实行的复合税都是先计征从量税，再计征从价税。

关税税额=应税进（出）口货物数量×单位货物税额+
应税进（出）口货物数量×单位完税价格×税率

4. 滑准税应纳税额的计算

关税税额=应税进（出）口货物数量×单位完税价格×滑准税税率

现行税则《进（出）口商品从量税、复合税、滑准税税目税率表》后注明了滑准税税率的计算公式，该公式是一个与应税进（出）口货物完税价格相关的取整函数。

【例 4-8】 甲商场 20×8 年 2 月进口一批高档美容修饰类化妆品。该批货物在国外的买价 120 万元，货物运抵我国入关前发生的运输费、保险费和其他费用分别为 10 万元、6 万元、4 万元。货物报关后，该商场按规定缴纳了进口环节的增值税和消费税并取得了海关开具的缴款书。将化妆品从海关运往商场所在地确定增值税专用发票，注明运输费用 5 万元，增值税进项税额 0.50 万元，该批化妆品当月在国内全部销售，取得不含税销售额 520 万元（假定化妆品进口关税税率 20%，增值税率 16%，消费税率 15%）。计算该批化妆品进口环节应缴纳的关税、增值税、消费税和国内销售环节应缴纳的增值税。

【解析】

（1）关税完税价格=120+10+6+4=140（万元）

（2）应缴纳进口关税=140×20%=28（万元）

（3）进口环节的组成计税价格=(140+28)÷(1-15%)=197.65（万元）

（4）进口环节应缴纳增值税=197.65×16%=31.624（万元）

（5）进口环节应缴纳消费税=197.65×15%=29.65（万元）

（6）国内销售环节应缴纳增值税=520×16%-0.55-31.624=51.026（万元）

三、跨境电子商务零售进口税收政策

自 2016 年 4 月 8 日起，跨境电子商务零售进口商品按照货物征收关税和进口环节增值税、消费税，购买跨境电子商务零售进口商品的个人作为纳税义务人，实际交易价格（包括货物零售价格、运费和保险费）作为完税价格，电子商务企业、电子商务交易平台企业或者物流企业可作为代收代缴义务人。

（一）适用范围

跨境电子商务零售进口税收政策适用于从其他国家或地区进口《跨境电子商务零售进口商品清单》范围内的以下商品：

（1）所有通过与海关联网的电子商务交易平台交易，能够实现交易、支付、物流电子信息“三单”对比的跨境电子商务零售进口商品；

（2）未通过与海关联网的电子商务交易平台交易，但快递、邮政企业能够统一提供交易、支付、物流等电子信息，并承诺承担相应法律责任进境的跨境电子商务零售进口商品。

不属于跨境电子商务零售进口的个人物品以及无法提供交易、支付、物流等电子信息的跨境电子商务零售进口商品，按规定执行。

（二）计征限额

跨境电子商务零售进口商品的单次交易限值为2000元，个人年度交易限值为人民币20000元。在限值以内进口的跨境电子商务零售进口商品，关税税率暂设为 0%；进口环节增值税、消费税取消免征税额，暂按法定应纳税额的70%征收。超过单次限值、累加后超过个人年度限值的单次交易，以及完税价格超过2000元限值的单个不可分割商品，均按照一般贸易方式全额征税。

（三）计征规定

跨境电子商务零售进口商品自海关放行之日起 30 日内退货的，可申请退税，并相应调整个人年度交易总额。

跨境电子商务零售进口商品购买人（订购人）的身份信息应进行认证；未进行认证的，购买人（订购人）身份信息应与付款人一致。

《跨境电子商务零售进口商品清单》由财政部商有关部门另行公布。

第四节　关税征收管理

一、关税的强制执行

纳税义务人未在关税缴纳期限内缴纳税款，即构成关税滞纳。为保证海关征收关税决定的有效执行和国家财政收入的及时入库，《海关法》赋予海关对滞纳关税的纳税义务人强制执行的权利。强制措施主要有两类：

（1）征收关税滞纳金。滞纳金自关税缴纳期限届满之日起，至纳税义务人缴纳关税日止，按滞纳税款万分之五的比例按日征收，周末或法定节假日不予扣除。具体计算公式为：

关税滞纳金金额=滞纳关税税额×滞纳金征收比率×滞纳天数

（2）强制征收。如纳税义务人自缴纳税款期限届满之日起3个月仍未缴纳税款，经直属海关关长或者其授权的隶属海关关长批准，海关可以采取强制扣押、变价抵缴等强制措施。强制扣押即海关书面通知纳税义务人开户银行或者其他金融机构从其存款中扣缴税款。变价抵缴即海关将纳税义务人的应税货物依法变卖，或者扣留并依法变卖其价值相当于应纳税款的货物或者其他财产，以变卖所得抵缴税款。

【例4-9】甲公司进口一批货物，海关于2×18年3月1日填发税款缴纳书，但该公司迟至3月27日才缴纳500万元的关税。海关应征收关税滞纳金（　）万元。

A. 2.75　　B. 3　　C. 6.5　　D. 6.75

【答案】B

【解析】滞纳天数自关税缴纳期限届满滞纳之日起，至纳税义务缴纳关税日止，所以滞纳12天，海关应征收关税滞纳金=500×12×0.05%=3（万元）。

二、关税退还

关税退还是关税纳税义务人按海关核定的税额缴纳关税后，因某种原因的出现，海关将实际征收多于应当征收的税额（成为溢征关税）退还给原纳税义务人的一种行政行为。根据《海关法》和《进出口关税条例》的规定，海关多征的税款，海关发现后应当立即退还；纳税义务人发现多缴税款的，自缴纳税款之日起 1 年内，可以以书面形式要求海关退还多缴的税款并加算银行同期活期存款利息；海关应当自受理退税申请之日起 30 日内查实并通知纳税义务人办理退还手续。此外，有下列情形之一的，纳税义务人自缴纳税款之日起 1 年内，可以申请退还关税，并应当以书面形式向海关说明理由，提供原缴款凭证及以下相关材料：

（1）已征进口关税的货物，因品质或者规格原因，原状退货复运出境的；

（2）已征出口关税的货物，因品质或者规格原因，原状退货复运进境，并已重新缴纳因出口而退还的国内环节有关税收的；

（3）已征出口关税的货物，因故未装运出口，申报退关的。

海关应当自受理退税申请之日起 30 日内查实并通知纳税义务人办理退还手续；纳税义务人应当自收到通知之日起 3 个月内办理有关退税手续。前述第（1）项和第（2）项规定强调的是，“因货物品质或者规格原因，原状复运进境或者出境的”。如果属于其他原因且不能以原状复运进境或者出境，不能退税。

三、关税补征和追征

补征或追征是海关在关税纳税义务人按海关核定的税额缴纳关税后，发现实际征收税额少于应征收的税额（成为短征关税）时，责令纳税义务人补缴所差税款的一种行政行为。海关法根据短征关税的原因，将海关征收原短征关税的行为分为追征和补征两种。由于纳税人违反海关规定造成短征关税的，成为追征；非因纳税人违反海关规定造成短征关税的，成为补征。区分关税追征和补征的目的是区别不同情况适用不同的征收时效，超过时效规定的期限，海关就丧失了追补关税的权力。

根据《海关法》和《进出口关税条例》的规定，进出境货物和物品放行后，海关发现少征或者漏征税款，应当自缴纳税款或者货物、物品放行之日起 1 年内，向纳税义务人补征税款；因纳税义务人违反规定而造成的少征或者漏征的税款，海关可以自纳税义务人缴纳税款或者货物、物品放行之日起 3 年内追征，并从缴纳税款或者货物、物品放行之日起按日加收少征或者漏征税款万分之五的滞纳金；海关发现其监管货物因纳税义务人违反规定造成少征或者漏征税款的，应当自纳税义务人应缴纳税款之日起 3 年内追征税款，并从应缴纳税款之日起按日加收少征或者漏征税款万分之五的滞纳金。

【例 4–10】判断正误：进出口货物完税放行后，如发现少征或者漏征关税款（非纳税人原因），海关应当自缴纳税款或者货物、物品放行之日起 2 年内，向纳税人补征。（ ）

【答案】错误

【解析】非纳税人原因的少征或漏征关税，海关的补征期为 1 年。

四、关税纳税争议的处理

为保护纳税人合法权益，我国《海关法》和《进出口关税条例》都规定了纳税义务人对海关确定的进出口货物的征税、减税、补税或者退税等有异议时，有提出申诉的权利。在纳税义务人同海关发生纳税争议时，可以向海关申请复议，但同时应当在规定期限内按海关核定的税额缴纳关税，逾期则构成滞纳，海关有权按规定采取强制执行措施。

纳税争议的内容一般为进出境货物和物品的纳税人对海关在原产地认定、税则归类、税率或汇率适用、完税价格确定、关税减征、免征、追征、补征和退还等征税行为是否合法或适当，是否侵害了纳税义务人的合法权益，而对海关征收关税的行为表示异议。

纳税争议的申诉程序：纳税义务人自海关填发税款缴款书之日起 60 日内，向原征税海关的上一级海关提出复议申请。逾期申请复议的，海关不予受理。海关行政复议机关应当自受理复议申请之日起 60 日内做出复议决定，并以复议决定书的形式正式答复纳税义务人；纳税义务人对海关复议决定仍然不服的，可以自收到复议决定书之日起 15 日内，向人民法院提起诉讼。

第五节 关税纳税申报

一、关税纳税期限

纳税义务人应当自海关填发税款缴纳书之日起 15 日内，向指定银行缴纳税款。如关税缴纳期限届满日遇星期六、星期日等休息日或者法定节假日，则关税缴纳期限顺延至休息日或者法定节假日之后的第一个工作日。

关税纳税义务人因不可抗力或者在国家税收政策调整的情形下，不能按期缴纳税款的，经依法提供税款担保后，可以延期缴纳税款，但最长不得超过 6 个月。

【例 4-11】判断正误：关税纳税义务人因不可抗力不能按期缴纳税款的，可以酌情延期缴纳税款，最长期限可宽限至 1 年。（ ）

【答案】错误

【解析】关税的延期纳税的最长时限是 6 个月，条件是提供担保，这与《征管法》规定中的其他税种的最长延期纳税时限和条件不同。

二、纳税申报地点

进口货物的纳税义务人应当自运输工具申报进境之日起 14 日内，出口货物的纳税义务人除海关特准的外，应当在货物运抵海关监管区后、装货的 24 小时以前，向货物的进出境地海关申报，海关根据税则归类和完税价格计算应缴纳的关税和进口环节代征税，并填发税款缴款书。

为方便纳税义务人，经申请且海关同意，进（出）口货物的纳税义务人可以在设有海关的指运地（起运地）办理海关申报、纳税手续。

三、关税纳税申报应提供的材料

（1）《海关（进出口）专用缴款书》；

（2）《中华人民共和国海关进口货物报关单》；

（3）《中华人民共和国海关出口货物报关单》；

（4）进口许可证及其有关单证。

【本章小结】

关税是海关依法对进出境货物、物品征收的一种税，我国目前实行的是以财政关税政策服从于保护关税政策的复合型关税政策。我国的关税有多种分类，其中按征税计征标准分类，可分为从价税、从量税、复合税、选择税、滑准税等。关税的纳税义务人包括进口货物的收货人、出口货物的发货人、进出境物品的所有人等，征税对象是准许进出境的货物和物品，纳税人应按照我国的税收法律法规适用相应的税率计算关税应纳税额。我国《关税法》等法律法规对我国税收优惠政策进行了相关规定，包括关税的减免等，最终由纳税人根据我国关税法律法规的规定进行纳税申报。

第五章　企业所得税

【学习目标】

通过本章的学习，要求掌握以下知识点：

1. 了解企业所得税的定义与特点
2. 掌握企业所得税的构成要素
3. 掌握企业所得税应纳税额的计算
4. 了解企业所得税的征收管理

【知识框架图】

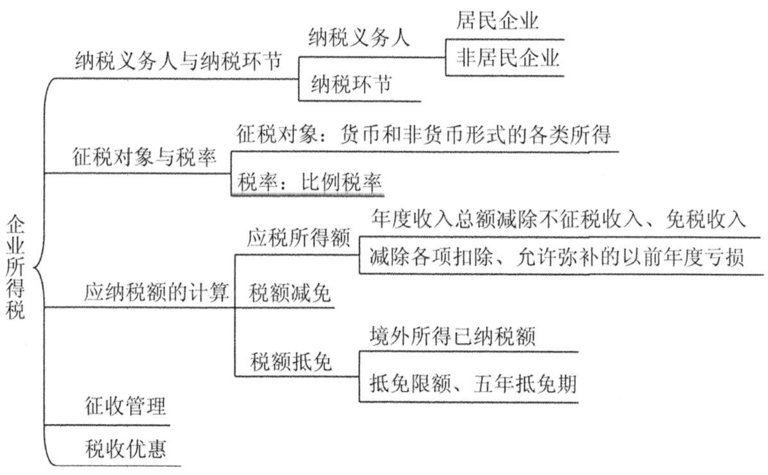

第一节　企业所得税基本原理

一、企业所得税的概念

企业所得税是对我国境内的企业和其他取得收入的组织的生产经营所得和其他所得征收的税种。

其中，企业分为居民企业和非居民企业。居民企业是指依法在中国境内成立，或者依照外国（地区）法律成立但实际管理机构在中国境内的企业；非居民企业是指依照外国（地区）法律成立且实际管理机构不在中国境内，但在中国境内设立机构、场所的，或者在中国境内未设立机构、场所，但有来源于中国境内所得的企业。

二、企业所得税的特点

企业所得税的特点主要体现在以下几方面。

（1）征税范围广。在中华人民共和国境内，企业和其他取得收入的组织都是企业所得税的纳税人，都要依照税法的规定缴纳企业所得税。企业所得税的征税对象包括生产经营所得和其他所得。前者通常是指企业从事产品生产、交通运输、商品流通、劳务服务和其他营利事业等取得的所得；后者通常是指提供资金或财产取得的所得，包括利息、股息、红利、租金、转让资产收益和特许权使用费等所得。因此，企业所得税具有征收上的广泛性。

（2）税负公平。企业所得税对企业，不分所有制，不分地区、行业和层次，实行统一的比例税率。在普遍征收的基础上，能使各类企业税负较为公平。由于企业所得税是对企业的经营净收入（亦称为经营所得）征收的，所以企业一般都具有所得税的承受能力，而且企业所得税的负担水平与纳税人所得多少直接关联，即“所得多的多征，所得少的少征，无所得的不征”，因此，企业所得税是能够较好体现公平税负和税收中性的一个良性税种。

（3）税基约束力强。企业所得税的税基是应纳税所得额，即纳税人每个纳税年度的收入总额减去准予扣除项目金额之后的余额。其中，准予扣除的项目主要是指成本和费用，包括工资支出、原材料支出、固定资产折旧和无形资产摊销等。所得税的计税涉及纳税人财务会计核算的各个方面，与企业会计核算关系密切。为了保护税基，企业所得税明确了收入总额、扣除项目金额的确定以及资产的税务处理等内容，使应税所得额的计算相对独立于企业的会计核算，体现了税法的强制性与统一性。

（4）纳税人与负税人一致。企业所得税属于企业的终端税种，纳税人缴纳的所得税一般不易转嫁，而要由纳税人自己负担，故而可以直接调节纳税人的收入。在会计利润总额的基础上，扣除企业所得税后的余额为企业生产经营的净利润。

需要注意的是，所得税的计税依据是应纳税所得，它以利润为主要依据，但不是直接意义上的会计利润，也不是收入总额。因而，在计算所得税时，其计税依据要涉及纳税人的成本、费用等方面，从而使得其计税依据的计算比较复杂。

另外，就企业所得税而言，它在征收过程中，为了发挥所得税对经济的调控作用，也会根据调控目的的需要，在税制中采取不同的税收激励或限制措施进行调控，最终使得企业所得税的计算更为复杂。

第二节　企业所得税的改革历程

企业所得税法是指国家制定的用以调整企业所得税征收与缴纳之间权利及义务关系的法律规范。

我国现行的企业所得税法的基本规范，是2007年3月16日第十届全国人民代表大会第五次全体会议通过的《中华人民共和国企业所得税法》和2007年11月28日国务院第197次常务会议通过的《中华人民共和国企业所得税法实施条例》（以下简称《企业所得税法实施条例》）。为了更好地服务社会、适应经济发展，以及更好地兼顾国家与企业的利益，自新中国成立以来，至2018年6月30日为止，我国企业所得税相关的法律规定进行了多次建设。

企业所得税相关的法制建设情况简述如下：

在1949年首届全国税务会议上，通过了统一全国税收政策的基本方案，其中包括对企业所得和个人所得征税的办法。

1950年，政务院发布了《全国税政实施要则》，规定全国设置14种税收，其中涉及对所得征税的有工商业税（所得税部分）、存款利息所得税和薪给报酬所得税等3种税收。

改革开放以后，为适应引进国外资金、技术和人才，开展对经济技术合作的需要，根据党中央统一部署，税制改革工作在“七五”计划期间逐步推开。

1980年9月，第五届全国人民代表大会第三次会议通过了《中华人民共和国外国企业所得税法》，并公布实施。企业所得税税率确定为30%，另按应纳所得税额附征10%的地方所得税。

1981年12月，第五届全国人民代表大会第四次会议通过了《中华人民共和国外国企业所得税法》，实行20%~40%的5级超额累进税率，另按应纳所得税额附征10%的地方所得税。

作为企业改革和城市改革的一项重大措施，1983年国务院决定在全国试行国营企业“利改税”，即将新中国成立后实行了30多年的国营企业向国家上缴利润的制度改为缴纳企业所得税的制度。

1991年4月，第七届全国人民代表大会将《中华人民共和国中外合资经营企业所得税法》与《中华人民共和国外国企业所得税法》合并，制定了《中华人民共和国外商投资企业和外国企业所得税法》，并于同年7月1日起施行。

1993年12月13日，国务院将《中华人民共和国国营企业所得税条例（草案）》《国营企业调节税收征收办法》《中华人民共和国集体企业所得税暂行条例》和《中华人民共和国私营企业所得税暂行条例》进行整合，制定了《中华人民共和国企业所得税暂行条例》，自1994年1月1日起施行。

上述改革标志着中国的所得税制度向着法制化、科学化和规范化的方向迈出了重要的步伐。

2007年3月16日，中华人民共和国第十届全国人民代表大会第五次会议通过了《中华人民共和国企业所得税法》（以下简称《企业所得税法》），并于2008年1月1日起施行。

从此，内外资企业在中国开始适用统一的企业所得税法。

第三节 企业所得税的构成要素

一、纳税义务人

企业所得税的纳税义务人是指在中国境内的企业和其他取得收入的组织。但不包括个人独资企业和合伙企业，这两类企业不需要缴纳企业所得税。

企业所得税的纳税义务人分为居民企业和非居民企业。这是依据企业纳税义务范围的宽窄进行的分类，不同的企业在向中国政府缴纳所得税时，其所承担的纳税义务是不同的。把企业分为居民企业和非居民企业两类纳税人，是为了更好地保障我国税收管辖权的有效行使。税收管辖权是一国政府在征税方面的主权，是国家主权的重要组成部分。依国际上的通行做法，我国选择了地域管辖权和居民管辖权两种管辖权标准，从而最大限度地维护我国的税收利益。

（一）居民企业

本法所称居民企业，是指依法在中国境内成立，或者依照外国（地区）法律成立但实际管理机构在中国境内的企业。

这里的企业包括国有企业、集体企业、私营企业、联营企业、股份制企业，外商投资企业、外国企业以及有生产、经营所得和其他所得的其他组织。其中，有生产、经营所得和其他所得的其他组织，是指经国家有关部门批准，依法注册、登记的事业单位、社会团体等组织。由于我国的一些社会团体组织、事业单位在完成国家事业计划的过程中，开展多种经营和有偿服务活动取得除财政部门各项拨款、财政部和国家物价部门批准的各项规费收入以外的经营收入，具有了经营的特点，应当视同企业纳入征税范围。其中，实际管理机构，是指对企业的生产经营、人员、账务、财产等实施实质性全面管理和控制的机构。

（二）非居民企业

本法所称非居民企业，是指依照外国（地区）法律成立且实际管理机构不在中国境内，但在中国境内设立机构、场所的，或者在中国境内未设立机构、场所，但有来源于中国境内所得的企业。

上述所称机构、场所，是指在中国境内从事生产经营活动的机构、场所，包括：

（1）管理机构、营业机构、办事机构；

（2）工厂、农场、开采自然资源的场所；

（3）提供劳务的场所；

（4）从事建筑、安装、装配、修理、勘探等工程作业的场所；

（5）其他从事生产经营活动的机构、场所。

非居民企业委托营业代理人在中国境内从事生产经营活动的，包括委托单位或者个人经常代其签订合同，或者储存、交付货物等，该营业代理人视为非居民企业在中国境内设立的机构、场所。

二、纳税环节

企业所得税的纳税环节是在分配环节。理论上为企业实现全年利润时，才进行企业所得税的计算与缴纳。但为平衡年度财政收支且便于实务操作，在纳税实务中，企业所得税实行分期预缴，年终汇算清缴。

因此，企业所得税的纳税环节为各期结束并进行各期利润统计的环节。

三、征税对象与税率

（一）征税对象

企业所得税的征税对象是指企业的生产经营所得、其他所得和清算所得。

1. 居民企业的征税对象

居民企业应就来源于中国境内、境外的所得作为征税对象。所得包括销售货物所得、提供劳务所得、转让财产所得、股息红利等权益性投资所得、利息所得、租金所得、特许权使用费所得、接受捐赠所得和其他所得。

2. 非居民企业的征税对象

非居民企业在中国境内设立机构、场所的，应当就其所设机构、场所取得的来源于中国境内的所得，以及发生在中国境外但与其所设机构、场所有实际联系的所得，缴纳企业所得税。非居民企业在中国境内未设立机构、场所的，或者虽设立机构、场所，但取得的所得与其所设机构、场所没有实际联系的应当就其来源于中国境内的所得缴纳企业所得税。

上述所称实际联系是指非居民企业在中国境内设立的机构、场所拥有的据以取得所得的股权、债权，以及拥有、管理、控制据以取得所得的财产。

3. 所得来源的确定

（1）销售货物所得，按照交易活动发生地确定。

（2）提供劳务所得，按照劳务发生地确定。

（3）转让财产所得。①不动产转让所得按照不动产所在地确定。②动产转让所得按照转让动产的企业或者机构、场所所在地确定。③权益性投资资产转让所得按照被投资企业所在地确定。

（4）股息、红利等权益性投资所得，按照分配所得的企业所在地确定。

（5）利息所得、租金所得、特许权使用费所得，按照负担、支付所得的企业或者机构、场所所在地确定，或者按照负担、支付所得的个人的住所地确定。

（6）其他所得，由国务院财政、税务主管部门确定。

（二）税率

企业所得税实行比例税率，现行规定是：

（1）基本税率为25%。适用于居民企业和在中国境内设有机构、场所且所得与机构、场所有关联的非居民企业。

（2）低税率为20%。适用于在中国境内未设立机构、场所的，或者虽设立机构、场所但取得的所得与其所设机构、场所没有实际联系的非居民企业。但实际征税时适用10%的税率。

第四节　企业所得税的计税依据

应纳税所得额是企业所得税的计税依据，按照《企业所得税法》的规定，应纳税所得额为企业每一个纳税年度的收入总额减除不征税收入、免税收入、各项扣除以及允许弥补的以前年度亏损后的余额。基本公式为：

应纳税所得额=收入总额-不征税收入-免税收入-各项扣除-以前年度亏损

企业应纳税所得额的计算以权责发生制为原则，属于当期的收入和费用，不论款项是否收付，均作为当期的收入和费用；不属于当期的收入和费用，即使款项已经在当期收付，均不作为当期的收入和费用。应纳税所得额的正确计算直接关系到国家财政收入和企业的税收负担，并且同成本、费用的核算关系密切。

因此，《企业所得税法》对应纳税所得额的计算做了明确的规定，主要内容包括收入总额、扣除范围和标准、资产的税务处理、亏损弥补等。

一、收入总额

企业的收入总额包括以货币形式和非货币形式从各种来源取得的收入，具体有：销售货物收入，提供劳务收入，转让财产收入，股息、红利等权益性投资收益，利息收入，租金收入，特许权使用费收入，接受捐赠收入，其他收入。

企业取得收入的货币形式包括现金、存款、应收账款、应收票据、准备持有至到期的债券投资以及债务的豁免等；纳税人以非货币形式取得的收入，包括固定资产、生物资产、无形资产、股权投资、存货、不准备持有至到期的债券投资、劳务以及有关权益等，这些非货币资产应当按照公允价值确定收入额，公允价值是指按照市场价格确定的价值。

收入的具体构成为：

（1）销售货物收入。是指企业销售商品、产品、原材料、包装物、低值易耗品以及其他存货取得的收入。

（2）提供劳务收入。是指企业从事建筑安装、修理修配、交通运输、仓储租赁、金融保险、邮电通信、咨询经纪、文化体育、科学研究、技术服务、教育培训、餐饮住宿、中介代理、卫生保健、社区服务、旅游、娱乐、加工以及其他劳务服务活动取得的收入。

（3）转让财产收入。是指企业转让固定资产、生物资产、无形资产、股权、债权等财产取得的收入。

（4）股息、红利等权益性投资收益。是指企业因权益性投资从被投资方取得的收入。股息、红利等权益性投资收益，除国务院财政、税务主管部门另有规定外，按照被投资方做出利润分配决定的日期确认收入的实现。

（5）利息收入。是指企业将资金提供他人使用但不构成权益性投资，或者因他人占用本企业资金取得的收入，包括存款利息、贷款利息、债券利息、欠款利息等收入。利息收入，按照合同约定的债务人应付利息的日期确认收入的实现。

（6）租金收入。是指企业提供固定资产、包装物或者其他有形资产的使用权取得的收入。租金收入，按照合同约定的承租人应付租金的日期确认收入的实现。

（7）特许权使用费收入。是指企业提供专利权、非专利技术、商标权、著作权以及其他特许权的使用权取得的收入。特许权使用费收入，按照合同约定的特许权使用人应付特许权使用费的日期确认收入的实现。

（8）接受捐赠收入。是指企业接受的来自其他企业、组织或者个人无偿给予的货币性资产、非货币性资产。接受捐赠收入按照实际收到捐赠资产的日期确认收入的实现。

(9) 其他收入。是指企业取得的除以上收入外的其他收入，包括企业资产溢余收入、逾期未退包装物押金收入、确实无法偿付的应付款项、已作坏账损失处理后又收回的应收款项、债务重组收入、补贴收入、违约金收入、汇兑收益等。

二、不征税收入和免税收入

国家为了扶持和鼓励某些特殊的纳税人和特定的项目，或者避免因征税影响企业的正常经营，对企业取得的某些收入予以不征税或免税的特殊政策，或准予抵扣应纳税所得额，或者是对专项用途的资金作为非税收入处理，以减轻企业的负担，促进经济的协调发展。

(一) 不征税收入

(1) 财政拨款。是指各级人民政府对纳入预算管理的事业单位、社会团体等组织拨付的财政资金，但国务院和国务院财政、税务主管部门另有规定的除外。

(2) 依法收取并纳入财政管理的行政事业性收费、政府性基金。行政事业性收费，是指依照法律法规等有关规定，按照规定程序批准，在实施社会公共管理，以及在向公民、法人或者其他组织提供特定公共服务过程中，向特定对象收取并纳入财政管理的费用。政府性基金，是指企业依照法律、行政法规等有关规定，代政府收取的具有专项用途的财政资金。

(3) 国务院规定的其他不征税收入。是指企业取得的，由国务院财政、税务主管部门规定专项用途并经国务院批准的财政性资金。

(二) 免税收入

(1) 国债利息收入。为鼓励企业积极购买国债，支援国家建设，税法规定，企业因购买国债所得的利息收入，免征企业所得税。

(2) 符合条件的居民企业之间的股息、红利等权益性收益。这是指居民企业直接投资于其他居民企业取得的投资收益。

(3) 在中国境内设立机构、场所的非居民企业从居民企业取得与该机构、场所有实际联系的股息、红利等权益性投资收益。该收益不包括连续持有居民企业公开发行并上市流通的股票不足12个月取得的投资收益。

三、扣除原则和范围

(一) 税前扣除项目的原则

企业申报的扣除项目和金额要真实、合法。所谓真实，是指能提供证明有关支出确属已经实际发生；合法是指符合国家税法的规定，若其他法规规定与税收法规规定不一致，应以税收法规的规定为标准。除税收法规另有规定外，税前扣除一般应遵循以下原则：

（1）权责发生制原则。是指企业费用应在发生的所属期扣除，而不是在实际支付时确认扣除。

（2）配比原则。是指企业发生的费用应当与收入配比扣除。除特殊规定外，企业发生的费用不得提前或滞后申报扣除。

（3）相关性原则。企业可扣除的费用从性质和根源上必须与取得应税收入直接相关。

（4）确定性原则。即企业可扣除的费用不论何时支付，其金额必须是确定的。

（5）合理性原则。符合生产经营活动常规应当计入当期损益或者有关资产成本的必要和正常的支出。

（二）扣除项目的范围

《企业所得税法》规定，企业实际发生的与取得收入有关的、合理的支出，包括成本、费用、税金、损失和其他支出，准予在计算应纳税所得额时扣除。实际业务中，计算应纳税所得额时还应注意三方面的内容：（1）企业发生的支出应当区分收益性支出和资本性支出。收益性支出在发生当期直接扣除；资本性支出应当分期扣除或者计入有关资产成本，不得在发生当期直接扣除。（2）企业的不征税收入用于支出所形成的费用或者财产，不得扣除或者计算对应的折旧、摊销扣除。（3）除《企业所得税法》和实施条例另有规定外，企业实际发生的成本、费用、税金、损失和其他支出，不得重复扣除。

①成本。是指企业在生产经营活动中发生的销售成本、销货成本、业务支出以及其他耗费，即企业销售商品（产品、材料、下脚料、废料、废旧物资等）、提供劳务、转让固定资产、无形资产（包括技术转让）的成本。

企业必须将经营活动中发生的成本合理划分为直接成本和间接成本。直接成本是可直接计入有关成本计算对象或劳务的经营成本中的直接材料、直接人工等。间接成本是指多个部门为同一成本对象提供服务的共同成本，或者同一种投入可以制造、提供两种或两种以上的产品或劳务的联合成本。

直接成本可根据有关会计凭证、记录直接计入有关成本计算对象或劳务的经营成本中。间接成本必须根据与成本计算对象之间的因果关系、成本计算对象的产量等，以合理的方法分配计入有关成本计算对象中。

②费用。是指企业每一个纳税年度为生产、经营商品和提供劳务等所发生的销售（经营）费用、管理费用和财务费用。已经计入成本的有关费用除外。

销售费用是指应由企业负担的为销售商品而发生的费用，包括广告费、运输费、装卸费、包装费、展览费、保险费、销售佣金（能直接认定的进口佣金调整商品进价成本）、代销手续费、经营性租赁费及销售部门发生的差旅费、工资、福利费等费用。

管理费用是指企业的行政管理部门为管理组织经营活动提供各项支援性服务而发生的费用。

财务费用是指企业筹集经营性资金而发生的费用，包括利息净支出、汇兑净损失、金融机构手续费以及其他非资本化支出。

③税金。是指企业发生的除企业所得税和允许抵扣的增值税以外的企业缴纳的各项税金及其附加。即企业按规定缴纳的消费税、城市维护建设税、关税、资源税、土地增值税、房产税、车船使用税、土地使用税、印花税、教育费附加等产品销售税金及附加。这些已纳税金准予税前扣除。扣除的方式有两种：一是在发生当期扣除；二是在发生当期计入相关资产的成本，在以后各期分摊扣除。

④损失。是指企业在生产经营活动中发生的固定资产和存货的盘亏、毁损、报废损失，转让财产损失，呆账损失，坏账损失，自然灾害等不可抗力因素造成的损失以及其他损失。企业发生的损失减除责任人赔偿和保险赔款后的余额依照国务院财政、税务主管部门的规定扣除。

企业已经作为损失处理的资产，在以后纳税年度又全部收回或者部分收回时，应当计入当期收入。

⑤其他支出。是指除成本、费用、税金、损失外，企业在生产经营活动中发生的与生产经营活动有关的、合理的支出。

（三）扣除项目及其标准

在计算应纳税所得额时，下列项目可按照实际发生额或规定的标准扣除。

1. 工资、薪金支出

企业发生的合理的工资、薪金支出准予据实扣除。工资、薪金支出是企业每一纳税年度支付给本企业任职或与其有雇佣关系的员工的所有现金或非现金形式的劳动报酬，包括基本工资、资金、津贴、补贴、年终加薪、加班工资，以及与任职或者是受雇有关的其他支出。

2. 职工福利费、工会经费、职工教育经费

企业发生的职工福利费、工会经费、职工教育经费按标准扣除，未超过标准的按实际数扣除，超过标准的只能按标准扣除。

（1）企业发生的职工福利费支出，不超过工资、薪金总额14%的部分准予扣除。

（2）企业拨缴的工会经费，不超过工资、薪金总额2%的部分准予扣除。

（3）除国务院财政、税务主管部门另有规定外，企业发生的职工教育经费支出，不超过工资、薪金总额2.5%的部分准予扣除，超过部分准予结转以后

纳税年度扣除。

3. 社会保险费

（1）企业依照国务院有关主管部门或者省级人民政府规定的范围和标准为职工缴纳的“五险一金”，即基本养老保险费、基本医疗保险费、失业保险费、工伤保险费、生育保险费等基本社会保险费和住房公积金，准予扣除。

（2）企业为投资者或者职工支付的补充养老保险费、补充医疗保险费，在国务院财政、税务主管部门规定的范围和标准内，准予扣除。企业依照国家有关规定为特殊工种职工支付的人身安全保险费和符合国务院财政、税务主管部门规定可以扣除的商业保险费，准予扣除。

（3）企业参加财产保险，按照规定缴纳的保险费，准予扣除。企业为投资者或者职工支付的商业保险费，不得扣除。

4. 利息费用

企业在生产、经营活动中发生的利息费用，按下列规定扣除：

（1）非金融企业向金融企业借款的利息支出、金融企业的各项存款利息支出和同业拆借利息支出、企业经批准发行债券的利息支出可据实扣除。

（2）非金融企业向非金融企业借款的利息支出，不超过按照金融企业同期同类贷款利率计算的数额的部分可据实扣除，超过部分不许扣除。

其中，所谓金融机构，是指各类银行、保险公司及经中国人民银行批准从事金融业务的非银行金融机构。包括国家专业银行、区域性银行、股份制银行、外资银行、中外合资银行以及其他综合性银行；还包括全国性保险企业、区域性保险企业、股份制保险企业、中外合资保险企业以及其他专业性保险企业；城市、农村信用社、各类财务公司以及其他从事信托投资、租赁等业务的专业和综合性非银行金融机构。非金融机构，是指除上述金融机构以外的所有企业、事业单位以及社会团体等企业或组织。

5. 借款费用

（1）企业在生产经营活动中发生的合理的不需要资本化的借款费用，准予扣除。

（2）企业为购置、建造固定资产、无形资产和经过 12 个月以上的建造才能达到预定可销售状态的存货发生借款的，在有关资产购置、建造期间发生的合理的借款费用，应予以资本化，作为资本性支出计入有关资产的成本；有关资产交付使用后发生的借款利息，可在发生当期扣除。

6. 汇兑损失

企业在货币交易中，以及纳税年度终了时将人民币以外的货币性资产、负债按照期末即期人民币汇率中间价折算为人民币时产生的汇兑损失除已经计入有关资产成本以及与向所有者进行利润分配相关的部分外，准予扣除。

7. 业务招待费

企业发生的与生产经营活动有关的业务招待费支出，按照发生额的 60% 扣除，但最高不得超过当年销售（营业）收入的 5‰。

8. 广告费和业务宣传费

企业发生的符合条件的广告费和业务宣传费支出除国务院财政、税务主管部门另有规定外，不超过当年销售（营业）收入 15% 的部分，准予扣除；超过部分，准予结转以后纳税年度扣除。

企业申报扣除的广告费支出应与赞助支出严格区分。企业申报扣除的广告费支出，必须符合下列条件：广告是通过工商部门批准的专门机构制作的；已实际支付费用，并已取得相应发票；通过一定的媒体传播。

9. 环境保护专项资金

企业依照法律、行政法规有关规定提取的用于环境保护、生态恢复等方面的专项资金，准予扣除。上述专项资金提取后改变用途的，不得扣除。

10. 保险费

企业参加财产保险，按照规定缴纳的保险费，准予扣除。

11. 租赁费

企业根据生产经营活动的需要租入固定资产支付的租赁费，按照以下方法扣除：

（1）以经营租赁方式租入固定资产发生的租赁费支出，按照租赁期限均匀扣除。经营性租赁是指所有权不转移的租赁。

（2）以融资租赁方式租入固定资产发生的租赁费支出，按照规定构成融资租入固定资产价值的部分应当提取折旧费用分期扣除。融资租赁是指在实质上转移与一项资产所有权有关的全部风险和报酬的一种租赁。

12. 劳动保护费

企业发生的合理的劳动保护支出，准予扣除。

13. 公益性捐赠支出

公益性捐赠，是指企业通过公益性社会团体或者县级以上人民政府及其部门，用于《中华人民共和国公益事业捐赠法》规定的公益事业的捐赠。

企业发生的公益性捐赠支出，不超过年度利润总额 12% 的部分，准予扣除。年度利润总额，是指企业依照国家统一会计制度的规定计算的年度会计利润。

14. 有关资产的费用

企业转让各类固定资产发生的费用，允许扣除。企业按规定计算的固定资产折旧费、无形资产和递延资产的摊销费，准予扣除。

15. 总机构分摊的费用

非居民企业在中国境内设立的机构、场所，就其中国境外总机构发生的与该机构、场所生产经营有关的费用，能够提供总机构出具的费用汇集范围、定额、分配依据和方法等证明文件，并合理分摊的，准予扣除。

16. 资产损失

企业当期发生的固定资产和流动资产盘亏、毁损净损失，由其提供清查盘存资料经主管税务机关审核后，准予扣除；企业因存货盘亏、毁损、报废等原因不得从销项税金中抵扣的进项税金，应视同企业财产损失，准予与存货损失一起在所得税前按规定扣除。

17. 依照有关法律、行政法规和国家有关税法规定准予扣除的其他项目

如会员费、合理的会议费、差旅费、违约金、诉讼费用等。

四、不得扣除的项目

在计算应纳税所得额时，下列支出不得扣除：

（1）向投资者支付的股息、红利等权益性投资收益款项。

（2）企业所得税税款。

（3）税收滞纳金，是指纳税人违反税收法规，被税务机关处以的滞纳金。

（4）罚金、罚款和被没收财物的损失，是指纳税人违反国家有关法律、法规规定，被有关部门处以的罚款，以及被司法机关处以的罚金和被没收财物。

（5）超过规定标准的捐赠支出。

（6）赞助支出，是指企业发生的与生产经营活动无关的各种非广告性质支出。

（7）未经核定的准备金支出，是指不符合国务院财政、税务主管部门规定的各项资产减值准备、风险准备等准备金支出。

（8）企业之间支付的管理费、企业内营业机构之间支付的租金和特许权使用费，以及非银行企业内营业机构之间支付的利息，不得扣除。

（9）与取得收入无关的其他支出。

五、亏损弥补

亏损是指企业依照《企业所得税法》和实施条例的规定，将每一纳税年度的收入总额减除不征税收入、免税收入和各项扣除后小于零的数额。税法规定，企业某一纳税年度发生的亏损可以用下一年度的所得弥补，下一年度的所得不足以弥补的，可以逐年延续弥补，但最长不得超过 5 年。而且，企业在汇总计算缴纳企业所得税时，其境外营业机构的亏损不得抵减境内营业机构的盈利。

第五节　资产的税务处理

资产是由于资本投资而形成的财产，对于资本性支出以及无形资产受让、开办、开发费用，是不允许作为成本、费用从纳税人的收入总额中做一次性扣除的，只能采取分次计提折旧或分次摊销的方式予以扣除。即纳税人经营活动中使用的固定资产的折旧费用、无形资产和长期待摊费用的摊销费用可以扣除。

税法规定，纳入税务处理范围的资产形式主要有固定资产、生物资产、无形资产、长期待摊费用、投资资产、存货等，均以历史成本为计税基础。历史成本是指企业取得该项资产时实际发生的支出。企业持有各项资产期间资产增值或者减值，除国务院财政、税务主管部门规定可以确认损益外，不得调整该资产的计税基础。

一、固定资产的税务处理

固定资产是指企业为生产产品、提供劳务、出租或者经营管理而持有的、使用时间超过 12 个月的非货币性资产，包括房屋、建筑物、机器、机械、运输工具以及其他与生产经营活动有关的设备、器具、工具等。

（一）固定资产计税基础

（1）外购的固定资产，以购买价款和支付的相关税费以及直接归属于使该资产达到预定用途发生的其他支出为计税基础；

（2）自行建造的固定资产，以竣工结算前发生的支出为计税基础；

（3）融资租入的固定资产，以租赁合同约定的付款总额和承租人在签订租赁合同过程中发生的相关费用为计税基础，租赁合同未约定付款总额的，以该资产的公允价值和承租人在签订租赁合同过程中发生的相关费用为计税基础；

（4）盘盈的固定资产，以同类固定资产的重置完全价值为计税基础；

（5）通过捐赠、投资、非货币性资产交换、债务重组等方式取得的固定资产，以该资产的公允价值和支付的相关税费为计税基础；

（6）改建的固定资产除已足额提取折旧的固定资产和租入的固定资产以外的其他固定资产，以改建过程中发生的改建支出增加计税基础。

（二）固定资产折旧的范围

在计算应纳税所得额时，企业按照规定计算的固定资产折旧，准予扣除。下列固定资产不得计算折旧扣除：

（1）房屋、建筑物以外未投入使用的固定资产；

（2）以经营租赁方式租入的固定资产；

（3）以融资租赁方式租出的固定资产；

（4）已足额提取折旧仍继续使用的固定资产；

（5）与经营活动无关的固定资产；

（6）单独估价作为固定资产入账的土地；

（7）其他不得计算折旧扣除的固定资产。

（三）固定资产折旧的计提方法

（1）企业应当自固定资产投入使用月份的次月起计算折旧；停止使用的固定资产，应当自停止使用月份的次月起停止计算折旧。

（2）企业应当根据固定资产的性质和使用情况，合理确定固定资产的预计净残值。固定资产的预计净残值一经确定，不得变更。

（3）固定资产按照直线法计算的折旧，准予扣除。

（四）固定资产折旧的计提年限

除国务院财政、税务主管部门另有规定外，固定资产计算折旧的最低年限如下：

（1）房屋、建筑物，为20年；

（2）飞机、火车、轮船、机器、机械和其他生产设备，为10年；

（3）与生产经营活动有关的器具、工具、家具等，为5年；

（4）飞机、火车、轮船以外的运输工具，为4年；

（5）电子设备，为3年。

从事开采石油、天然气等矿产资源的企业，在开始商业性生产前发生的费用和有关固定资产的折耗、折旧方法，由国务院财政、税务主管部门另行规定。

二、生物资产的税务处理

生物资产是指有生命的动物和植物。生物资产分为消耗性生物资产、生产性生物资产和公益性生物资产。消耗性生物资产，是指为出售而持有的，或在将来收获为农产品的生物资产，包括生长中的农田作物、蔬菜、用材林以及存栏待售的牲畜等。生产性生物资产，是指为产出农产品、提供劳务或出租等目的而持有的生物资产，包括经济林、薪炭林、产畜和役畜等。公益性生物资产，是指以防护、环境保护为主要目的的生物资产，包括防风固沙林、水土保持林和水源涵养林等。

（一）生物资产的计税基础

生产性生物资产按照以下方法确定计税基础。

（1）外购的生产性生物资产，以购买价款和支付的相关税费为计税基础；

（2）通过捐赠、投资、非货币性资产交换、债务重组等方式取得的生产性生物资产，以该资产的公允价值和支付的相关税费为计税基础。

（二）生物资产的折旧方法和折旧年限

生产性生物资产按照直线法计算的折旧，准予扣除。企业应当自生产性生物资产投入使用月份的次月起计算折旧；停止使用的生产性生物资产，应当自停止使用月份的次月起停止计算折旧。

企业应当根据生产性生物资产的性质和使用情况，合理确定生产性生物资产的预计净残值。生产性生物资产的预计净残值一经确定，不得变更。

生产性生物资产计算折旧的最低年限如下：

（1）林木类生产性生物资产，为 10 年；

（2）畜类生产性生物资产，为 3 年。

三、无形资产的税务处理

无形资产是指企业长期使用，但没有实物形态的资产，包括专利权、商标权、著作权、土地使用权、非专利技术、商誉等。

（一）无形资产的计税基础

无形资产按照以下方法确定计税基础：

（1）外购的无形资产，以购买价款和支付的相关税费以及直接归属于使该资产达到预定用途发生的其他支出为计税基础；

（2）自行开发的无形资产，以开发过程中该资产符合资本化条件后至达到预定用途前发生的支出为计税基础；

（3）通过捐赠、投资、非货币性资产交换、债务重组等方式取得的无形资产，以该资产的公允价值和支付的相关税费为计税基础。

（二）无形资产摊销的范围

在计算应纳税所得额时，企业按照规定计算的无形资产摊销费用，准予扣除。

下列无形资产不得计算摊销费用扣除：

（1）自行开发的支出已在计算应纳税所得额时扣除的无形资产；

（2）自创商誉；

（3）与经营活动无关的无形资产；

（4）其他不得计算摊销费用扣除的无形资产。

（三）无形资产的摊销方法及年限

无形资产的摊销，采取直线法计算。无形资产的摊销年限不得低于 10 年。作为投资或者受让的无形资产有关法律规定或者合同约定了使用年限的，可以按照规定或者约定的使用年限分期摊销。外购商誉的支出，在企业整体转让或者清算时，准予扣除。

四、长期待摊费用的税务处理

长期待摊费用是指企业发生的应在一个年度以上或几个年度进行摊销的费用。在计算应纳税所得额时，企业发生的下列支出作为长期待摊费用，按照规定摊销的，准予扣除：

（1）已足额提取折旧的固定资产的改建支出；

（2）租入固定资产的改建支出；

（3）固定资产的大修理支出；

（4）其他应当作为长期待摊费用的支出。

企业的固定资产修理支出可在发生当期直接扣除。企业的固定资产改良支出，如果有关固定资产尚未提足折旧，可增加固定资产价值；如有关固定资产已提足折旧，可作为长期待摊费用，在规定的期间内平均摊销。

固定资产的改建支出，是指改变房屋或者建筑物结构、延长使用年限等发生的支出。已足额提取折旧的固定资产的改建支出，按照固定资产预计尚可使用年限分期摊销；租入固定资产的改建支出，按照合同约定的剩余租赁期限分期摊销；改建的固定资产延长使用年限的，除已足额提取折旧的固定资产、租入固定资产的改建支出外，其他的固定资产发生改建支出，应当适当延长折旧年限。

大修理支出，按照固定资产尚可使用年限分期摊销。

税法所指固定资产的大修理支出，是指同时符合下列条件的支出：

（1）修理支出达到取得固定资产时的计税基础 50% 以上；

（2）修理后固定资产的使用年限延长 2 年以上。

其他应当作为长期待摊费用的支出，自支出发生月份的次月起，分期摊销，摊销年限不得低于 3 年。

五、存货的税务处理

存货是指企业持有以备出售的产品或者商品、处在生产过程中的在产品、在生产或者提供劳务过程中耗用的材料和物料等。

（一）存货的计税基础

存货按照以下方法确定成本：

（1）通过支付现金方式取得的存货，以购买价款和支付的相关税费为成本；

（2）通过支付现金以外的方式取得的存货，以该存货的公允价值和支付的相关税费为成本；

（3）生产性生物资产收获的农产品，以产出或者采收过程中发生的材料费、人工费和分摊的间接费用等必要支出为成本。

（二）存货的成本计算方法

企业使用或者销售的存货的成本计算方法，可以在先进先出法、加权平均法、个别计价法中选用一种。计价方法一经选用，不得随意变更。

企业转让以上资产，在计算应纳税所得额时，资产的净值允许扣除。其中，资产的净值是指有关资产、财产的计税基础减除已经按照规定扣除的折旧、折耗、摊销、准备金等后的余额。

除国务院财政、税务主管部门另有规定外，企业在重组过程中，应当在交易发生时确认有关资产的转让所得或者损失，相关资产应当按照交易价格重新确定计税基础。

六、投资资产的税务处理

投资资产是指企业对外进行权益性投资和债权性投资而形成的资产。

（一）投资资产的成本

投资资产按以下方法确定投资成本：

（1）通过支付现金方式取得的投资资产，以购买价款为成本；

（2）通过支付现金以外的方式取得的投资资产，以该资产的公允价值和支付的相关税费为成本。

（二）投资资产成本的扣除方法

企业对外投资期间，投资资产的成本在计算应纳税所得额时不得扣除，企业在转让或者处置投资资产时，投资资产的成本准予扣除。

七、税法规定与会计规定差异的处理

税法规定与会计规定差异的处理是指企业在财务会计核算中与税法规定不一致的，应当依照税法规定予以调整。即企业在平时进行会计核算时，可以按会计制度的有关规定进行账务处理，但在申报纳税时，对税法规定和会计制度规定有差异的，要按税法规定进行纳税调整。

（1）企业不能提供完整、准确的收入及成本、费用凭证，不能正确计算应纳税所得额的，由税务机关核定其应纳税所得额。

（2）企业依法清算时，以其清算终了后的清算所得为应纳税所得额，按规定缴纳企业所得税。所谓清算所得，是指企业清算时的全部资产或者财产扣除各项清算费用、损失、负债、企业未分配利润、公益金和公积金后的余额，超过实缴资本的部分。

（3）企业应纳税所得额是根据税收法规计算出来的，它在数额上与依据财务会计制度计算的利润总额往往不一致。因此，税法规定：对企业按照有关财务会计规定计算的利润总额，要按照税法的规定进行必要调整后才能作为应纳税所得额计算缴纳所得税。

第六节 企业所得税应纳税额的计算

一、居民企业应纳税额的计算

居民企业应缴纳所得税额等于应纳税所得额乘以适用税率，其基本计算公式为：

应纳税额=应纳税所得额×适用税率-减免税额-抵免税额

根据计算公式可以看出，应纳税额的多少，主要取决于应纳税所得额和适用税率这两个因素。

在实际业务中，应纳税所得额的计算一般有两种方法。

（一）直接计算法

在直接计算法下，企业每一纳税年度的收入总额减除不征税收入、免税收入、各项扣除以及允许弥补的以前年度亏损后的余额为应纳税所得额。计算公式与前述相同，即为：

应纳税所得额=收入总额-不征税收入-免税收入-各项扣除金额-弥补亏损

（二）间接计算法

在间接计算法下，在会计利润总额的基础上加计或减计按照税法规定调整的项目金额后，即为应纳税所得额。计算公式为：

应纳税所得额=会计利润总额±纳税调整项目金额

纳税调整项目金额包括两方面的内容：

一是企业的财务会计处理和税收规定不一致应予以调整的金额；

二是企业按税法规定准予扣除的税收金额。

【例5-1】某企业为居民企业，2018年发生经营业务如下：

（1）取得产品销售收入4000万元；

（2）发生产品销售成本2600万元；

（3）发生销售费用770万元（其中广告费650万元），管理费用480万元（其中业务招待费25万元），财务费用60万元；

（4）销售税金160万元（含增值税120万元）；

（5）营业外收入80万元，营业外支出50万元（含通过公益性社会团体向贫困山区捐款30万元，支付税收滞纳金6万元）；

（6）计入成本、费用中的实发工资总额200万元、拨缴职工工会经费5万元、发生职工福利费31万元、发生职工教育经费7万元。

请计算该企业2018年度实际应纳的企业所得税。

【解析】

（1）会计利润总额=4000+80-2600-770-480-60-40-50=80（万元）

（2）广告费和业务宣传费调增所得额=650-4000×15%=650-600=50（万元）

（3）业务招待费调增所得额=25-25×60%=25-15=10（万元）

4000×5‰=20（万元）>25×60%=15（万元）

（4）捐赠支出应调增所得额=30-80×12%=20.4（万元）

（5）工会经费应调增所得额=5-200×2%=1（万元）

（6）职工福利费应调增所得额=31-200×14%=3（万元）

（7）职工教育经费应调增所得额=7-200×2.5%=2（万元）

（8）应纳税所得额=80+50+10+20.4+6+1+3+2=172.4（万元）

（9）2018年应缴企业所得税=172.4×25%=43.1（万元）

【例5-2】某工业企业为居民企业，2018年发生经营业务如下：全年取得产品销售收入为5600万元，发生产品销售成本4000万元；其他业务收入800万元，其他业务成本660万元；取得购买国债的利息收入40万元；缴纳非增值税销售税金及附加300万元；发生的管理费用760万元，其中新技术的研究开发费用为60万元、业务招待费用70万元；发生财务费用200万元；取得直接投资其他居民企业的权益性收益34万元（已在投资方所在地按15%的税率缴纳了所得税），取得营业外收入100万元，发生营业外支出250万元（其中含公益捐赠38万元）。

请计算该企业2018年应纳的企业所得税。

【解析】

（1）利润总额=5600+800+40+34+100-4000-660-300-760-200-250
=370（万元）

（2）国债利息收入免征企业所得税，应调减所得额40万元。

（3）技术开发费调减所得额=60×50%=30（万元）

（4）按实际发生业务招待费的60%计算=70×60%=42（万元）

按销售（营业）收入的5‰计算=(5600+800)×5‰=32（万元）

按照规定税前扣除限额应为32万元，实际应调增应纳税所得额=70-32=38（万元）

（5）取得直接投资其他居民企业的权益性收益属于免税收入，应调减应纳税所得额34万元。

（6）捐赠扣除标准=370×12%=44.4（万元）

实际捐赠额 38 万元小于扣除标准 44.4 万元，可按实捐数扣除，不做纳税调整。

（7）应纳税所得额 = 370−40−30+38−34 = 304（万元）

（8）该企业 2018 年应缴纳企业所得税 = 304×25% = 76（万元）

二、境外所得抵扣税额的计算

企业取得的下列所得已在境外缴纳的所得税税额，可以从其当期应纳税额中抵免，抵免限额为该项所得依照税法规定计算的应纳税额；超过抵免限额的部分，可以在以后 5 个年度内，用每年度抵免限额抵免当年应抵税额后的余额进行抵补：

（1）居民企业来源于中国境外的应税所得；

（2）非居民企业在中国境内设立机构、场所，取得发生在中国境外但与该机构、场所有实际联系的应税所得。

居民企业从其直接或者间接控制的外国企业分得的来源于中国境外的股息、红利等权益性投资收益，外国企业在境外实际缴纳的所得税税额中属于该项所得负担的部分，可以作为该居民企业的可抵免境外所得税税额，在税法规定的抵免限额内抵免。

直接控制，是指居民企业直接持有外国企业 20% 以上股份。

间接控制，是指居民企业以间接持股方式持有外国企业 20% 以上股份，具体认定办法由国务院财政、税务主管部门另行制定。

已在境外缴纳的所得税税额，是指企业来源于中国境外的所得依照中国境外税收法律以及相关规定应当缴纳并已经实际缴纳的企业所得税性质的税款。企业依照《企业所得税法》的规定抵免企业所得税税额时，应当提供中国境外税务机关出具的税款所属年度的有关纳税凭证。

抵免限额，是指企业来源于中国境外的所得，依照《企业所得税法》和实施条例的规定计算的应纳税额。除国务院财政、税务主管部门另有规定外，该抵免限额应当分国（地区）不分项计算，计算公式为：

抵免限额 = 中国境内、境外所得依照企业所得税法和条例规定计算的应纳税总额×来源于某国（地区）的应纳税所得额÷中国境内、境外应纳税所得总额

前述 5 个年度，是指从企业取得的来源于中国境外的所得，已经在中国境外缴纳的企业所得税性质的税额超过抵免限额的当年的次年起连续 5 个纳税年度。

【例 5-3】 某企业 2018 年度境内应纳税所得额为 100 万元，适用 25% 的企业所得税税率。另外，该企业分别在 A、B 两国设有分支机构（我国与 A、B 两国已经缔结避免双重征税协定），在 A 国分支机构的应纳税所得额为 50 万元，A 国税率为

20%；在 B 国的分支机构的应纳税所得额为 30 万元，B 国税率为 30%。假设该企业在 A、B 两国所得按我国税法计算的应纳税所得额和按 A、B 两国税法计算的应纳税所得额一致，两个分支机构在 A、B 两国分别缴纳了 10 万元和 9 万元的企业所得税。

请计算该企业汇总时在我国应缴纳的企业所得税税额。

【解析】

（1）该企业按我国税法计算的境内、境外所得的应纳税额

应纳税额 =（100+50+30）×25% = 45（万元）

（2）A、B 两国的扣除限额

A 国扣除限额 = 45×[50÷（100+50+30）] = 12.5（万元）

B 国扣除限额 = 45×[30÷（100+50+30）] = 7.5（万元）

在 A 国缴纳的所得税为 10 万元，低于扣除限额 12.5 万元，可全额扣除。

在 B 国缴纳的所得税为 9 万元，高于扣除限额 7.5 万元，其超过扣除限额的部分 1.5 万元当年不能扣除。

（3）汇总时在我国应缴纳的所得税 = 45−10−7.5 = 27.5（万元）

三、非居民企业应纳税额的计算

对于在中国境内未设立机构、场所的，或者虽设立机构、场所但取得的所得与其所设机构、场所没有实际联系的非居民企业的所得，按照下列方法计算应纳税所得额：

（1）股息、红利等权益性投资收益和利息、租金、特许权使用费所得，以收入全额为应纳税所得额；

（2）转让财产所得，以收入全额减除财产净值后的余额为应纳税所得额；

（3）其他所得，参照前两项规定的方法计算应纳税所得额。

财产净值是指财产的计税基础减除已经按照规定扣除的折旧、折耗、摊销、准备金等后的余额。

确定非居民企业的应纳税所得额后，按适用税率计算其应缴纳的企业所得税税额。

第七节　企业所得税税收优惠

税收优惠指国家运用税收政策在税收法律、行政法规中规定对某一部分特定企业和课税对象给予减轻或免除税收负担的一种措施。税法规定的企业所得税的税收优惠方式包括免税、减税、加计扣除、加速折旧、减计收入、税额抵免等。

一、免征与减征优惠

企业的下列所得，可以免征、减征企业所得税；企业如果从事国家限制和禁止发展的项目，不得享受企业所得税优惠。

（一）从事农、林、牧、渔业项目的所得

企业从事农、林、牧、渔业项目的所得，包括免征和减征两部分。

1. 企业从事下列项目的所得，免征企业所得税

①蔬菜、谷物、薯类、油料、豆类、棉花、麻类、糖料、水果、坚果的种植；②农作物新品种的选育；③中药材的种植；④林木的培育和种植；⑤牲畜、家禽的饲养；⑥林产品的采集；⑦灌溉、农产品初加工、兽医、农技推广、农机作业和维修等农、林、牧、渔服务业项目；⑧远洋捕捞。

2. 企业从事下列项目的所得，减半征收企业所得税

①花卉、茶以及其他饮料作物和香料作物的种植；②海水养殖、内陆养殖。

（二）从事国家重点扶持的公共基础设施项目投资经营的所得

税法所称国家重点扶持的公共基础设施项目，是指《公共基础设施项目企业所得税优惠目录》规定的港口码头、机场、铁路、公路、电力、水利等项目。

企业从事国家重点扶持的公共基础设施项目的投资经营的所得，自项目取得第一笔生产经营收入所属纳税年度起，第一年至第三年免征企业所得税，第四年至第六年减半征收企业所得税。

企业承包经营、承包建设和内部自建自用上述规定的项目，不得享受上述企业所得税优惠。

（三）从事符合条件的环境保护、节能节水项目的所得

环境保护、节能节水项目的所得，自项目取得第一笔生产经营收入所属纳税年度起，第一年至第三年免征企业所得税，第四年至第六年减半征收企业所得税。

符合条件的环境保护、节能节水项目，包括公共污水处理、公共垃圾处理、沼气综合开发利用、节能减排技术改造、海水淡化等。项目的具体条件和范围由国务院财政、税务主管部门商国务院有关部门制定，报国务院批准后公布施行。

但是以上规定享受减免税优惠的项目，在减免税期限内转让的，受让方自受让之日起，可以在剩余期限内享受规定的减免税优惠；减免税期限届满后转让的，受让方不得就该项目重复享受减免税优惠。

（四）符合条件的技术转让所得

税法所称符合条件的技术转让所得免征、减征企业所得税，是指一个纳税年度内，居民企业转让技术所有权所得不超过 500 万元的部分，免征企业所得税；超过 500 万元的部分，减半征收企业所得税。

二、高新技术企业优惠

国家需要重点扶持的高新技术企业减按15%的税率征收企业所得税。

国家需要重点扶持的高新技术企业，是指拥有核心自主知识产权，并同时符合下列条件的企业：

（1）产品（服务）属于《国家重点支持的高新技术领域》规定的范围；

（2）研究开发费用占销售收入的比例不低于规定比例；

（3）高新技术产品（服务）收入占企业总收入的比例不低于规定比例；

（4）科技人员占企业职工总数的比例不低于规定比例；

（5）高新技术企业认定管理办法规定的其他条件。

《国家重点支持的高新技术领域》和高新技术企业认定管理办法由国务院科技、财政、税务主管部门商国务院有关部门制定，报国务院批准后公布施行。

三、小型微利企业优惠

小型微利企业减按20%的税率征收企业所得税。

为进一步支持小型微利企业的发展，基于企业所得税法实施条例、财税〔2017〕43号文件和2017年第23号国家税务总局公告，在2018年7月11日颁布的财税〔2018〕77号文件中，就小型微利企业所得税政策调整如下：

自2018年1月1日至2020年12月31日，将小型微利企业的年应纳税所得额上限由50万元提高至100万元，对年应纳税所得额低于100万元（含100万元）的小型微利企业，其所得减按50%计入应纳税所得额，按20%的税率缴纳企业所得税。

此处所指的小型微利企业，是指从事国家非限制和禁止行业，并符合下列条件的企业：

（1）工业企业，年度应纳税所得额不超过100万元，从业人数不超过100人，资产总额不超过3000万元；

（2）其他企业，年度应纳税所得额不超过100万元，从业人数不超过80人，资产总额不超过1000万元。

这里的从业人数包括与企业建立劳动关系的职工人数和企业接受的劳务派遣用工人数。

从业人数和资产总额指标，应按企业全年的季度平均值确定。

四、加计扣除优惠

加计扣除优惠包括以下两项内容：

（一）研究开发费

为进一步激励企业加大研发投入，支持科技创新，在2018年9月20日颁布的财税〔2018〕99号文件中将企业研究开发费用（以下简称研发费用）税前加计扣除比例进行了提高，具体为：企业开展研发活动中实际发生的研发费用，未形成无形资产计入当期损益的，在按规定据实扣除的基础上，在2018年1月1日至2020年12月31日期间，再按照实际发生额的75%在税前加计扣除；形成无形资产的，在上述期间按照无形资产成本的175%在税前摊销。

（二）企业安置残疾人员所支付的工资

这是指企业安置残疾人员的，在按照支付给残疾职工工资据实扣除的基础上，再按照支付给残疾职工工资的100%加计扣除。残疾人员的范围适用《中华人民共和国残疾人保障法》的有关规定。企业安置国家鼓励安置的其他就业人员所支付的工资的加计扣除办法，由国务院另行规定。

五、创投企业优惠

创业投资企业从事国家需要重点扶持和鼓励的创业投资，可以按投资额的一定比例抵扣应纳税所得额。

创投企业优惠是指创业投资企业采取股权投资方式投资于未上市的中小高新技术企业2年以上的，可以按照其投资额的70%在股权持有满2年的当年抵扣该创业投资企业的应纳税所得额；当年不足抵扣的，可以在以后纳税年度结转抵扣。

例如，甲企业2017年1月1日向乙企业（未上市的中小高新技术企业）投资100万元，股权持有到2018年12月31日。甲企业2018年度可抵扣的应纳税所得额为70万元。

六、加速折旧优惠

企业的固定资产由于技术进步等原因，确需加速折旧的，可以缩短折旧年限或者采取加速折旧的方法。可采用以上折旧方法的固定资产是指：

（1）由于技术进步产品更新换代较快的固定资产；

（2）常年处于强震动、高腐蚀状态的固定资产。

采取缩短折旧年限方法的最低折旧年限不得低于规定折旧年限的60%；可供选用的加速折旧法主要是双倍余额递减法和年数总和法。

七、减计收入优惠

减计收入优惠是指企业因综合利用资源、生产符合国家产业政策规定的产品所取得的收入，可以在计算应纳税所得额时减计收入。

综合利用资源指企业以《资源综合利用企业所得税优惠目录》规定的资源作为主要原材料，生产国家非限制和禁止并符合国家和行业相关标准的产品取得的收入，减按90%计入收入总额。

上述所称原材料占生产产品材料的比例不得低于《资源综合利用企业所得税优惠目录》规定的标准。

八、税额抵免优惠

税额抵免，是指企业购置并实际使用《环境保护专用设备企业所得税优惠目录》《节能节水专用设备企业所得税优惠目录》和《安全生产专用设备企业所得税优惠目录》规定的环境保护、节能节水、安全生产等专用设备的，该专用设备的投资额的10%可以从企业当年的应纳税额中抵免；当年不足抵免的，可以在以后5个纳税年度结转抵免。

享受优惠的企业，应当实际购置并自身实际投入使用规定的专用设备；企业购置上述专用设备在5年内转让、出租的，应当停止享受企业所得税优惠，并补缴已经抵免的企业所得税税款。

企业所得税优惠目录，由国务院财政、税务主管部门商国务院有关部门制定，报国务院批准后公布施行。

企业同时从事适用不同企业所得税待遇的项目的，其优惠项目应当单独计算所得，并合理分摊企业的期间费用；没有单独计算的，不得享受企业所得税优惠。

九、民族自治地方的优惠

民族自治地方的自治机关对本民族自治地方的企业应缴纳的企业所得税中属于地方分享的部分，可以决定减征或者免征。自治州、自治县决定减征或者免征的，须报省、自治区、直辖市人民政府批准。

《企业所得税法》所称民族自治地方，是指依照《中华人民共和国民族区域自治法》的规定，实行民族区域自治的自治区、自治州、自治县。

对民族自治地方内国家限制和禁止行业的企业，不得减征或者免征企业所得税。

民族自治地方在新税法实施前已经按照《财政部、国家税务总局、海关总署关于西部大开发税收优惠政策问题的通知》（财税〔2001〕202号）第二条第二款有关减免税规定批准享受减免企业所得税（包括减免中央分享企业所得税的部分）的，自2008年1月1日起计算，对减免税期限在5年以内（含5年）的，继续执行至期满后停止；对减免税期限超过5年的，从第6年起按新税法第二十九条规定执行。

十、非居民企业优惠

非居民企业减按10%的税率征收企业所得税。

这里的非居民企业是指在中国境内未设立机构、场所，或者虽设立机构、场所但取得的所得与其所设机构、场所没有实际联系的企业。

该类非居民企业取得下列所得免征企业所得税：

（1）外国政府向中国政府提供贷款取得的利息所得。

（2）国际金融组织向中国政府和居民企业提供优惠贷款取得的利息所得。

（3）经国务院批准的其他所得。

十一、其他有关行业的优惠

（一）关于鼓励软件产业和集成电路产业发展的优惠政策

（1）软件生产企业实行增值税即征即退政策所退还的税款，由企业用于研究开发软件产品和扩大再生产，不作为企业所得税应税收入，不予征收企业所得税。

（2）我国境内新办软件生产企业经认定后，自获利年度起，第一年和第二年免征企业所得税，第三年至第五年减半征收企业所得税。

（3）国家规划布局内的重点软件生产企业，当年未享受免税优惠的，减按10%的税率征收企业所得税。

（4）软件生产企业的职工培训费用，可按实际发生额在计算应纳税所得额时扣除。

（5）企事业单位购进软件，凡符合固定资产或无形资产确认条件的，可以按照固定资产或无形资产进行核算，经主管税务机关核准，其折旧或摊销年限可以适当缩短，最短可为2年。

（6）集成电路设计企业视同软件企业，享受上述软件企业的有关企业所得税政策。

（7）集成电路生产企业的生产性设备，经主管税务机关核准，其折旧年限可以适当缩短，最短可为3年。

（8）投资额超过80亿元人民币或集成电路线宽小于0.25微米的集成电路生产企业，可以减按15%的税率缴纳企业所得税，其中，经营期在15年以上的，从开始获利的年度起，第一年至第五年免征企业所得税，第六年至第十年减半征收企业所得税。

（9）对生产线宽小于0.8微米（含）集成电路产品的生产企业，经认定后，自获利年度起，第一年和第二年免征企业所得税，第三年至第五年减半征收企业所得税。

已经享受自获利年度起企业所得税“两免三减半”政策的企业不再重复执行本条规定。

（二）关于鼓励证券投资基金发展的优惠政策

（1）对证券投资基金从证券市场中取得的收入，包括买卖股票、债券的差价收入，股权的股息、红利收入，债券的利息收入及其他收入，暂不征收企业所得税。

（2）对投资者从证券投资基金分配中取得的收入，暂不征收企业所得税。

（3）对证券投资基金管理人运用基金买卖股票、债券的差价收入，暂不征收企业所得税。

十二、设备、器具扣除方面的优惠政策

根据《中华人民共和国企业所得税法》及其实施条例（以下简称企业所得税法及其实施条例）、《财政部　税务总局关于设备　器具扣除有关企业所得税政策的通知》（财税〔2018〕54号）规定，在2018年8月23日颁布的2018年第46号国家税务总局公告中对企业所得税计算中的设备、器具扣除问题给出了新的规定，具体如下：

（一）单位价值不超过500万元的固定资产

企业在2018年1月1日至2020年12月31日期间新购进的设备、器具，单位价值不超过500万元的，允许一次性计入当期成本费用在计算应纳税所得额时扣除，不再分年度计算折旧（以下简称一次性税前扣除政策）。

此处的设备、器具，是指除房屋、建筑物以外的固定资产（以下简称固定资产）；所称购进，包括以货币形式购进或自行建造，其中以货币形式购进的固定资产包括购进的使用过的固定资产；以货币形式购进的固定资产，以购买价款和支付的相关税费以及直接归属于使该资产达到预定用途发生的其他支出确定单位价值，自行建造的固定资产，以竣工结算前发生的支出确定单位价值。

固定资产购进时点按以下原则确认：以货币形式购进的固定资产，除采取分期付款或赊销方式购进外，按发票开具时间确认；以分期付款或赊销方式购进的固定资产，按固定资产到货时间确认；自行建造的固定资产，按竣工结算时间确认。

固定资产在投入使用月份的次月所属年度一次性税前扣除。

企业选择享受一次性税前扣除政策的，其资产的税务处理可与会计处理不一致。

企业根据自身生产经营核算需要，可自行选择享受一次性税前扣除政策。未选择享受一次性税前扣除政策的，以后年度不得再变更。

企业按照《国家税务总局关于发布修订后的〈企业所得税优惠政策事项办理办法〉的公告》（国家税务总局公告2018年第23号）的规定办理享受政策

的相关手续，主要留存备查资料如下：

（1）有关固定资产购进时点的资料（如以货币形式购进固定资产的发票，以分期付款或赊销方式购进固定资产的到货时间说明，自行建造固定资产的竣工决算情况说明等）；

（2）固定资产记账凭证；

（3）核算有关资产税务处理与会计处理差异的台账。

（二）单位价值超过500万元的固定资产

单位价值超过500万元的固定资产，仍按照企业所得税法及其实施条例、《财政部　国家税务总局关于完善固定资产加速折旧企业所得税政策的通知》（财税〔2014〕75号）、《财政部　国家税务总局关于进一步完善固定资产加速折旧企业所得税政策的通知》（财税〔2015〕106号）、《国家税务总局关于固定资产加速折旧税收政策有关问题的公告》（国家税务总局公告2014年第64号）、《国家税务总局关于进一步完善固定资产加速折旧企业所得税政策有关问题的公告》（国家税务总局公告2015年第68号）等相关规定执行。

第八节　企业所得税源泉扣缴

一、扣缴义务人

（1）对非居民企业在中国境内未设立机构、场所的，或者虽设立机构、场所但取得的所得与其所设机构、场所没有实际联系的，应缴纳的所得税，实行源泉扣缴，以支付人为扣缴义务人。税款由扣缴义务人在每次支付或者到期应支付时，从支付或者到期应支付的款项中扣缴。

上述所称支付人，是指依照有关法律规定或者合同约定对非居民企业直接负有支付相关款项义务的单位或者个人。上述所称支付，包括现金支付、汇拨支付、转账支付和权益兑价支付等货币支付和非货币支付。上述所称到期应支付的款项，是指支付人按照权责发生制原则应当计入相关成本、费用的应付款项。

（2）对非居民企业在中国境内取得工程作业和劳务所得应缴纳的所得税，税务机关可以指定工程价款或者劳务费的支付人为扣缴义务人。

二、扣缴方法

（1）扣缴义务人扣缴税款时，按前述非居民企业计算方法计算税款。

（2）应当扣缴的所得税，扣缴义务人未依法扣缴或者无法履行扣缴义务的，由企业在所得发生地缴纳。企业未依法缴纳的，税务机关可以从该企业在中国境内其他收入项目的支付人应付的款项中，追缴该企业的应纳税款。

所得发生地，是指依照实施条例第七条规定的原则确定的所得发生地。在中国境内存在多处所得发生地的，由企业选择其中之一申报缴纳企业所得税。

该企业在中国境内其他收入，是指该企业在中国境内取得的其他各种来源的收入。

（3）税务机关在追缴该企业应纳税款时，应当将追缴理由、追缴数额、缴纳期限和缴纳方式等告知该企业。

（4）扣缴义务人每次代扣的税款，应当自代扣之日起7日内缴入国库，并向所在地的税务机关报送扣缴企业所得税报告表。

第九节　企业所得税特别纳税调整

一、调整范围

特别纳税调整的范围，是指企业与其关联方之间的业务往来，不符合独立交易原则而减少企业或者其关联方应纳税收入或者所得额的，税务机关有权按照合理方法调整。企业与其关联方共同开发、受让无形资产，或者共同提供、接受劳务发生的成本，在计算应纳税所得额时应当按照独立交易原则进行分摊。

上述所称独立交易原则，是指没有关联关系的交易各方，按照公平成交价格和营业常规进行业务往来遵循的原则。

（一）关联方

关联方是指与企业有下列关联关系之一的企业、其他组织或者个人，具体指：

（1）在资金、经营、购销等方面存在直接或者间接的控制关系；

（2）直接或者间接地同为第三者控制；

（3）在利益上具有相关联的其他关系。

（二）关联企业之间关联业务的税务处理

（1）企业与其关联方共同开发、受让无形资产，或者共同提供、接受劳务发生的成本，在计算应纳税所得额时应当按照独立交易原则进行分摊。

（2）企业与其关联方分摊成本时，应当按照成本与预期收益相配比的原则进行分摊，并在税务机关规定的期限内，按照税务机关的要求报送有关资料。

（3）企业与其关联方分摊成本时违反上述规定的，其自行分摊的成本不得在计算应纳税所得额时扣除。

（4）企业可以向税务机关提出与其关联方之间业务往来的定价原则和计算方法，税务机关与企业协商、确认后，达成预约定价安排。

预约定价安排，是指企业就其未来年度关联交易的定价原则和计算方法，向税务机关提出申请，与税务机关按照独立交易原则协商、确认后达成的协议。

（5）企业向税务机关报送年度企业所得税纳税申报表时应当就其与关联方之间的业务往来，附送年度关联业务往来报告表。

税务机关在进行关联业务调查时，企业及其关联方以及与关联业务调查有关的其他企业，应当按照规定提供相关资料。相关资料是指：

①与关联业务往来有关的价格、费用的制定标准、计算方法和说明等同期资料；

②关联业务往来所涉及的财产、财产使用权、劳务等的再销售（转让）价格或者最终销售（转让）价格的相关资料；

③与关联业务调查有关的其他企业应当提供的与被调查企业可比的产品价格、定价方式以及利润水平等资料；

④其他与关联业务往来有关的资料。

（6）由居民企业，或者由居民企业和中国居民控制的设立在实际税负明显低于25%的税率水平的国家（地区）的企业，并非由于合理的经营需要而对利润不做分配或者减少分配的，上述利润中应归属于该居民企业的部分，应当计入该居民企业的当期收入。

所指控制包括：

①居民企业或者中国居民直接或者间接单一持有外国企业10%以上有表决权的股份，且由该居民企业和中国居民共同持有该外国企业50%以上的股份；

②居民企业，或者居民企业和中国居民持股比例没有达到第①项规定的标准，但在股份、资金、经营、购销等方面对该外国企业构成实质控制。

③上述所指的实际税负明显偏低是指实际税负明显低于《企业所得税法》规定的25%税率的50%。

（7）企业从其关联方接受的债权性投资与权益性投资的比例超过规定标准而发生的利息支出，不得在计算应纳税所得额时扣除。企业间接从关联方接受的债权性投资，包括：

①关联方通过无关联第三方提供的债权性投资；

②无关联第三方提供的、由关联方担保且负有连带责任的债权性投资；

③其他间接从关联方接受的具有负债实质的债权性投资。

所称权益性投资，是指企业接受的不需要偿还本金和支付利息，投资人对企业净资产拥有所有权的投资。

（8）母子公司间提供服务支付费用有关企业所得税的处理。

①母公司为其子公司提供各种服务而发生的费用，应按照独立企业之间公平交易原则确定服务的价格作为企业正常的劳务费用进行税务处理。

母子公司未按照独立企业之间的业务往来收取价款的税务机关有权予以调整。

②母公司向其子公司提供各项服务，双方应签订服务合同或协议，明确规定提供服务的内容、收费标准及金额等，凡按合同或协议规定所发生的服务费，母公司应作为营业收入申报纳税；子公司作为成本费用在税前扣除。

③母公司向其多个子公司提供同类项服务，其收取的服务费可以采取分项签订合同或协议收取；也可以采取服务分摊协议的方式，即由母公司与各子公司签订服务费用分摊合同或协议，以母公司为其子公司提供服务所发生的实际费用并附加一定比例利润作为向子公司收取的总服务费，在各服务受益子公司（包括盈利企业、亏损企业和享受减免税企业）之间按《企业所得税法》第四十一条第二款规定合理分摊。

④母公司以管理费形式向子公司提取费用，子公司因此支付给母公司的管理费，不得在税前扣除。

⑤子公司申报税前扣除向母公司支付的服务费用，应向主管税务机关提供与母公司签订的服务合同或者协议等与税前扣除该项费用相关的材料。不能提供相关材料的，支付的服务费用不得税前扣除。

二、调整方法

税法规定，对关联企业所得不实的，调整方法如下：

（1）可比非受控价格法，是指按照没有关联关系的交易各方进行相同或者类似业务往来的价格进行定价的方法。

（2）再销售价格法，是指按照从关联方购进商品再销售给没有关联关系的交易方的价格，减除相同或者类似业务的销售毛利进行定价的方法。

（3）成本加成法，是指按照成本加合理的费用和利润进行定价的方法。

（4）交易净利润法，是指按照没有关联关系的交易各方进行相同或者类似业务往来取得的净利润水平确定利润的方法。

（5）利润分割法，是指将企业与其关联方的合并利润或者亏损在各方之间采用合理标准进行分配的方法。

(6) 其他符合独立交易原则的方法。

三、核定征收

企业不提供与其关联方之间业务往来资料，或者提供虚假、不完整资料，未能真实反映其关联业务往来情况的，税务机关有权依法核定其应纳税所得额。核定方法有：

(1) 参照同类或者类似企业的利润率水平核定；

(2) 按照企业成本加合理的费用和利润的方法核定；

(3) 按照关联企业集团整体利润的合理比例核定；

(4) 按照其他合理方法核定。

企业对税务机关按照前款规定的方法核定的应纳税所得额有异议的，应当提供相关证据，经税务机关认定后，调整核定的应纳税所得额。

四、加收利息

企业实施其他不具有合理商业目的的安排而减少其应纳税收入或者所得额的，税务机关有权按照合理方法调整。不具有合理商业目的是指以减少、免除或者推迟缴纳税款为主要目的。

税务机关依照规定进行特别纳税调整后，除了应当补征税款外，应按照国务院规定加收利息。

对应当补征的税款，自税款所属纳税年度的次年 6 月 1 日起至补缴税款之日止的期间，按日加收利息。加收的利息不得在计算应纳税所得额时扣除。

利息，应当按照税款所属纳税年度中国人民银行公布的与补税期间同期的人民币贷款基准利率加 5 个百分点计算。

企业依照《企业所得税法》规定，在报送年度企业所得税纳税申报表时，附送了年度关联业务往来报告表的，可以只按规定的人民币贷款基准利率计算利息。

企业与其关联方之间的业务往来，不符合独立交易原则，或者企业实施其他不具有合理商业目的的安排的，税务机关有权在该业务发生的纳税年度起 10 年内，进行纳税调整。

第十节 企业所得税征收管理与纳税申报

一、纳税地点

(1) 除税收法律、行政法规另有规定外，居民企业以企业登记注册地为纳税地点；但登记注册地在境外的，以实际管理机构所在地为纳税地点。企业注册登记地是指企业依照国家有关规定登记注册的住所地。

（2）居民企业在中国境内设立不具有法人资格的营业机构的，应当汇总计算并缴纳企业所得税。企业汇总计算并缴纳企业所得税时，应当统一核算应纳税所得额，具体办法由国务院财政、税务主管部门另行制定。

（3）非居民企业在中国境内设立机构、场所的，应当就其所设机构、场所取得的来源于中国境内的所得，以及发生在中国境外但与其所设机构、场所有实际联系的所得，以机构、场所所在地为纳税地点。非居民企业在中国境内设立两个或者两个以上机构、场所的，经税务机关审核批准，可以选择由其主要机构、场所汇总缴纳企业所得税。非居民企业经批准汇总缴纳企业所得税后，需要增设、合并、迁移、关闭机构、场所或者停止机构、场所业务的，应当事先由负责汇总申报缴纳企业所得税的主要机构、场所向其所在地税务机关报告；需要变更汇总缴纳企业所得税的主要机构、场所的依照前款规定办理。

（4）非居民企业在中国境内未设立机构、场所的或者虽设立机构、场所但取得的所得与其所设机构、场所没有实际联系的以扣缴义务人所在地为纳税地点。

（5）除国务院另有规定外，企业之间不得合并缴纳企业所得税。

二、纳税期限

企业所得税按年计征，分月或者分季预缴，年终汇算清缴，多退少补。

企业所得税的纳税年度，自公历 1 月 1 日起至 12 月 31 日止。企业在一个纳税年度的中间开业，或者由于合并、关闭等原因终止经营活动，使该纳税年度的实际经营期不足 12 个月的，应当以其实际经营期为一个纳税年度。企业清算时，应当以清算期间作为一个纳税年度。

自年度终了之日起 5 个月内，向税务机关报送年度企业所得税纳税申报表，并汇算清缴，结清应缴应退税款。

企业在年度中间终止经营活动的，应当自实际经营终止之日起 60 日内，向税务机关办理当期企业所得税汇算清缴。

三、纳税申报

按月或按季预缴的，应当自月份或者季度终了之日起 15 日内，向税务机关报送预缴企业所得税纳税申报表，预缴税款。

企业在报送企业所得税纳税申报表时应当按照规定附送财务会计报告和其他有关资料。

企业应当在办理注销登记前就其清算所得向税务机关申报并依法缴纳企业所得税。依照《企业所得税法》缴纳的企业所得税，以人民币计算。所得以人民币以外的货币计算的，应当折合成人民币计算并缴纳税款。

企业在纳税年度内无论盈利或者亏损，都应当依照《企业所得税法》第五十四条规定的期限，向税务机关报送预缴企业所得税纳税申报表、年度企业所得税纳税申报表、财务会计报告和税务机关规定应当报送的其他有关资料。

【本章小结】

企业所得税是以企业取得的生产经营所得和其他所得为征税对象所征收的一种税。企业所得税规范了国家与企业间的分配关系。本章首先介绍了企业所得税的概念及其在我国的改革历程，然后详细介绍了企业所得税的具体规定。因为企业所得税以企业或组织的全部应税所得为征税对象，而企业的具体情况又千差万别，这就使得企业所得税的具体规范非常详细且涉及面广泛。故而，为了能正确确定企业在特定期间的应纳税额，就必须准确地理解与掌握有关的基本规定。此外，为了促进企业发展，企业所得税的税收优惠政策涉及企业、行业和区域等方面，这部分内容对于企业所得税应纳税额的确定也非常重要。

第六章　个人所得税

【学习目标】

通过本章的学习，要求掌握以下知识点：

1. 了解个人所得税的定义与特点
2. 掌握个人所得税的构成要素
3. 掌握个人所得税应纳税额的计算
4. 了解个人所得税的征收管理

【知识框架图】

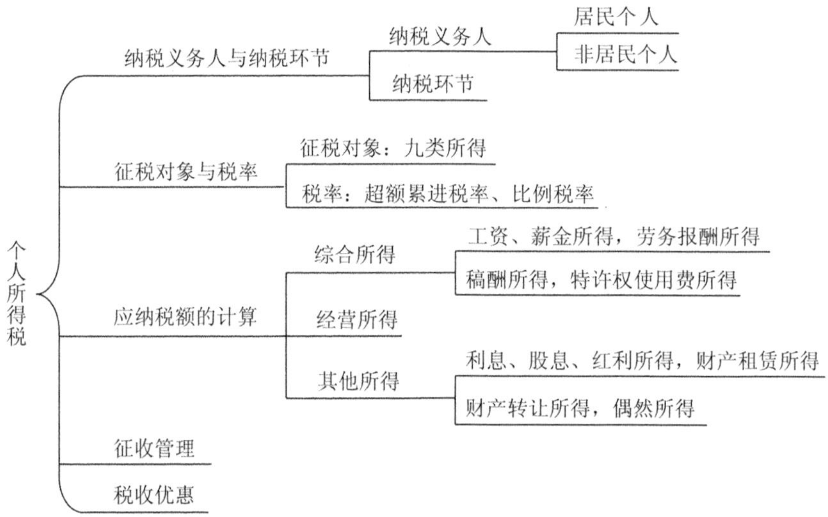

第一节　个人所得税基本原理

一、个人所得税的概念

个人所得税是以个人（自然人）取得的各项应税所得为征税对象所征收的一种税，是政府利用税收对个人收入进行调节的一种手段。个人所得税的征税对象不仅包括个人还包括具有自然人性质的企业。

个人所得税是世界各国普遍开征的一个税种，最早产生于 18 世纪的英国。很多国家个人所得税在全部税收收入总额中所占比重超过了其他的税种，成为政府重要的财政收入。

二、个人所得税的特点

个人所得税是世界各国普遍征收的一个税种，我国个人所得税主要有以下特点：

（一）实行分类征收

世界各国的个人所得税制大体可分为三种类型：分类所得税制、综合所得税制和混合所得税制。这三种税制各有所长，各国可根据本国具体情况选择、运用。我国现行个人所得税采用的是分类所得税制，即将个人取得的各种所得划分为 11 类，分别适用不同的费用减除规定、不同的税率和不同的计税方法。实行分类课征制度，可以广泛采用源泉扣缴办法，加强源泉控管，简化纳税手续，方便征纳双方。同时，还可以对不同所得实行不同的征税方法，便于体现国家的政策。

（二）累进税率与比例税率并用

分类所得税制一般采用比例税率，综合所得税制通常采用累进税率。比例税率计算简便，便于实行源泉扣缴；累进税率可以合理调节收入分配，体现公平。我国现行个人所得税根据各类个人所得的不同性质和特点，将这两种形式的税率综合运用于个人所得税制。其中，对于工资、薪金所得，个体工商户的生产、经营所得，对企事业单位的承包经营、承租经营所得，采用累进税率，实行量能负担。对劳务报酬、稿酬等其他所得，采用比例税率，实行等比负担。

（三）费用扣除额较宽

各国的个人所得税均有费用扣除的规定，只是扣除的方法及额度不尽相同。我国本着费用扣除从宽、从简的原则，采用定额扣除和定率扣除相结合的费用扣除方法。对工资、薪金所得，每月减除费用5000元；对劳务报酬等所得，每次收入不超过4000元的减除 800 元，每次收入4000元以上的减除 20% 的费用。按照这样的标准减除费用，实际上等于对绝大多数的工资、薪金所得予以免税或只征很少的税款，也使得提供一般劳务、取得中低劳务报酬所得的个人大多不用负担个人所得税。

（四）计算简便

我国个人所得税的费用扣除采取总额扣除法，免去了对个人实际生活费用支出逐项计算的麻烦；各种所得项目实行分类计算，并且具有明确的费用扣除规定，费用扣除项目及方法易于掌握，计算比较简单。

（五）采取课源制和申报制两种征纳方法

我国《个人所得税法》规定，对纳税人的应纳税额分别采取由支付单位源泉扣缴和纳税人自行申报两种方法。对凡是可以在应税所得的支付环节扣缴个人所得税的，均由扣缴义务人履行代扣代缴义务；对于没有扣缴义务人的，或非居民个人在中国境内从两处以上取得工资、薪金所得的等税法列举的情形，以及国务院规定的其他情形，须由纳税人自行申报纳税。

第二节　个人所得税的改革历程

个人所得税法是指国家制定的用以调整个人所得税征收与缴纳之间权利及义务关系的法律规范。

现行我国个人所得税法的基本规范，是 1980 年 9 月 10 日经由第五届全国人民代表大会第三次会议表决通过的。此部法规对于调节个人收入水平、增加国家财政收入、促进对外经济技术合作与交流起到了积极作用，但也暴露出一些问题，主要是内外有别且税负不够合理。为了统一税政、公平税负、规范税制，更好地兼顾国家与个人的利益，截至 2018 年 8 月 31 日，本法共陆续进行了七次修正。

历次修正情况简述如下：

根据 1993 年 10 月 31 日第八届全国人民代表大会常务委员会第四次会议《关于修改〈中华人民共和国个人所得税法〉的决定》进行了第一次修正。本次修改的主要内容为：规定纳税人不分内、外，所有中国居民和有来源于中国所得的非居民，均应依法缴纳个人所得税。

根据 1999 年 8 月 30 日第九届全国人民代表大会常务委员会第十一次会议《关于修改〈中华人民共和国个人所得税法〉的决定》进行了第二次修正。本次修改的主要内容为：把个人所得税法中第四条第二款“储蓄存款利息”免征个人所得税项目删去，并开征了《个人储蓄存款利息所得税》。

根据 2005 年 10 月 27 日第十届全国人民代表大会常务委员会第十八次会议《关于修改〈中华人民共和国个人所得税法〉的决定》进行了第三次修正。本次修改主要是针对工资、薪金所得，具体内容是：将工资、薪金所得的应纳税所得额修改为月收入额减除费用1600元后的余额，之前是1980年确定的 800 元。

根据 2007 年 6 月 29 日第十届全国人民代表大会常务委员会第二十八次会议《关于修改〈中华人民共和国个人所得税法〉的决定》进行了第四次修正。本次修改主要是就储蓄存款利息所得的个人所得税调整问题授权国务院做出规定，为国务院决定减征或停征利息税提供法律依据。

根据 2007 年 12 月 29 日第十届全国人民代表大会常务委员会第三十一次会议《关于修改〈中华人民共和国个人所得税法〉的决定》进行了第五次修正。本次修改主要是针对工资、薪金所得，具体内容是：将工资、薪金所得的应纳税所得额修改为月收入额减除费用2000元后的余额，之前是 2005 年确定的1600元。

根据 2011 年 6 月 30 日第十一届全国人民代表大会常务委员会第二十一次会议《关于修改〈中华人民共和国个人所得税法〉的决定》第六次修正。本次修改主要是针对工资、薪金所得，比如，将工资、薪金所得的适用税率修改为 3% 至 45%，将工资、薪金所得的应纳税所得额修改为月收入额减除费用3500元后的余额，之前是 2007 年确定的2000元。

根据 2018 年 8 月 31 日第十三届全国人民代表大会常务委员会第五次会议《关于修改〈中华人民共和国个人所得税法〉的决定》第七次修正。本次修改的主要内容有：提高了基本减除费用标准（起征点定为每年 6 万元，每月5000元，之前是 2011 年确定的每月 3500 元），强化了稿酬所得等项目的费用扣除，明确赡养老人等支出予以税前扣除，增加规定扣缴义务人应当向纳税人提供相关扣缴信息等。这些措施将使我国个人所得税的考虑面更广泛、相关信息更透明。

此外，为了规范《中华人民共和国个人所得税法》的实施，《中华人民共和国个人所得税法实施条例》于 2018 年 12 月 18 日以中华人民共和国国务院令第 707 号文件公布，自 2019 年 1 月 1 日起施行。

第三节　个人所得税的构成要素

一、纳税义务人

个人所得税的纳税义务人泛指在中国境内有所得或有来源于中国境内的所得的个人，包括中国公民、个体工商户、外籍个人，以及香港、澳门、台湾地区同胞等。个人所得税的纳税义务人按住所标准和居住时间标准设置了两种类型，分别是居民纳税人和非居民纳税人。

（一）居民纳税人与非居民纳税人的判定标准

个人所得税的纳税义务人可以泛指取得所得的自然人，包括居民纳税义务人和非居民纳税义务人。按税法规定，前者称为居民个人，后者称为非居民个人。

居民个人是指在中国境内有住所，或者无住所而一个纳税年度内在中国境内居住累计满 183 天的个人。居民个人从中国境内和境外取得的所得，依照个人所得税法的规定缴纳个人所得税。

非居民个人是指在中国境内无住所又不居住，或者无住所而一个纳税年度内在中国境内居住累计不满 183 天的个人。非居民个人从中国境内取得的所得，依照个人所得税法的规定缴纳个人所得税。

但在实际生活中，自然人的情况比较复杂。一个自然人在一国有无住所、是否居住、居住多长时间，情况各异。根据什么样的标准确定其纳税义务人的身份和应当承担的纳税义务，直接影响到经济利益在国家与个人间的分配，因此标准的选取非常重要。对此，各国的税收立法和税收政策有所不同。为了有效地行使税收管辖权，我国根据国际惯例，对居民个人和非居民个人的划分，采用了国际上常用的住所标准和居住时间标准。

1. 住所标准

住所通常指公民长期生活和活动的主要场所。由于公民实际的生活和活动场所很多，因此，我国《民法通则》明确规定“公民以他的户籍所在地的居住地为住所”。也就是以公民本人户口簿登记的住址为住所，我国的公民一人只有一个住所。一般情况下，公民的住所就是其户籍所在地的居住地。但由于种种原因，公民经常居住地可能与户籍所在地不一致。

因此，住所又继续划分为永久性住所和习惯性住所。《民法通则》上规定的住所，通常是指永久性的住所，具有法律意义。经常性居住地则属于习惯性住所，它与永久性住所有时是一致的，有时又是不一致的。根据这种情况，我国税法将在中国境内有住所的个人界定为“因户籍、家庭、经济利益关系而在中国境内习惯性居住的个人”。可见，我国目前采用的住所标准实际是习惯性住所标准。采用这一标准，就把中、外籍人员，以及把港、澳、台同胞与在境内居住的中国公民区别开来。

所谓习惯性居住地或住所，是在税收上判断居民和非居民的一个法律意义上的标准，不是指实际居住地或在某一特定时期内的居住地。例如，个人因学习、工作、探亲、旅游等而在中国境外居住的，当其在境外居住的原因消除之后，则必须回到中国境内居住。那么，即使该人并未居住在中国境内，仍应将其判定为在中国习惯性居住。所以，我国《个人所得税法》中所说的“住所”，其概念与通常所说的住所是有区别的。

2. 居住时间标准

居住时间是指个人在一国境内实际居住的日数。在实际生活中有时个人在一国境内并无住所，又没有经常性居住地，但是在该国内停留的时间较长，从该国取得了收入，应对其行使税收管辖权，甚至视为该国的居民征税。各国在对个人所得征税的实践中，逐渐形成以个人居住时间长短作为衡量居民与非居民的居住时间标准。我国的《个人所得税法》也采用了这一标准。

各国对判断居民身份的居住时间标准的规定不尽一致。我国现行规定的时间是在一个纳税年度内在中国境内居住累计满 183 天，即以居住满 183 天为时间标准，达到这个居住时间标准的个人即为居民纳税人，而无论其是否在中国境内有住所。纳税年度自公历一月一日起至十二月三十一日止。

我国税法规定的住所标准和居住时间标准，是判定居民身份的两个并列性标准，个人只要符合或达到其中任何一个标准，就可以被认定为居民纳税人，即居民个人。

我国个人所得税纳税义务人类型的划分及其纳税义务的范围的基本规定如图 6-1 所示。

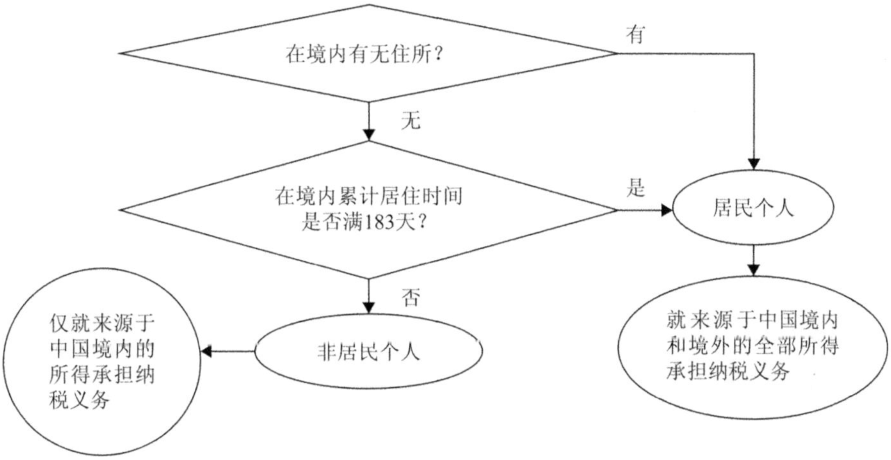

图 6-1　我国个人所得税纳税义务人类型的划分及其纳税义务的范围

注：在境内无住所且又不居住的情况视为在境内无住所且居住时间为 0 天的情形。

同时，在经济全球化的背景下，商品、资本、劳动力、技术和信息等生产要素的跨境流动日益频繁，各国经济相互依存的关系不断加深。跨境自然人和跨境劳务活动不断增多，直接引发了跨境劳务所得的征税权归属之争，即雇员居住国和劳务履行地国以各自税收主权为利益出发点展开的税收利益的博弈。

对于一项跨境劳务所得，不仅劳务提供者的居住国要予以征税，主张劳务所得来源于本国境内的国家也要行使税收管辖权。为了减轻跨境自然人的税收负担，我国《个人所得税法实施条例》第四条和第五条分别规定：

在中国境内无住所的个人，在中国境内居住累计满 183 天的年度连续不满六年的，经向主管税务机关备案，其来源于中国境外且由境外单位或者个人支付的所得，免予缴纳个人所得税；在中国境内居住累计满 183 天的任一年度中有一次离境超过 30 天的，其在中国境内居住累计满 183 天的年度的连续年限重新起算。

在中国境内无住所的个人，在一个纳税年度内在中国境内居住累计不超过 90 天的，其来源于中国境内的所得，由境外雇主支付并且不由该雇主在中国境内的机构、场所负担的部分，免予缴纳个人所得税。

二、纳税环节

我国个人所得税的纳税环节是在取得应税所得的环节。

居民个人取得工资、薪金所得，劳务报酬所得，稿酬所得以及特许权使用费所得（以下简称综合所得），除分别在所得取得环节计算个人所得税外，还要按纳税年度合并计算个人所得税。

非居民个人取得工资、薪金所得，劳务报酬所得，稿酬所得以及特许权使用费所得（以下简称综合所得），应按月或者按次分项计算个人所得税。

纳税义务人取得经营所得，利息、股息、红利所得，财产租赁所得，财产转让所得，以及偶然所得等五项所得时，应依照个人所得税法的规定在所得取得环节分别计算个人所得税。

三、征税对象与税率

（一）征税对象

个人所得税的征税对象是个人取得的应税所得。

《个人所得税法》列举征税的个人所得共有九项。

个人所得的形式，包括现金、实物、有价证券和其他形式的经济利益。所得为实物的，应当按照取得的凭证上所注明的价格计算应纳税所得额；无凭证的实物或者凭证上所注明的价格明显偏低的参照市场价格核定应纳税所得额。所得为有价证券的，根据票面价格和市场价格核定应纳税所得额。所得为其他形式的经济利益的，参照市场价格核定应纳税所得额。

结合个人所得税法的规定，同时为表述方便，现将税法中规定的九类所得分为三大类：综合所得、经营所得、其他所得。其中，综合所得包括工资、薪金所得，劳务报酬所得，稿酬所得，特许权使用费所得等四项；其他所得包括利息、股息、红利所得，财产租赁所得，财产转让所得，偶然所得等四项。

1. 工资、薪金所得

工资、薪金所得，是指个人因任职或者受雇取得的工资、薪金、奖金、年终加薪、劳动分红、津贴、补贴以及与任职或者受雇有关的其他所得。

一般来说，工资、薪金所得属于非独立个人劳动所得。所谓非独立个人劳动，是指个人所从事的是由他人指定、安排并接受管理的劳动、工作，或服务于公司、工厂、行政、事业单位（私营企业主除外）。非独立劳动者从上述单位取得的劳动报酬，是以工资、薪金的形式体现的。在这类报酬中，工资和薪金的收入主体略有差异。通常情况下，把直接从事生产、经营或服务的劳动者（工人）的收入称为工资，即所谓“蓝领阶层”所得；而将从事社会公职或管理活动的劳动者（公职人员）的收入称为薪金，即所谓“白领阶层”所得。但在实际立法过程中，各国都从简便易行的角度考虑，将工资、薪金合并为一个项目计征个人所得税。

除工资、薪金以外，奖金、年终加薪、劳动分红、津贴、补贴也被确定为工资、薪金范畴。

其中，年终加薪、劳动分红不分种类和取得情况，一律按工资、薪金所得课税；津贴、补贴等则有例外。

根据我国目前个人收入的构成情况，规定对于一些不属于工资、薪金性质的补贴、津贴或者不属于纳税人本人工资、薪金所得项目的收入，不予征税。这些项目主要指按照国家统一规定发给的补贴，津贴。

奖金是指所有具有工资性质的奖金，免税奖金的范围在税法中另有规定。

2. 劳务报酬所得

劳务报酬所得，是指个人从事劳务取得的所得，包括从事设计、装潢、安装、制图、化验、测试、医疗、法律、会计、咨询、讲学、翻译、审稿、书画、雕刻、影视、录音、录像、演出、表演、广告、展览、技术服务、介绍服务、经纪服务、代办服务以及其他劳务取得的所得。

个人担任董事职务所取得的董事费收入，属于劳务报酬性质，按劳务报酬所得项目征税。

上述各项所得一般属于个人独立从事自由职业取得的所得或属于独立个人劳动所得。

是否存在雇佣与被雇佣关系，是判断一种收入是属于劳务报酬所得，还是属于工资、薪金所得的重要标准。劳务报酬所得是个人独立从事某种技艺，独立提供某种劳务而取得的所得；工资、薪金所得则是个人从事非独立劳动，从所在单位领取的报酬。后者存在雇佣与被雇佣的关系，而前者则不存在这种关系。如果从事某项劳务活动取得的报酬是以工资、薪金形式体现的，如演员从剧团领取工资，教师从学校领取工资，就属于工资、薪金所得项目，而不属于劳务报酬所得范围。如果从事某项劳务活动取得的报酬不是来自聘用、雇佣或工作的单位，如演员自己“走穴”或与他人组合“走穴”演出取得的报酬，教师自行举办学习班、培训班取得的办班收入或课酬收入，就属于劳务报酬所得的范围。

在校学生因参与勤工俭学活动（包括参与学校组织的勤工俭学活动）而取

得属于《个人所得税法》规定的应税所得项目的所得应依法缴纳个人所得税。

自 2004 年 1 月 20 日起，对商品营销活动中，企业和单位对营销业绩突出的非雇员以培训班、研讨会、工作考察等名义组织旅游活动，通过免收差旅费、旅游费对个人实行的营销业绩奖励（包括实物、有价证券等），应根据所发生费用的全额作为该营销人员当期的劳务收入，按照“劳务报酬所得”项目征收个人所得税，并由提供上述费用的企业和单位代扣代缴。个人兼职取得的收入，应按照“劳务报酬所得”项目缴纳个人所得税。

3. 稿酬所得

稿酬所得，是指个人因其作品以图书、报刊等形式出版、发表而取得的所得。这里所说的作品，包括文学作品、书画作品、摄影作品，以及其他作品。作者去世后财产继承人取得的遗作稿酬，亦应征收个人所得税。

稿酬所得具有特许权使用费、劳务报酬等的性质。在原个人所得税和个人收入调节税中，曾把稿酬所得列入特许权使用费所得或投稿、翻译所得。修订后的《个人所得税法》将稿酬所得单列为一个独立征税项目，不仅因为稿酬所得有着不完全等同于特许权使用费所得和一般劳务报酬所得的特点，而且，对稿酬所得单列征税，有利于单独制定征税办法，体现国家的优惠、照顾政策。

根据国税函〔2002〕146 号文件，对报纸、杂志、出版等单位的职员在本单位的刊物上发表作品、出版图书取得所得征税的问题明确如下：

（1）任职、受雇于报纸、杂志等单位的记者、编辑等专业人员，因在本单位的报纸、杂志上发表作品取得的所得，属于因任职、受雇而取得的所得，应与其当月工资收入合并，按“工资、薪金所得”项目征收个人所得税。

除上述专业人员以外，其他人员在本单位的报纸、杂志上发表作品取得的所得，应按“稿酬所得”项目征收个人所得税。

（2）出版社的专业作者撰写、编写或翻译的作品，由本社以图书形式出版而取得的稿费收入，应按“稿酬所得”项目计算缴纳个人所得税。

4. 特许权使用费所得

特许权使用费所得，是指个人提供专利权、商标权、著作权、非专利技术以及其他特许权的使用权取得的所得。特许权主要涉及以下四种权利：

（1）专利权。

专利权是指由国家专利主管机关依法授予专利申请人在一定的时期内对某项发明创造享有的专有利用的权利，它是工业产权的一部分，具有专有性（独占性）、地域性、时间性。

（2）商标权。

商标权是指商标注册人依法律规定而取得的对其注册商标在核定商品上使用的独占使用权。商标权也是一种工业产权，可以依法取得、转让、许可使用、继承、丧失、请求排除侵害。

（3）著作权。

著作权即版权，是指作者对其创作的文学、科学和艺术作品依法享有的某些特殊权利。著作权是公民的一项民事权利，既具有民法中的人身权性质，也具有民法中的财产权性质。主要包括发表权、署名权、修改权、保护作品完整权、使用权和获得报酬权等。

（4）非专利技术。

非专利技术即专利技术以外的专有技术。这类技术大多尚处于保密状态，仅为特定人知晓并占有。

上述四种权利及其他权利由个人提供或转让给他人使用时，会取得相应的收入。这类收入不同于一般所得，所以单独列为一类征税项目。对特许权使用费所得的征税办法，各国不尽一致。如有的国家对转让专利权所得征收资本利得税，而我国是将提供和转让合在一起，一并列入个人所得税的征税范围。

根据税法规定，提供著作权的使用权取得的所得，不包括稿酬所得，对于作者将自己的文字作品手稿原件或复印件公开拍卖（竞价）取得的所得，属于提供著作权的使用所得，故应按特许权使用费所得项目征收个人所得税。

个人取得特许权的经济赔偿收入，应按“特许权使用费所得”应税项目缴纳个人所得税，税款由支付赔款的单位或个人代扣代缴。

从 2002 年 5 月 1 日起，编剧从电视剧的制作单位取得的剧本使用费，不再区分剧本的使用方是否为其任职单位，统一按特许权使用费所得项目计征个人所得税。

5. 经营所得

经营所得，主要包括个体工商户从事生产经营活动取得的所得和个人依法从事办学、医疗等其他生产、经营活动取得的所得。具体包括：

（1）个体工商户从事生产、经营活动取得的所得，个人独资企业投资人、合伙企业的个人合伙人来源于境内注册的个人独资企业、合伙企业生产、经营的所得；

（2）个人依法从事办学、医疗、咨询以及其他有偿服务活动取得的所得；

（3）个人对企业、事业单位承包经营、承租经营以及转包、转租取得的所得；

（4）个人从事其他生产、经营活动取得的所得。

6. 利息、股息、红利所得

利息、股息、红利所得，是指个人拥有债权、股权而取得的利息、股息、红利所得。其中，利息一般是指存款、贷款和债券的利息。股息、红利是指个人拥有股权取得的公司、企业分红，按照一定的比率派发的每股息金，称为股息；根据公司、企业应分配的、超过股息部分的利润，按股派发的红股，称为红利。

7. 财产租赁所得

财产租赁所得，是指个人出租不动产、机器设备、车船以及其他财产取得的所得。

个人取得的财产转租收入，属于“财产租赁所得”的征税范围。在确定纳税义务人时，应以产权凭证为依据，对无产权凭证的，由主管税务机关根据实际情况确定；产权所有人死亡，在未办理产权继承手续期间，该财产出租而有租金收入的，以领取租金的个人为纳税义务人。

8. 财产转让所得

财产转让所得，是指个人转让有价证券、股权、合伙企业中的财产份额、不动产、机器设备、车船以及其他财产取得的所得。

在现实生活中，个人进行的财产转让主要是个人财产所有权的转让。财产转让实际上是一种买卖行为，当事人双方通过签订、履行财产转让合同，形成财产买卖的法律关系，使出让财产的个人从对方取得价款（收入）或其他经济利益。财产转让所得因其性质的特殊性，需要单独列举项目征税。对个人取得的各项财产转让所得，除股票转让所得外，都要征收个人所得税。

9. 偶然所得

偶然所得，是指个人得奖、中奖、中彩以及其他偶然性质的所得。其中，得奖，是指参加各种有奖竞赛活动，取得名次获得的奖金；中奖、中彩，是指参加各种有奖活动，如有奖销售、有奖储蓄或购买彩票，经过规定程序，抽中、摇中号码而取得的奖金。

个人因参加企业的有奖销售活动而取得的赠品所得，应按“偶然所得”项目计征个人所得税。赠品所得为实物的，应以《个人所得税法实施条例》第八条规定的方法确定应纳税所得额，计算缴纳个人所得税。税款由举办有奖销售活动的企业（单位）代扣代缴。

实际上，税法列举的偶然性所得是个人在非正常情况下得到的不确定性收入。我国过去对个人所得的征税都没有明确规定对个人偶然所得征税。自 1988 年 9 月起，才有关于对中奖收入征收个人收入调节税的规定。偶然所得的不确定性、不可预见性、偶然性和多样性，会对确定征税范围带来困难。因此，除了《个人所得税法实施条例》规定的得奖、中奖、中彩等所得外，其他偶然性所得的征税问题，还需要由税务机关依法具体认定。

个人取得的所得，难以界定应纳税所得项目的，由国务院税务主管部门确定。

（二）税率

个人所得税针对不同的个人所得项目，分别规定了超额累进税率和比例税率两种形式。

1. 适用超额累进税率的所得项目

个人所得税法中明确规定综合所得、经营所得适用超额累进税率。

综合所得具体包括工资、薪金所得，劳务报酬所得，稿酬所得和特许权使用费所得等四类所得，适用3%至45%的超额累进税率，如表6-1。

经营所得则适用5%至35%的超额累进税率，如表6-2所示。

表6-1　个人所得税税率表

（综合所得、按年计算适用）

级数	全年应纳税所得额（含税）	税率（%）	速算扣除数（元）
1	不超过36000元的部分	3	0
2	超过36000元至144000元的部分	10	2520
3	超过144000元至300000元的部分	20	16920
4	超过300000元至420000元的部分	25	31920
5	超过420000元至660000元的部分	30	52920
6	超过660000元至960000元的部分	35	85920
7	超过960000元的部分	45	181920

注1：本表所称全年应纳税所得额（含税）是指按照税法规定，居民个人取得综合所得以每一纳税年度收入额减除费用六万元以及专项扣除、专项附加扣除和依法确定的其他扣除后的余额。

注2：速算扣除数=上一级最高应纳税所得额×(本级税率-上一级税率)+上一级速算扣除数。

注3：非居民个人取得工资、薪金所得，劳务报酬所得，稿酬所得和特许权使用费所得，依照本表按月换算后计算应纳税额。

表6-2　个人所得税税率表

（经营所得、按年计算适用）

级数	全年应纳税所得额（含税）	税率（%）	速算扣除数（元）
1	不超过30000元的部分	5	0
2	超过30000元至90000元的部分	10	3000
3	超过90000元至300000元的部分	20	15000
4	超过300000元至500000元的部分	30	72000
5	超过500000元的部分	35	85000

注：本表所称全年应纳税所得额（含税）是指按照税法规定，以每一纳税年度的收入总额减除成本、费用以及损失后的余额。

2. 适用比例税率的所得项目

个人所得税法中明确规定综合所得、经营所得以外的其他个人所得适用比例税率，税率为20%。

具体包括：利息、股息、红利所得，财产租赁所得，财产转让所得和偶然所得等四种所得。

对储蓄存款利息，从2007年8月15日起减按5%的税率征收，自2008年10月9日（含）起，暂免征收储蓄存款利息的个人所得税。

第四节　个人所得税应纳税额的计算

原则上，应纳税额等于应纳税所得额与适用税率的乘积。因此，为了正确计算应纳税额，应纳税所得额的明确就至关重要。

一、应纳税所得额的一般规定

个人所得税的应纳税所得额是正确计算个人所得税的计税依据。

应纳税所得额是个人取得的各项收入减去税法规定的扣除项目或扣除金额之后的余额。正确计算应纳税所得额，是依法征收个人所得税的基础和前提。

（一）收入的形式

个人取得的收入，其形式一般为货币形式、实物形式或权利形式等。

多数收入为货币形式，则直接以货币数量作为计算应税所得额的基础。

但如果取得的收入是货币以外的其他资产形式，比如，纳税人的所得为实物形式的，则应当按照所取得实物相关的凭证上注明的价格计算应纳税所得额；无凭证的实物或者凭证上所注明的价格明显偏低的，应参照市场价格核定应纳税所得额；纳税人的所得为有价证券的，应根据票面价格和市场价格核定应纳税所得额。

（二）费用扣除的方法

在计算应纳税所得额时，除特殊项目外，一般允许从个人的应税收入中减去税法规定的扣除项目或扣除金额，包括为取得收入所付出的必要的成本或费用以及计划外的损失。

因为个人在取得收入过程中，大多需要支付一些必要的成本或费用。从世界各国征收个人所得税的实践来看，一般都允许纳税人从其收入、所得总额中扣除必要的费用，仅就扣除费用后的余额征税。由于各国具体情况不同，其扣除项目、扣除标准及扣除方法也不尽一致。

我国现行的个人所得税采取分项确定、分类扣除，根据其所得的不同情况分别实行定额扣除、定额与定率相结合扣除、基于会计核算的逻辑进行扣除和无费用扣除等四种费用扣除办法。

1. 定额扣除费用

（1）对居民个人的综合所得，采取定额扣除的办法，以每一纳税年度的收入额减除费用六万元以及专项扣除、专项附加扣除和依法确定的其他扣除后的余额，为应纳税所得额。

（2）对非居民个人的工资、薪金所得，采取定额扣除的办法，以每月收入额减除费用五千元后的余额为应纳税所得额。

2. 定额与定率相结合的费用扣除

依据《个人所得税法》第六条规定，对纳税人的劳务报酬所得、稿酬所得、特许权使用费所得以收入减除20%的费用后的余额为收入额。此外，稿酬所得的收入额减按70%计算。

在费用减除时，采取定额和定率两种扣除办法，即，每次收入不超过4000元的，减除费用800元；每次收入在4000元以上的，减除20%的费用，以其余额作为应纳税所得额。

财产租赁所得也采取上述定额与定率相结合的费用扣除方法进行费用扣除。

3. 按照会计核算的逻辑进行费用扣除

（1）因经营所得会涉及生产、经营有关的成本或费用方面的支出，因此，在计税时，采取会计核算办法来扣除有关的成本、费用或规定的必要费用，即以每一纳税年度的收入总额减除成本、费用以及损失后的余额，为应纳税所得额。

（2）对于财产转让所得计税时，是相当于按照会计核算的逻辑来确定应税所得的，即以转让财产的收入额减除财产原值和合理费用后的余额，为应纳税所得额。

4. 无费用扣除

考虑到有些个人所得的取得与费用无直接必要的联系，因此，税法对某些所得确定了不做费用扣除的规定。具体为：对于利息、股息、红利所得和偶然所得，因其在取得时不涉及必要费用的支付，所以规定不得扣除任何费用。即，以每次收入额为应纳税所得额。

二、应税所得额的特殊规定

个人所得税的应税所得额的调整事项主要是捐赠事项。

个人进行捐赠按其捐赠目的可分为公益性捐赠和非公益性捐赠。按捐赠人与受赠人的关系，可分为直接捐赠和间接捐赠。

个人将其所得捐赠于教育、扶贫、济困等公益慈善事业方面的为公益性捐赠，用于其他方面的捐赠为非公益性捐赠。个人经由中国境内的社会团体、国家机关等公益性机构进行的捐赠为间接捐赠，其他的为直接捐赠。

税法规定的可以税前扣除的捐赠为公益性捐赠，且要求是间接捐赠。

（1）个人将其所得通过中国境内的社会团体、国家机关向教育和其他社会公益事业以及遭受严重自然灾害地区、贫困地区的捐赠额未超过纳税人申报的应纳税所得额30%的部分，可以从应纳税所得额中扣除，超过部分不得扣除。

（2）个人通过非营利性的社会团体和国家机关向红十字事业的捐赠，在计算缴纳个人所得税时，准予在税前的所得额中全额扣除。

（3）自2001年7月1日起，个人通过非营利的社会团体和国家机关向农村义务教育的捐赠，在计算缴纳个人所得税时，准予在税前的所得额中全额扣除。

农村义务教育的范围是指政府和社会力量举办的农村乡镇（不含县和县级市政府所在地的镇）、村的小学和初中以及属于这一阶段的特殊教育学校。纳税人对农村义务教育与高中在一起的学校的捐赠，也享受规定的所得税前扣除政策。

接受捐赠或办理转赠的非营利的社会团体和国家机关，应按照财务隶属关系分别使用由中央或省级财政部门统一印（监）制的捐赠票据，并加盖接受捐赠或转赠单位的财务专用印章。税务机关据此对捐赠个人进行税前扣除。

（4）个人通过非营利性社会团体和国家机关对公益性青少年活动场所（其中包括新建）的捐赠，在计算缴纳个人所得税时，准予在税前的所得额中全额扣除。

公益性青少年活动场所，是指专门为青少年学生提供科技、文化、德育、爱国主义教育、体育活动的青少年宫、青少年活动中心等校外活动的公益性场所。

三、应纳税额的计算

按税法规定，居民个人取得综合所得（包括工资薪金所得、劳务报酬所得、稿酬所得和特许权使用费所得），按纳税年度合并计算个人所得税，但在取得所得时，由扣缴义务人先行按照累计预扣法进行预扣预缴，并按月办理全员全额扣缴申报；非居民个人取得上述四项所得，按月或者按次分项计算个人所得税。纳税人取得经营所得、利息股息或红利所得、财产租赁所得、财产转让所得以及偶然所得，依照税法规定分别计算个人所得税。

个人所得税主要采取分项计税的办法，每项个人收入的扣除范围和扣除标准不尽相同，应纳所得税额的计算方法存在差异，因此，本教材将结合居民个人分项介绍应纳税所得额的确定和应纳所得税额的计算方法。

（一）居民个人取得综合所得时应纳税额的计算

居民个人取得综合所得时，应由支付方，即扣缴义务人在向居民个人支付上述所得时，采取税法规定的方法预扣预缴个人所得税，并向主管税务机关报送《个人所得税扣缴申报表》。年度预扣预缴税额与年度应纳税额不一致的，由居民个人于次年3月1日至6月30日向主管税务机关办理综合所得年度汇算清缴，税款多退少补。

1. 工资薪金所得

（1）预扣预缴应纳税所得额和应纳税所得额。

工资、薪金所得首先实行按月计征，然后再于纳税年度结束后按税法规定合并计算综合所得的个人所得税。因此，每月计税时，即扣缴义务人向居民个人支付工资、薪金所得时，应当按照累计预扣法计算预扣税款，并按月办理全员全额扣缴申报。此时，应纳税所得额就体现为累计预扣预缴应纳税所得额。具体计算公式如下：

累计预扣预缴应纳税所得额=累计收入−累计免税收入−累计减除费用
−累计专项扣除−累计专项附加扣除
−累计依法确定的其他扣除

其中：累计减除费用，按照5000元/月乘以纳税人当年截至本月在本单位的任职受雇月份数计算。累计，以纳税人当年截至本月在本单位的任职受雇月份数计算。专项附加扣除是指个人所得税法规定的子女教育、继续教育、大病医疗、住房贷款利息、住房租金和赡养老人等6项专项附加扣除。纳税人首次享受专项附加扣除时，应当将相关信息提交扣缴义务人或者税务机关，以明确自己的专项附加扣除内容及扣除额度。本年扣除不完的，不得结转以后年度扣除。扣缴义务人应尽快将相关信息报送税务机关，纳税人对所提交信息的真实性负责。专项附加扣除信息发生变化的，应当及时向扣缴义务人或者税务机关提供相关信息。专项附加扣除相关信息，包括纳税人本人、配偶、未成年子女、被赡养老人等个人身份信息，以及国务院税务主管部门规定的其他与专项附加扣除相关信息。公安部门、卫生健康部门、民政部门、外交部门、最高法院、教育部门、人力资源社会保障部门、财政部门、住房城乡建设部门、自然资源部门、人民银行、金融监督管理部门、医疗保障部门等相关部门和单位应当向税务部门提供或协助核实各种与专项附加扣除有关的信息。

纳税人的子女接受学前教育和学历教育的相关支出，作为子女教育专项附加扣除进行列示，可按照每个子女每年12000元（每月1000元）的标准定额扣除。学前教育包括年满3岁至小学入学前教育。学历教育包括义务教育（小学和初中教育）、高中阶段教育（普通高中、中等职业教育）、高等教育（大学专科、大学本科、硕士研究生、博士研究生教育）。受教育子女的父母可分别按扣除标准的50%扣除；经父母约定，也可以选择由其中一方按扣除标准的100%扣除。具体扣除方式在一个纳税年度内不得变更。

纳税人接受学历继续教育的支出，作为继续教育专项附加扣除进行列示，在学历教育期间按照每年4800元（每月400元）定额扣除。纳税人接受技能人员职业资格继续教育、专业技术人员职业资格继续教育支出，在取得相关证书的年度，按照每年3600元定额扣除。个人接受同一学历教育事项，符合个人所得税专项附加扣除暂行办法中规定扣除条件的，该项教育支出可以由其父母按照子女教育支出扣除，也可以由本人按照继续教育支出扣除，但不得同时扣除。

一个纳税年度内，在社会医疗保险管理信息系统记录的（包括医保目录范围内的自付部分和医保目录范围外的自费部分）由个人负担超过15000元的医药费用支出部分，为大病医疗支出，可以按照每年80000元标准限额据实扣除，作为大病医疗专项附加扣除进行列示，大病医疗专项附加扣除由纳税人办理汇算清缴时扣除。纳税人发生的大病医疗支出由纳税人本人扣除。纳税人应当留存医疗服务收费相关票据原件（或复印件）。

纳税人本人或配偶使用商业银行或住房公积金个人住房贷款为本人或其配偶购买住房，发生的首套住房贷款利息支出，在偿还贷款期间，可以按照每年12000元（每月1000元）标准定额扣除，作为住房贷款利息专项附加扣除进行列示。扣除期不超过240个月。非首套住房贷款利息支出，纳税人不得扣除。纳税人只能享受一套首套住房贷款利息扣除。经夫妻双方约定，可以选择由其中一方扣除，具体扣除方式在一个纳税年度内不得变更。纳税人应当留存住房贷款合同、贷款还款支出凭证。

纳税人本人及配偶在纳税人的主要工作城市没有自有住房而发生的租金支出，作为住房租金专项附加扣除进行列示。定额扣除标准为：①承租的住房位于直辖市、省会城市、计划单列市以及国务院确定的其他城市，扣除标准为每年18000元（每月1500元）；②承租的住房位于其他城市，市辖区户籍人口超过100万的，扣除标准为每年12000元（每月1000元）；③承租的住房位于其他城市，市辖区户籍人口不超过100万（含）的，扣除标准为每年9600元（每月800元）。主要工作城市是指纳税人任职受雇所在城市，无任职受雇单位的，为其经常居住城市。城市范围包括直辖市、计划单列市、副省级城市、地级市（地区、州、盟）全部行政区域范围。夫妻双方主要工作城市相同的，只能由一方扣除住房租金支出。住房租金支出由签订租赁住房合同的承租人扣除。纳税人及其配偶不得同时分别享受住房贷款利息专项附加扣除和住房租金专项附加扣除。纳税人应当留存住房租赁合同。

纳税人赡养60岁（含）以上父母以及其他法定赡养人的赡养支出，作为赡养老人专项附加扣除进行列示。定额扣除标准为：①纳税人为独生子女的，按照每年24000元（每月2000元）的标准定额扣除；②纳税人为非独生子女的，应当与其兄弟姐妹分摊每年24000元（每月2000元）的扣除额度，分摊方式包括平均分摊、被赡养人指定分摊或者赡养人约定分摊，具体分摊方式在一个纳税年度内不得变更。采取指定分摊或约定分摊方式的，每一纳税人分摊的扣除额最高不得超过每年12000元（每月1000元），并签订书面分摊协议。

指定分摊与约定分摊不一致的，以指定分摊为准。纳税人赡养 2 个及以上老人的，不按老人人数加倍扣除。其他法定赡养人是指祖父母、外祖父母的子女已经去世，实际承担对祖父母、外祖父母赡养义务的孙子女、外孙子女。

未经全国人大及其常委会授权，任何地区、部门和单位均不得擅自提高个人所得税费用扣除标准，不得随意变通或超越权限扩大不征税项目的适用范围。

由于个人所得税适用税率中的各级距均为扣除费用后的应纳税所得额，因此，在确定适用税率时，不能以每月全部工资、薪金所得为依据，而只能是以扣除规定费用后的余额为依据，找出对应级次的税率。

年度终了，应确定每一纳税年度的应纳税所得额。

纳税年度的应纳税所得额＝纳税年度累计收入－纳税年度累计免税收入
－纳税年度累计减除费用－纳税年度累计专项扣除
－纳税年度累计专项附加扣除
－纳税年度累计依法确定的其他扣除

（2）应预扣预缴税额和应纳税额的计算。

工资、薪金所得适用七级超额累进税率和七级超额累进预扣率，在采用累计预扣法计算各月税额时，要基于个人所得税预扣率（见表 6–3）进行计算。年度终了，在汇总计算综合所得应纳税额时，要基于居民个人综合所得个人所得税税率表进行计算。在累计预扣法下，各月工资、薪金所得应纳税额的计算公式为：

本期应预扣预缴税额＝(累计预扣预缴应纳税所得额×预扣率－速算扣除数)
－累计减免税额－累计已预扣预缴税额

表 6–3　个人所得税预扣率表

（居民个人工资、薪金所得预扣预缴适用）

级数	累计预扣预缴应纳税所得额	预扣率（%）	速算扣除数（元）
1	不超过 36000 元的部分	3	0
2	超过 36000 元至 144000 元的部分	10	2520
3	超过 144000 元至 300000 元的部分	20	16920
4	超过 300000 元至 420000 元的部分	25	31920
5	超过 420000 元至 660000 元的部分	30	52920
6	超过 660000 元至 960000 元的部分	35	85920
7	超过 960000 元的部分	45	181920

【例 6–1】某经理为中国公民，当前纳税年度内从一月份起每个月取得工资收入 10000 元。请计算该经理各月应预扣预缴的个人所得税及年终汇算清缴时的纳税

义务。假设除了标准的减除费用外，没有其他需要减除的事项。

【解析】

第一个月应预扣预缴税额＝（累计预扣预缴应纳税所得额×预扣率－速算扣除数）
－累计减免税额－累计已预扣预缴税额
＝（10000－5000）×3%＝150（元）

第二个月应预扣预缴税额＝（累计预扣预缴应纳税所得额×预扣率－速算扣除数）
－累计减免税额－累计已预扣预缴税额
＝［（10000×2－5000×2）×3%－0］－0－150＝150（元）

第三个月应预扣预缴税额＝［（10000×3－5000×3）×3%－0］－0－150×2＝150（元）

同理，可测算出，第四个月至第七个月每月应预缴的个人所得税税额均为150元。

第八个月应预扣预缴税额＝［（10000×8－5000×8）×10%－2520］－0－150×7
＝1480－1050＝430（元）

第九个月应预扣预缴税额＝［（10000×9－5000×9）×10%－2520］－0－150×7－430
＝1980－1050－430＝500（元）

第十个月应预扣预缴税额＝［（10000×10－5000×10）×10%－2520］－0－150×7
－430－500
＝2480－1050－430－500＝500（元）

同理，可测算出，第十一个月和第十二个月每月应预缴的税额分别是500元。

因此，全年十二个月共计预缴税额＝150×7+430+500×4＝3480（元）

待年度终了，进行综合所得的汇算清缴。

全年应纳税所得额＝年度应税收入－年度减除费用
＝10000×12－5000×12＝60000（元）

查综合所得适用的个人所得税税率表，可知，全年应纳税所得额超过36000元，但没超过144000元，适用税率为10%，速算扣除数为2520元。

全年应纳税额＝60000×10%－2520＝3480（元）

本纳税年度已经预缴个人所得税税额3480元，所以，进行年度汇算清缴后，本纳税年度不用再补交税款，也不用申请退税。

假设上述经理只有一个孩子，且目前正在上小学，则该经理第一个月应预缴税额

＝（累计预扣预缴应纳税所得额×预扣率－速算扣除数）
－累计减免税额－累计已预扣预缴税额
＝［（月税前工资收入－月减除费用－子女教育专项附加扣除）
×预扣率－速算扣除数］－累计减免税额－累计已预扣预缴税额
＝（10000－5000－1000）×3%＝120（元）

假设上述经理只有一个孩子，且目前正在上小学，且有三位 60 周岁以上的老人要赡养，该经理为独生子女。则该经理第一个月应预缴税额

=(累计预扣预缴应纳税所得额×预扣率-速算扣除数)

-累计减免税额-累计已预扣预缴税额

=[(月税前工资收入-月减除费用-子女教育专项附加扣除

-赡养老人专项附加扣除)×预扣率-速算扣除数]-累计减免税额

-累计已预扣预缴税额

=(10000-5000-1000-2000)×3%=60(元)

请读者参照计算其他月份应预缴的个人所得税税额和年度汇算清缴时应确定的年度应纳税额。

个人取得除全年一次性奖金以外的其他各种名目奖金，如半年奖、季度奖、加班奖、先进奖、考勤奖等，一律与当月工资、薪金收入合并，按税法规定缴纳个人所得税。

居民个人取得全年一次性奖金，符合《国家税务总局关于调整个人取得全年一次性奖金等计算征收个人所得税方法问题的通知》（国税发〔2005〕9号）规定的，在 2021 年 12 月 31 日前，不并入当年综合所得，以全年一次性奖金收入除以 12 个月得到的数额，按照按月换算后的综合所得税率表（以下简称月度税率表），确定适用税率和速算扣除数，单独计算纳税。计算公式为：

应纳税额=全年一次性奖金收入×适用税率-速算扣除数

居民个人取得全年一次性奖金，也可以选择并入当年综合所得计算纳税。

自 2022 年 1 月 1 日起，居民个人取得全年一次性奖金，应并入当年综合所得计算缴纳个人所得税。

如果在发放全年一次性奖金的当月，个人当月工资薪金所得低于税法规定的费用扣除额，应将全年一次性奖金减除“雇员当月工资薪金所得与费用扣除额的差额”后的余额，按上述办法确定全年一次性奖金的适用税率和速算扣除数。

【例 6-2】假定中国公民李某当前纳税年度在我国境内 1 至 12 月每月的绩效工资为 4000 元，12 月 31 日又一次性领取年终奖金（兑现的绩效工资）25000 元。李某选择不并入当年综合所得计算纳税。

请计算李某取得该笔奖金应缴纳的个人所得税。

【解析】

该笔奖金适用的税率和速算扣除数为：

按 12 个月分摊后，每月的奖金=[25000-(5000-4000)]÷12=2000(元)，根据工资、薪金所得七级超额累进税率的规定，适用的税率和速算扣除数分别为 3%、0 元。

应缴纳的个人所得税税额

=(奖金收入-费用扣除标准与当月工资的差额)×适用的税率-速算扣除数

=[25000-(5000-4000)]×3%-0

=720(元)

【例 6-3】 假定中国公民李某当前纳税年度在我国境内 1 至 12 月每月的绩效工资为 8000 元，12 月 31 日又一次性领取年终奖金（兑现的绩效工资）25000 元。李某选择不并入当年综合所得计算纳税。

请计算李某取得该笔奖金应缴纳的个人所得税。

【解析】

该笔奖金适用的税率和速算扣除数为：

按 12 个月分摊后，每月的奖金=25000÷12=2083.33（元），根据工资、薪金所得七级超额累进税率的规定，适用的税率和速算扣除数分别为 3%、0 元。

应缴纳的个人所得税税额

=奖金收入×适用的税率-速算扣除数

=25000×3%-0

=750（元）

在中国境内无住所的个人，且在中国境内居住不满一个月，并仅就这不满一个月期间的工资、薪金所得申报纳税的，均应以全月工资、薪金所得为依据计算实际应纳税额。其计算公式为：

应纳税额=(当月工资、薪金应纳税所得额×适用税率-速算扣除数)

×当月实际在中国境内的天数÷当月天数

如果属于上述情况的个人取得的是日工资、薪金，应以日工资、薪金乘以当月天数换成月工资、薪金后，再按上述公式计算应纳税额。

2. 劳务报酬所得

(1) 预扣预缴应税所得额的确定。

劳务报酬所得以个人每次取得的收入，定额或定率减除规定费用后的余额为预扣预缴应纳税所得额。每次收入不超过 4000 元的，定额减除费用 800 元；每次收入在 4000 元以上的，定率减除 20% 的费用。其计算公式为：

每次收入不超过 4000 元的：

预扣预缴应纳税所得额=每次收入额-800 元

每次收入在 4000 元以上的：

预扣预缴应纳税所得额=每次收入额×（1-20%）

劳务报酬所得因其一般具有不固定、不经常性，不便于按月计算，所以，凡属于一次性收入的，以取得该项收入为一次，按次确定应纳税所得额；凡属于同一项目连续性收入的，以一个月内取得的收入为一次，据以确定应纳税所得额。考虑属地管辖与时间划定有交叉的特殊情况，统一规定以县（含县级市、区）为一地，其管辖内的一个月内同一项目的劳务服务为一次；当月跨县地域的，则应分别计算。

上述劳务报酬所得中的“同一项目”，是指劳务报酬所得项目中所列举的各项具体劳务项目中的某一单项，如果个人兼有不同的劳务报酬所得，应当分别按不同的项目所得定额或定率减除费用。

此外，获得劳务报酬所得的纳税人从其收入中支付给中介人和相关人员的报酬，除另有规定者外，在定率扣除20%的费用后，一律不再扣除。对中介人和相关人员取得的报酬，应分别计征个人所得税。

（2）应预扣预缴税额的计算。

劳务报酬所得适用20%至40%的超额累进预扣率（表6-4），其应预扣预缴税额的计算公式为：

应预扣预缴税额=预扣预缴应纳税所得额×预扣率

表6-4　个人所得税预扣率表

（居民个人劳务报酬所得预扣预缴适用）

级数	预扣预缴应纳税所得额	预扣率（%）	速算扣除数
1	不超过20000元的	20	0
2	超过20000元至50000元的部分	30	2000
3	超过50000元的部分	40	7000

【例6-4】李某于当前年度4月份外出参加商业性演出，一次性取得劳务报酬60000元。

请计算其应预缴的个人所得税（不考虑其他税费）。

【解析】

该纳税人一次演出取得的应税收入超过4000元，按税法规定应实行定率费用扣除。

应纳税收入=600000（元）

预扣预缴应纳税所得额=60000×（1-20%）=48000（元）

查居民个人劳务报酬所得的个人所得税预扣率表，可知对应的预扣率为30%，速算扣除数为2000元。则：

应预扣预缴税额=48000×30%-2000=12400（元）

但劳务报酬所得属于税法规定的综合所得的范围，因此，在纳税年度结束时，还要按税法规定将纳税年度内的全部综合所得合并计税，即属于综合所得范围内的全部所得一律视同居民个人的工资、薪金所得来进行整个纳税年度的计税管理。

3. 稿酬所得

（1）预扣预缴应税所得额。

稿酬所得以个人每次取得的收入，定额或定率减除规定费用后的余额为应纳税所得额。每次收入不超过 4000 元的，定额减除费用 800 元；每次收入在 4000 元以上的，定率减除 20% 的费用。按税法规定，稿酬所得的收入额减按 70%计算。即，

预扣预缴应纳税所得额=（每次收入额-800）×70%或

预扣预缴应纳税所得额=每次收入额×（1-20%）×70%

（2）每次收入的确定。

稿酬所得，属于一次性收入的，以取得该项收入为一次；属于同一项目连续收入的，以一个月内取得的收入为一次。

（3）应预扣预缴税额的计算。

稿酬所得适用 20% 的比例税率，其计算公式为：

应预扣预缴税额=预扣预缴应纳税所得额×预扣率

=预扣预缴应纳税所得额×20%

稿酬所得属于税法规定的综合所得的范围，因此，在纳税年度结束时，还要按税法规定将纳税年度内的全部综合所得合并计税。

4. 特许权使用费所得

（1）预扣预缴应纳税所得额。

特许权使用费所得以个人每次取得的收入，定额或定率减除规定费用后的余额为预扣预缴应纳税所得额。每次收入不超过 4000 元的，定额减除费用 800 元；每次收入在 4000 元以上的，定率减除 20% 的费用。费用扣除计算方法与劳务报酬所得相同。其中，每次收入是指一项特许权的一次许可使用所取得的收入。

应纳税收入=一次许可的实际收入

预扣预缴应纳税所得额=应纳税收入-800 或

预扣预缴应纳税所得额=应纳税收入×（1-20%）

（2）应预扣预缴税额的计算。

特许权使用费所得适用 20% 的比例税率，其应纳税额的计算公式为：

应预扣预缴税额=预扣预缴应纳税所得额×预扣率

特许权使用费所得属于税法规定的综合所得的范围，因此，在纳税年度结束时，还要按税法规定将纳税年度内的全部综合所得合并计税。

（二）居民个人取得经营所得时应纳税额的计算

税法中所称的居民个人取得的经营所得，是指每一纳税年度的应税收入总

额，减除成本、费用以及损失后的余额。这是采用会计核算办法归集或计算得出的应纳税所得额。计算公式为：

应纳税所得额=收入总额-（成本+费用+损失+准予扣除的税金）

1. 收入总额

经营所得对应的收入总额，是指居民个人从事生产、经营以及与生产、经营有关的活动所取得的各项收入，包括商品（产品）销售收入、营运收入、劳务服务收入、工程价款收入、财产出租或转让收入、利息收入、其他收入和营业外收入。

以上各项收入应当按照权责发生制原则确定。

2. 准予扣除的项目

在计算应纳税所得额时，准予从收入总额中扣除的项目包括成本、费用、损失和准予扣除的税金。

成本、费用。

成本、费用，是指居民个人从事生产、经营所发生的各项直接支出和分配计入成本的间接费用以及销售费用、管理费用、财务费用。

纳税人不能提供有关的收入、成本、费用、损失等的完整、准确的纳税资料，不能正确计算应纳税所得额的，应由主管税务机关核定其应纳税所得额。

在计算经营所得对应的应纳税的个人所得额时，准予在所得税前列支的其他项目及列支标准、不得在所得税前列支的项目和资产的税务处理详见税法中的具体规定。

3. 应纳税额的计算方法

个人的经营所得适用五级超额累进税率，以其应纳税所得额按适用税率计算应纳税额。其计算公式为：

应纳税额=应纳税所得额×适用税率-速算扣除数

由于经营所得的应纳税额实行按年计算、分月或分季预缴、年终汇算清缴、多退少补的方法，因此，在实际工作中，需要分别计算按月预缴税额和年终汇算清缴税额。其计算公式为：

本月应预缴税额=本月累计应纳税所得额×适用税率-速算扣除数
-上月累计已预缴税额

公式中的适用税率，是指与计算应纳税额的月份累计应纳税所得对应的税率，该税率从《五级超额累进所得税税率表》中查找确定。

全年应纳税额=全年应纳税所得额×适用税率-速算扣除数

汇算清缴税额=全年应纳税额—全年累计已预缴税额

【例 6-5】 李某于某一年经营某商店，全年营业收入为 400000 元，各种经营相关的费用总计为 100000 元。

请计算李某全年应缴纳的个人所得税。

【解析】

全年应纳税所得额=(400000-100000)=300000(元)

查找个人所得税经营所得税率表，得知适用的税率为20%，速算扣除数为15000。

全年应纳个人所得税税额=300000×20%-15000=45000（元）

所以，李某因经营所得全年需要缴纳的个人所得税为45000元。

（三）居民个人取得利息、股息、红利所得时应纳税额的计算

1. 应纳税所得额

利息、股息、红利所得以个人每次取得的收入额为应纳税所得额，不得从收入额中扣除任何费用。其中，每次收入是指支付单位或个人每次支付利息、股息、红利时，个人所取得的收入。即应纳税所得额=应税收入额。

2. 应纳税额的计算

利息、股息、红利所得适用20%的比例税率。其应纳税额的计算公式为：

应纳税额=应纳税所得额×适用税率

银行存款所取得的利息，除特殊规定外，从2007年8月15日起按5%的税率征收个人所得税。储蓄存款在2007年8月14日以前孳生的利息按20%的税率征收个人所得税。自2008年10月9日（含）起暂免征储蓄存款利息个人所得税。

【例6-6】李某于2008年2月14日存入一年定期人民币200000元，假定年利息率3.78%，于存款到期日，即次年2月14日把存款及利息取出。

请确定其因利息所得应纳的个人所得税。

【解析】

因2008年10月9日（含）起暂免征储蓄存款利息个人所得税。故李某于2009年2月14日取出存款及利息不用交纳利息所得的个人所得税。

（四）居民个人取得财产租赁所得时应纳税额的计算

1. 应纳税所得额

财产租赁所得一般以个人每次取得的收入，定额或定率减除规定费用后的余额为应纳税所得额。每次收入不超过4000元，定额减除费用800元；每次收入在4000元以上，定率减除20%的费用。财产租赁所得以一个月内取得的收入为一次。确定应纳税额的基本公式为：

应纳税所得额=应纳税收入-800或

应纳税所得额=应纳税收入×(1-20%)

在确定财产租赁的应纳税所得额时，纳税人在出租财产过程中缴纳的税金和教育费附加，可持完税（缴款）凭证，从其财产租赁收入中扣除。准予扣除的项目除了规定费用和有关税、费外，还准予扣除能够提供有效、准确凭证，证明由纳税人负担的该出租财产实际开支的修缮费用。允许扣除的修缮费用，以每次 800 元为限。一次扣除不完的，准予在下一次继续扣除，直到扣完为止。

个人出租财产取得的财产租赁收入，在计算缴纳个人所得税时，应依次扣除以下费用：

（1）财产租赁过程中缴纳的税费；

（2）由纳税人负担的该出租财产实际开支的修缮费用；

（3）税法规定的费用扣除标准。

因此，个人出租财产应纳税所得额的计算公式为：

每次（月）收入不超过 4000 元的：

应纳税所得额＝每次(月)收入额－准予扣除项目金额
－修缮费用(800 元为限)－800 元

每次（月）收入超过 4000 元的：

应纳税所得额＝每次(月)收入额－准予扣除项目金额－修缮费用(800 元为限)
－每次(月)收入额×(1－20%)

2. 应纳税额的计算方法

财产租赁所得适用 20%的比例税率。但对个人按市场价格出租的居民住房取得的所得，自 2001 年 1 月 1 日起暂减按 10%的税率征收个人所得税。

其应纳税额的计算公式为：

应纳税额＝应纳税所得额×适用税率

【例 6－7】李某于当前年度的 1 月份将其自有的一间面积为 150 平方米的房屋出租给张某居住，租期 1 年。李某每月取得租金收入 4000 元，全年租金收入 48000 元。

请计算李某全年租金收入应缴纳的个人所得税。

【解析】

财产租赁收入以每月内取得的收入为一次，因此，李某每月及全年应纳税额为：

每月应纳税额＝（4000－800）×10%＝320（元）

全年应纳税额＝320×12＝3840（元）

本例在计算个人所得税时未考虑其他税、费。如果对租金收入计征城市维护建设税、房产税和教育费附加等，还应将其从税前的收入中先扣除后再计算应缴纳的个人所得税。

假定上例中，当年 2 月份因下水道堵塞找人修理，发生修理费用 500 元，有维修部门的正式收据，则 2 月份的应纳税额为：

应纳税额＝（4000－500－800）×10%＝270（元）

全年应纳税额 = 320×11+270 = 3790（元）

在实际征税过程中，有时会出现财产租赁所得的纳税人不明确的情况。对此，在确定财产租赁所得纳税人时，应以产权凭证为依据。无产权凭证的，由主管税务机关根据实际情况确定纳税人。如果产权所有人死亡，在未办理产权继承手续期间，该财产出租且有租金收入的，以领取租金的个人为纳税人。

（五）居民个人取得财产转让所得时应纳税额的计算

1. 应纳税所得额

财产转让所得以个人每次转让财产取得的收入额减除财产原值和相关税、费后的余额为应纳税所得额。其中，“每次”是指以一件财产的所有权一次转让取得的收入为一次。

财产转让所得中允许减除的财产原值是指：

（1）有价证券。其原值为买入价以及买入时按规定缴纳的有关费用。一般地，转让债权采用“加权平均法”确定其应予减除的财产原值和合理费用，计算公式如下：

一次卖出某一种类的债券允许扣除的买价和费用

= 购进该种债券买入价和买进过程中缴纳的税费总和 ÷ 购进该种类债券总数量 × 一次卖出的该种类债券数量 + 卖出的该种类债券过程中缴纳的税费

一次卖出债券应纳个人所得税额

=（该次卖出该类债券收入 − 该次卖出该类债券允许扣除的买价和费用）×20%

【例 6-8】 李某本期购入债券 1000 份，每份买入价 10 元，支付买入债券的税费共计 150 元。本期内将买入的债券一次卖出 600 份，每份卖出价 12 元，支付卖出债券的税费共计 110 元。

请计算李某售出债券应缴纳的个人所得税。

【解析】

一次卖出债券应扣除的买价及费用

=（1000×10+150）÷1000×600+110 = 6200（元）

应缴纳的个人所得税 =（600×12−6200）×20% = 200（元）

（2）建筑物。其原值为建造费或者购进价格以及其他有关税费。

（3）土地使用权。其原值为取得土地使用权所支付的金额、开发土地的费用以及其他有关税费。

（4）机器设备、车船。其原值为购进价格、运输费、安装费，以及其他有关费用。

（5）其他财产。其原值参照以上方法确定。如果纳税人未提供完整、准确的财产原值凭证，不能正确计算财产原值，由主管税务机关核定其财产原值。

财产转让所得中允许减除的合理费用，是指卖出财产时按照规定支付的有关费用。财产转让所得应纳税所得额的计算公式为：

应纳税所得额=每次收入额–财产原值–合理税费

2. 应纳税额的计算

财产转让所得适用20%的比例税率。其应纳税额的计算公式为：

应纳税额=应纳税所得额×适用税率

（六）居民个人取得偶然所得时应纳税额的计算

1. 应纳税所得额

偶然所得以个人每次取得的收入额为应纳税所得额，不扣除任何费用。除有特殊规定外，每次收入额就是应纳税所得额，以每次取得该项收入为一次。即，

应纳税所得额=应纳税收入额=每次收入额

2. 应纳税额的计算方法

偶然所得适用20%的比例税率，其应纳税额的计算公式为：

应纳税额=应纳税所得额（每次收入额）×适用税率

第五节 个人所得税税收优惠

个人所得税既是一种分配手段，也是体现国家政策的重要工具。为了鼓励科学发明，支持社会福利、慈善事业和照顾某些纳税人的实际困难，《个人所得税法》对有关所得项目，有免税、减税的优惠规定。

一、免税项目

根据《个人所得税法》，对下列各项个人所得，免征个人所得税：

（1）省级人民政府、国务院部委和中国人民解放军军以上单位，以及外国组织、国际组织颁发的科学、教育、技术、文化、卫生、体育、环境保护等方面的奖金；

（2）国债和国家发行的金融债券利息；

（3）按照国家统一规定发给的补贴、津贴；

（4）福利费、抚恤金、救济金；

（5）保险赔款；

（6）军人的转业费、复员费、退役金；

（7）按照国家统一规定发给干部、职工的安家费、退职费、基本养老金或

者退休费、离休费、离休生活补助费；

（8）依照有关法律规定应予免税的各国驻华使馆、领事馆的外交代表、领事官员和其他人员的所得；

（9）中国政府参加的国际公约、签订的协议中规定免税的所得；

（10）国务院规定的其他免税所得。

前款第（10）项免税规定，由国务院报全国人民代表大会常务委员会备案。

二、减税项目

为了体现国家政策，有效调节收入，《个人所得税法》对有关所得项目做了减征规定。

（1）对稿酬所得的减征。

税法规定，稿酬所得的收入额减按 70% 计算。

对稿酬所得的收入减按 70% 后，再按规定的计税办法和税率征税。这一规定主要是考虑作者写作或制作一件作品往往需要投入较长的时间和较多的精力，有必要给予适当的税收照顾，体现对稿酬这种知识性所得的特殊政策。

（2）对个人出租住房所得的减征。

为了配合国家住房制度改革支持住房租赁市场的健康发展，从 2008 年 3 月 1 日起，对个人出租住房取得的所得暂减按 10% 的税率征收个人所得税。

（3）其他减征情形。

有下列情形之一的，可以减征个人所得税，具体幅度和期限，由省、自治区、直辖市人民政府规定，并报同级人民代表大会常务委员会备案：

①残疾、孤老人员和烈属的所得；

②因自然灾害遭受重大损失的。

国务院可以规定其他减税情形，报全国人民代表大会常务委员会备案。

第六节　个人所得税征收管理

一、纳税义务发生时间

判断纳税人纳税义务是否发生的基本原则是权责发生制，同时要结合收付实现制原则，并考虑税款支付能力进行综合判断。原则上，当纳税人取得获取所得的权利时，无论款项是否收到，其个人所得税的纳税义务就产生了。

（一）纳税人取得综合所得时的纳税义务发生时间

纳税人取得工资、薪金所得时，按照所在单位工资发放管理制度，于工资发放时，纳税义务产生。

纳税人取得劳务报酬所得时，在雇佣单位发放劳务报酬时，纳税义务产生。

纳税人取得稿酬所得时，在出版单位发放稿酬时，纳税义务产生。

纳税人取得特许权使用费所得时，在对方支付特许权使用费时，纳税义务产生。

（二）纳税人取得经营所得时的纳税义务发生时间

因经营所得按年核算并计税，因此，纳税人取得经营所得，其纳税义务发生时间的判断为：纳税年度结束时，如果纳税人取得基于会计核算并考虑税法原则的应税所得，则纳税义务产生。相反，如果存在符合税法规定的年度亏损，则当年没有纳税义务。

（三）纳税人取得综合所得及经营所得以外的所得时的纳税义务发生时间

纳税人取得综合所得及经营所得以外的其他所得时，纳税义务发生时间分别为：

对于股息、利息、红利所得，在纳税人收到相关所得时，纳税义务产生。

对于财产租赁所得，在纳税人收到财产租赁所得时，纳税义务产生。

对于财产转让所得，在纳税人收到财产转让所得时，纳税义务产生。

对于偶然所得，在纳税人收到偶然所得时，纳税义务产生。

二、纳税期限

（一）居民个人取得综合所得时的纳税期限

居民个人取得综合所得，按年计算个人所得税；有扣缴义务人的，由扣缴义务人按月或者按次预扣预缴税款；需要办理汇算清缴的，应当在取得所得的次年3月1日至6月30日内办理汇算清缴。预扣预缴办法由国务院税务主管部门制定。

居民个人向扣缴义务人提供专项附加扣除信息的，扣缴义务人按月预扣预缴税款时应当按照规定予以扣除，不得拒绝。

（二）非居民个人取得综合所得时的纳税期限

非居民个人取得工资、薪金所得，劳务报酬所得，稿酬所得和特许权使用费所得，有扣缴义务人的，由扣缴义务人按月或者按次代扣代缴税款，不办理汇算清缴。

（三）纳税人取得经营所得时的纳税期限

纳税人取得经营所得，按年计算个人所得税，由纳税人在月度或者季度终了后15日内向税务机关报送纳税申报表，并预缴税款；在取得所得的次年3月31日前办理汇算清缴。

（四）纳税人取得综合所得及经营所得以外的所得时的纳税期限

纳税人取得利息、股息、红利所得，财产租赁所得，财产转让所得和偶然所得，按月或者按次计算个人所得税，有扣缴义务人的，由扣缴义务人按月或者按次代扣代缴税款。

（五）纳税人取得应税所得且没有扣缴义务人时的纳税期限

纳税人取得应税所得没有扣缴义务人的，应当在取得所得的次月 15 日内主动向税务机关报送纳税申报表，并缴纳税款。

（六）纳税人取得应税所得但扣缴义务人未履行扣缴义务时的纳税期限

纳税人取得应税所得，扣缴义务人未扣缴税款的，纳税人应当在取得所得的次年 6 月 30 日前，缴纳税款；税务机关通知限期缴纳的，纳税人应当按照期限缴纳税款。

（七）居民个人取得境外所得时的纳税期限

居民个人从中国境外取得所得的，应当在取得所得的次年 3 月 1 日至 6 月 30 日内申报纳税。

（八）非民居个人在中国境内取得两处以上工资、薪金所得时的纳税期限

非居民个人在中国境内从两处以上取得工资、薪金所得的，应当在取得所得的次月 15 日内申报纳税。纳税人因移居境外注销中国户籍的，应当在注销中国户籍前办理税款清算。

（九）扣缴义务人履行扣缴义务的纳税期限

扣缴义务人每月或者每次预扣、代扣的税款，应当在次月 15 日内缴入国库，并向税务机关报送扣缴个人所得税申报表。

三、纳税地点

纳税地点原则上以所得产生地为纳税地点。具体为：

在境内存在扣缴义务人的，以扣缴义务人所在地为纳税地点。

在境内不存在扣缴义务人的，依据纳税人识别号判断纳税人应税所得的纳税地点。其中，中国公民以其身份号码为纳税人识别号，纳税人没有中国公民身份号码的，由税务机关赋予其纳税人识别号。扣缴义务人扣缴税款时，纳税人应当向扣缴义务人提供纳税人识别号。

第七节　个人所得税纳税申报

个人所得税的纳税申报方式有两种，分别是自行申报纳税和代扣代缴。因个人所得税的纳税人众多，且同一纳税人取得所得的来源渠道也多种多样，为方便个人所得税的纳税管理，对于个人取得的应税所得应首先采取源泉扣缴的方式进行管理，然后再依个人所得税法的规定，确定是否需要自行申报纳税。

一、源泉扣缴

税法规定，个人所得税以取得应税所得的个人为纳税义务人，以支付所得的单位或者个人为扣缴义务人，包括企业（公司）、事业单位、财政部门、机关事务管理部门、人事管理部门、社会团体、军队、驻华机构（不包括外国驻华使领馆和联合国及其他依法享有外交特权和豁免权的国际组织驻华机构）、个体工商户等单位或个人。按照税法规定代扣代缴个人所得税，是扣缴义务人的法定义务，必须依法履行。

扣缴义务人在向个人支付下列所得时，应代扣代缴个人所得税：工资、薪金所得，劳务报酬所得，稿酬所得，特许权使用费所得，利息、股息、红利所得，财产租赁所得，财产转让所得，偶然所得等八项所得。

二、自行申报纳税

自行申报纳税是由纳税人自行在税法规定的纳税期限内，向税务机关申报取得的应税所得项目和数额，如实填写个人所得税纳税申报表，并按照税法规定计算应纳税额，据此缴纳个人所得税的一种方法。

【本章小结】

个人所得税是以个人取得的各类应税所得为征税对象而征收的一种所得税，是政府利用税收对个人收入进行调节的一种手段。个人所得税法是国家制定的用以调整个人所得税征收与缴纳之间权利与义务关系的法律规范。个人所得税的纳税义务人按住所和居住时间标准区分为居民个人和非居民个人。征税范围大体划分为三大类应税所得，分别是综合所得、经营所得和其他所得。具体对应于九小类所得。确定应纳所得税税额的基本公式为应纳税所得额乘以适用税率。其中，确定应纳税所得额时首先要确定取得所得的纳税人的身份，然后确定其适用的费用扣除方法及适用税率。在计算应纳税额时，按照所得的不同类别分别计算应纳税额，同时还要考虑居民个人的综合所得进行年终汇算。

第七章　其他税

【学习目标】

本章涉及的税种较多，现行税法体系中除了商品（货物）和劳务税类、所得税类涉及的五种税外，其他类别的税种均在本章进行介绍。主要包括财产和行为税类的税种，如房产税、契税、车船税、印花税等四种税；资源税和环境保护税类的税种，如资源税、城镇土地使用税、土地增值税和环境保护税等四种税；特定目的税类，如车辆购置税、耕地占用税、烟叶税、船舶吨税和城市维护建设税等五种税。本章共计介绍十三种税。为表述方便，整体介绍时使用其他税代表上述十三种税。

通过本章的学习，要求掌握以下知识点：

1. 了解其他税的定义与特点
2. 掌握其他税的构成要素
3. 掌握其他税应纳税额的计算
4. 了解其他税的征收管理

【知识框架图】

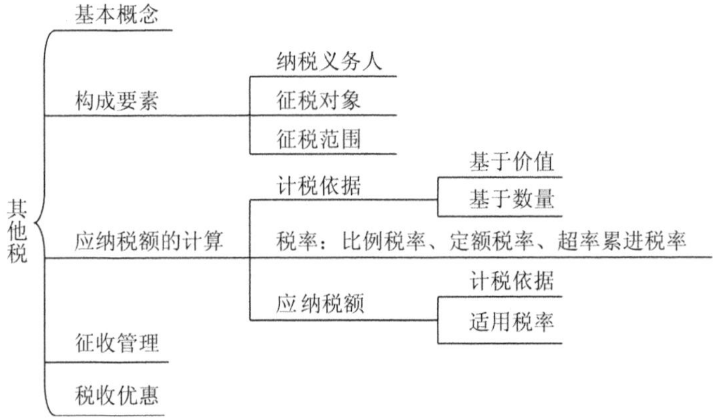

第一节　房产税

房产税法是指国家制定的调整房产税征收与缴纳之间权利及义务关系的法律规范。现行房产税法的基本规范，是1986年9月15日国务院颁布的《中华人民共和国房产税暂行条例》。

一、房产税概念

房产税是以房屋为征税对象，按照房屋的计税余值或租金收入，向产权所有人征收的一种财产税。

二、纳税义务人与征税对象

（一）纳税义务人

房产税以在征税范围内的房屋产权所有人为纳税人。其中：

（1）产权属国家所有的，由经营管理单位纳税；产权属集体和个人所有的，由集体单位和个人纳税。

（2）产权出典的，由承典人依照房产余值缴纳房产税。

（3）产权所有人、承典人不在房屋所在地的，由房产代管人或者使用人纳税。

（4）产权未确定及租典纠纷未解决的，亦由房产代管人或者使用人纳税。

（5）无租使用其他单位房产的问题。无租使用其他单位房产的应税单位和个人，依照房产余值代缴纳房产税。

（6）自2009年1月1日起，外商投资企业、外国企业和组织以及外籍个人，依照《中华人民共和国房产税暂行条例》缴纳房产税。

（二）征税对象

房产税的征税对象是房产。所谓房产，是指有屋面和围护结构（有墙或两边有柱），能够遮风避雨，可供人们在其中生产、学习、工作、娱乐、居住或贮藏物资的场所。

房地产开发企业建造的商品房，在出售前，不征收房产税；但对出售前房地产开发企业已使用或出租、出借的商品房应按规定征收房产税。

三、征税范围

房产税的征税范围为：城市、县城、建制镇和工矿区。

（1）城市是指国务院批准设立的市。

（2）县城是指县人民政府所在地的地区。

（3）建制镇是指经省、自治区、直辖市人民政府批准设立的建制镇。

（4）工矿区是指工商业比较发达、人口比较集中、符合国务院规定的建制镇标准但尚未设立建制镇的大中型工矿企业所在地。开征房产税的工矿区须经省、自治区、直辖市人民政府批准。房产税的征税范围不包括农村。

四、计税依据与税率

（一）计税依据

房产税的计税依据是房产的计税价值或房产的租金收入。按照房产计税价值征税的，称为从价计征；按照房产租金收入计征的，称为从租计征。

1. 从价计征

《房产税暂行条例》规定，房产税依照房产原值一次减除 10% ~ 30% 后的余值计算缴纳，各地扣除比例由当地省、自治区、直辖市人民政府确定。

房产原值应根据国家有关会计制度规定进行核算，对纳税人未按国家会计制度规定核算并记载的，应按规定予以调整或重新评估；房产原值应包括与房屋不可分割的各种附属设备或一般不单独计算价值的配套设施；纳税人对原有房屋进行改建、扩建的，要相应增加房屋的原值。房产余值是房产的原值减除规定比例后的剩余价值。

2. 从租计征

《房产税暂行条例》规定，房产出租的，以房产租金收入为房产税的计税依据。

所谓房产的租金收入，是房屋产权所有人出租房产使用权所得的报酬，包括货币收入和实物收入。如果是以劳务或者其他形式为报酬抵付房租收入的，应根据当地同类房产的租金水平，确定一个标准租金额从租计征。

（二）税率

我国现行房产税采用的是比例税率。由于房产税的计税依据分为从价计征和从租计征两种形式，所以房产税的税率也有两种：一种是按房产原值一次减除 10% ~ 30% 后的余值计征的，税率为 1.2%；另一种是按房产出租的租金收入计征的，税率为 12%。从 2001 年 1 月 1 日起，对个人按市场价格出租的居民住房，用于居住的，可暂减按 4% 的税率征收房产税。

五、应纳税额的计算

房产税的计税依据有两种，与之相适应的应纳税额计算也分为两种：一是从价计征的计算；二是从租计征的计算。

（一）从价计征的计算

从价计征是按房产的原值减除一定比例后的余值计征，其计算公式为：

应纳税额 = 应税房产原值 ×（1 - 扣除比例）× 1.2%

【例 7-1】 某企业的经营用房原值为 5000 万元，按照当地规定允许减除 30% 后余值计税，适用税率为 1.2%。

请计算其应纳房产税税额。

【解析】应纳税额 = 5000×(1-30%)×1.2% = 42（万元）

（二）从租计征的计算

从租计征是按房产的租金收入计征，其计算公式为：

应纳税额 = 租金收入×12%（或 4%）

【例 7-2】某公司出租房屋 3 间，年租金收入为 30000 元，适用税率为 12%。

请计算其应纳房产税税额。

【解析】应纳税额 = 30000×12% = 3600（元）

六、税收优惠

房产税的税收优惠是根据国家政策需要和纳税人的负担能力制定的。由于房产税属于地方税，因此给予地方一定的减免权限，有利于地方因地制宜处理问题。

目前，房产税的税收优惠政策主要有：

（1）国家机关、人民团体、军队自用的房产免征房产税。

（2）由国家财政部门拨付事业经费的单位，本身业务范围内使用的房产免征房产税。

（3）宗教寺庙、公园、名胜古迹自用的房产免征房产税。

（4）个人所有非营业用的房产免征房产税。

（5）对行使国家行政管理职能的中国人民银行总行（含国家外汇管理局）所属分支机构自用的房产，免征房产税。

（6）经财政部批准免税的其他房产。

七、征收管理

（一）纳税义务发生时间

（1）纳税人将原有房产用于生产经营，从生产经营之月起缴纳房产税。

（2）纳税人自行新建房屋用于生产经营，从建成之次月起缴纳房产税。

（3）纳税人委托施工企业建设的房屋，从办理验收手续之次月起缴纳房产税。

（4）纳税人购置新建商品房，自房屋交付使用之次月起缴纳房产税。

（5）纳税人购置存量房，自办理房屋权属转移、变更登记手续，房地产权属登记机关签发房屋权属证书之次月起，缴纳房产税。

（6）纳税人出租、出借房产，自交付出租、出借房产之次月起，缴纳房产税。

（7）房地产开发企业自用、出租、出借本企业建造的商品房，自房屋使用或交付之次月起，缴纳房产税。

（8）自2009年1月1日起，纳税人因房产的实物或权利状态发生变化而依法终止房产税纳税义务的，其应纳税款的计算应截止到房产的实物或权利状态发生变化的当月末。

（二）纳税期限

房产税实行按年计算、分期缴纳的征收方法，具体纳税期限由省、自治区、直辖市人民政府确定。

（三）纳税地点

房产税在房产所在地缴纳。房产不在同一地方的纳税人，应按房产的坐落地点分别向房产所在地的税务机关纳税。

第二节 契 税

契税法是指国家规定的用以调整契税征收与缴纳之间权利义务关系的法律规范。现行契税法的基本规范，是1997年7月7日国务院发布并于同年10月1日开始实施的《中华人民共和国契税暂行条例》（以下简称《契税法暂行条例》）。

一、契税概念

契税是以在中华人民共和国境内转移土地、房屋权属为征税对象，向产权承受人征收的一种财产税。

二、纳税义务人与征税对象

（一）纳税义务人

契税的纳税义务人是境内转移土地、房屋权属，承受的单位和个人。境内是指中华人民共和国实际税收行政管辖范围内。土地、房屋权属是指土地使用权和房屋所有权。单位是指企业单位、事业单位、国家机关、军事单位和社会团体以及其他组织。个人是指个体经营者及其他个人，包括中国公民和外籍人员。

（二）征税对象

契税的征税对象是境内转移的土地、房屋权属。具体包括以下五项内容：

1. 国有土地使用权出让

国有土地使用权出让是指土地使用者向国家交付土地使用权出让费用，国家将国有土地使用权在一定年限内让与土地使用者的行为。

土地使用者在取得国有土地使用权时按规定所支付的土地出让金，要计征契税。并且不得因减免土地出让金而减免契税。

2. 土地使用权的转让

土地使用权的转让是指土地使用者以出售、赠与、交换或者其他方式将土地使用权转移给其他单位和个人的行为。土地使用权的转让不包括农村集体土地承包经营权的转移。

3. 房屋买卖

即以货币为媒介，出卖者向购买者过渡房产所有权的交易行为。

以下几种特殊情况，视同买卖房屋：

(1) 以房产抵债或实物交换房屋。

经当地政府和有关部门批准，以房抵债和实物交换房屋，均视同房屋买卖，应由产权承受人，按房屋现值缴纳契税。

(2) 以房产作投资或作股权转让。

这种交易业务属房屋产权转移，应根据国家房地产管理的有关规定，办理房屋产权交易和产权变更登记手续，视同房屋买卖，由产权承受方按契税税率计算缴纳契税。

以自有房产作股投入本人独资经营的企业，免纳契税。因为以自有的房地产投入本人独资经营的企业，产权所有人和使用权使用人未发生变化，不需办理房产变更手续，也不办理契税手续。

(3) 买房拆料或翻建新房，应照章征收契税。

例如，甲某购买乙某房产，不论其目的是取得该房产的建筑材料或是翻建新房，实际构成房屋买卖。甲某应首先办理房屋产权变更手续，并按买价缴纳契税。

4. 房屋赠与

房屋的赠与是指房屋产权所有人将房屋无偿转让给他人所有。其中，将自己的房屋转交给他人的法人和自然人，称作房屋赠与人；接受他人房屋的法人和自然人，称为受赠人。房屋赠与的前提必须是，产权无纠纷，赠与人和受赠人双方自愿。

由于房屋是不动产，价值较大，故法律要求赠与房屋应有书面合同（契约)，并到房地产管理机关或农村基层政权机关办理登记过户手续，才能生效。如果房屋赠与行为涉及涉外关系，还需公证处证明和外事部门认证，才能有效。房屋的受赠人要按规定缴纳契税。

5. 房屋交换

房屋交换是指房屋所有者之间互相交换房屋的行为。

三、计税依据与税率

（一）计税依据

契税的计税依据为不动产的价格。

由于土地、房屋权属转移方式不同，定价方法不同，因而具体计税依据视不同情况而决定。

（1）国有土地使用权出让、土地使用权出售、房屋买卖，以成交价格为计税依据。成交价格是指土地、房屋权属转移合同确定的价格，包括承受者应交付的货币、实物、无形资产或者其他经济利益。

（2）土地使用权赠与、房屋赠与，由征收机关参照土地使用权出售、房屋买卖的市场价格核定。

（3）土地使用权交换、房屋交换，为所交换的土地使用权、房屋的价格差额。也就是说，交换价格相等时，免征契税；交换价格不等时，由多交付的货币、实物、无形资产或者其他经济利益的一方缴纳契税。

（4）以划拨方式取得土地使用权，经批准转让房地产时，由房地产转让者补交契税。计税依据为补交的土地使用权出让费用或者土地收益。

为了避免偷、逃税款，税法规定，成交价格明显低于市场价格并且无正当理由的，或者所交换土地使用权、房屋的价格的差额明显不合理并且无正当理由的，征收机关可以参照市场价格核定计税依据。

（5）房屋附属设施征收契税的依据。

①采取分期付款方式购买房屋附属设施土地使用权、房屋所有权的，应按合同规定的总价款计征契税。

②承受的房屋附属设施权属如为单独计价的，按照当地确定的适用税率征收契税；如与房屋统一计价的，适用与房屋相同的契税税率。

（6）个人无偿赠与不动产行为（法定继承人除外），应对受赠人全额征收契税。在缴纳契税时，纳税人须提交经税务机关审核并签字盖章的《个人无偿赠与不动产登记表》，税务机关（或其他征收机关）应在纳税人的契税完税凭证上加盖“个人无偿赠与”印章，在《个人无偿赠与不动产登记表》中签字并将该表格留存。

（二）税率

契税实行3%～5%的幅度税率。

实行幅度税率是考虑到我国经济发展的不平衡，各地经济差别较大的实际情况。因此，各省、自治区、直辖市人民政府可以在3%～5%的幅度税率规定范围内，按照本地区的实际情况决定。

四、应纳税额的计算

契税采用比例税率。其应纳税额的计算公式为：

应纳税额=计税依据×税率

【例 7-3】居民甲有两套住房，将一套出售给居民乙，成交价格为 200000 元；将另一套两室住房与居民丙交换成两处一室住房，并支付给居民丙换房差价款 60000 元。

请计算甲、乙、丙相关行为应缴纳的契税（假定税率为 4%）。

【解析】（1）甲应缴纳契税=60000×4%=2400（元）

（2）乙应缴纳契税=200000×4%=8000（元）

（3）丙不缴纳契税。

五、税收优惠

（一）契税优惠的一般规定

（1）国家机关、事业单位、社会团体、军事单位承受土地、房屋用于办公、教学、医疗、科研和军事设施的，免征契税。

（2）城镇职工按规定第一次购买公有住房，免征契税。

此外，财政部、国家税务总局规定：自 2000 年 11 月 29 日起，对各类公有制单位为解决职工住房而采取集资建房方式建成的普通住房，或由单位购买的普通商品住房，经当地县以上人民政府房改部门批准、按照国家房改政策出售给本单位职工的，如属职工首次购买住房，均可免征契税。

（3）因不可抗力灭失住房而重新购买住房的，酌情减免。不可抗力是指自然灾害、战争等不能预见、不可避免，并不能克服的客观情况。

（4）土地、房屋被县级以上人民政府征用、占用后，重新承受土地、房屋权属的，由省级人民政府确定是否减免。

（5）承受荒山、荒沟、荒丘、荒滩土地使用权，并用于农、林、牧、渔业生产的，免征契税。

（6）经外交部确认，依照我国有关法律规定以及我国缔结或参加的双边和多边条约或协定，应当予以免税的外国驻华使馆、领事馆、联合国驻华机构及其外交代表、领事官员和其他外交人员承受土地、房屋权属。

（7）公租房经营单位购买住房作为公租房的，免征契税。

（8）对个人购买家庭唯一住房（家庭成员范围包括购房人、配偶以及未成年子女，下同），面积为 90 平方米及以下的，减按 1% 的税率征收契税；面积为 90 平方米以上的，减按 1.5% 的税率征收契税。

（9）对个人购买家庭第二套改善性住房，面积为 90 平方米及以下的，减按 1% 的税率征收契税；面积为 90 平方米以上的，减按 2% 的税率征收契税。家庭第二套改善性住房是指已拥有一套住房的家庭，购买的家庭第二套住房。

（10）纳税人申请享受税收优惠的，根据纳税人的申请或授权，由购房所在地的房地产主管部门出具纳税人家庭住房情况书面查询结果，并将查询结果和相关住房信息及时传递给税务机关。暂不具备查询条件而不能提供家庭住房查询结果的，纳税人应向税务机关提交家庭住房实有套数书面诚信保证，诚信保证不实的，属于虚假纳税申报，按照《中华人民共和国税收征收管理法》的有关规定处理，并将不诚信记录纳入个人征信系统。

（11）按照便民、高效原则，房地产主管部门应按规定及时出具纳税人家庭住房情况书面查询结果，税务机关应对纳税人提出的税收优惠申请限时办结。

（二）契税优惠的特殊规定

基于 2018 年 3 月 2 日颁布的财税〔2018〕17 号文件，契税优惠的特殊规定如下：

1. 企业改制

企业按照《中华人民共和国公司法》有关规定整体改制，包括非公司制企业改制为有限责任公司或股份有限公司，有限责任公司变更为股份有限公司，股份有限公司变更为有限责任公司，原企业投资主体存续并在改制（变更）后的公司中所持股权（股份）比例超过 75%，且改制（变更）后公司承继原企业权利、义务的，对改制（变更）后公司承受原企业土地、房屋权属，免征契税。

2. 事业单位改制

事业单位按照国家有关规定改制为企业，原投资主体存续并在改制后企业中出资（股权、股份）比例超过 50% 的，对改制后企业承受原事业单位土地、房屋权属，免征契税。

3. 公司合并

两个或两个以上的公司，依照法律规定、合同约定，合并为一个公司，且原投资主体存续的，对合并后公司承受原合并各方土地、房屋权属，免征契税。

4. 公司分立

公司依照法律规定、合同约定分立为两个或两个以上与原公司投资主体相同的公司，对分立后公司承受原公司土地、房屋权属，免征契税。

5. 企业破产

企业依照有关法律法规规定实施破产，债权人（包括破产企业职工）承受破产企业抵偿债务的土地、房屋权属，免征契税；对非债权人承受破产企业土地、房屋权属，凡按照《中华人民共和国劳动法》等国家有关法律法规政策妥善安置原企业全部职工规定，与原企业全部职工签订服务年限不少于三年的劳动用工合同的，对其承受所购企业土地、房屋权属，免征契税；与原企业超过30%的职工签订服务年限不少于三年的劳动用工合同的，减半征收契税。

6. 资产划转

对承受县级以上人民政府或国有资产管理部门按规定进行行政性调整、划转国有土地、房屋权属的单位，免征契税。

同一投资主体内部所属企业之间土地、房屋权属的划转，包括母公司与其全资子公司之间，同一公司所属全资子公司之间，同一自然人与其设立的个人独资企业、一人有限公司之间土地、房屋权属的划转，免征契税。

母公司以土地、房屋权属向其全资子公司增资，视同划转，免征契税。

7. 债权转股权

经国务院批准实施债权转股权的企业，对债权转股权后新设立的公司承受原企业的土地、房屋权属，免征契税。

8. 划拨用地出让或作价出资

以出让方式或国家作价出资（入股）方式承受原改制重组企业、事业单位划拨用地的，不属上述规定的免税范围，对承受方应按规定征收契税。

9. 公司股权（股份）转让

在股权（股份）转让中，单位、个人承受公司股权（股份），公司土地、房屋权属不发生转移，不征收契税。

此处所称企业、公司，是指依照我国有关法律法规设立并在中国境内注册的企业、公司。

此处所称投资主体存续，是指原企业、事业单位的出资人必须存在于改制重组后的企业，出资人的出资比例可以发生变动；投资主体相同，是指公司分立前后出资人不发生变动，出资人的出资比例可以发生变动。

上述特殊优惠规定自 2018 年 1 月 1 日起至 2020 年 12 月 31 日执行。在此之前，企业、事业单位改制重组过程中涉及的契税尚未处理的，符合上述规定的可按上述规定执行。

六、征收管理

（一）纳税义务发生时间

契税的纳税义务发生时间是纳税人签订土地、房屋权属转移合同的当天，或者纳税人取得其他具有土地、房屋权属转移合同性质凭证的当天。

（二）纳税期限

纳税人应当自纳税义务发生之日起 10 日内，向土地、房屋所在地的契税征收机关办理纳税申报，并在契税征收机关核定的期限内缴纳税款。

（三）纳税地点

契税在土地、房屋所在地的征收机关缴纳。

第三节　车船税

车船税法是指国家制定的用以调整车船税征收与缴纳之间权利及义务关系的法律规范。

现行车船税法的基本规范，是2011年2月25日第十一届全国人民代表大会常务委员会第十九次会议通过并颁布于2012年1月1日起施行《中华人民共和国车船税法》。

一、车船税概念

车船税是以车船为征收对象，向车辆、船舶的所有人或管理人征收的一种税。

这里的车船是指按《车船税》法所附《车船税税目税额表》中规定的车辆、船舶（以下简称车船）。就其性质而言，属于直接税的范畴。

二、纳税义务人

车船税的纳税人是指在中华人民共和国境内拥有或管理属于《车船税》法所附《车船税税目税额表》规定的车辆、船舶（以下简称车船）的单位或个人。

此处所称的单位，包括国有企业、集体企业、私营企业、股份制企业、外商投资企业、外国企业以及其他企业，事业单位、社会团体、国家机关、部队以及其他单位。所称个人，包括个体工商户及其他个人，既包括中国公民又包括外国公民。

三、征税对象与征税范围

车船税以税法列举的车船作为征税对象，未列举的车船不纳税。

其征税范围包括了乘用车、商用车、其他车辆（如专用作业车、轮式专用机械车）、摩托车和船舶等五个税目。

四、税目、税率与计税依据

（一）税目和税率

车船税税目税额如表7-1所示。

表 7-1　车船税税目税额

税目		计税单位	年基准税额（元）	备注
乘用车按发动机汽缸容量（排气量分档）	1.0升（含）以下的	每辆	60~360	核定载客人数9人（含）以下
	1.0升以上至1.6升（含）的		300~540	
	1.6升以上至2.0升（含）的		360~660	
	2.0升以上至2.5升（含）的		660~1200	
	2.5升以上至3.0升（含）的		1200~2400	
	3.0升以上至4.0升（含）的		2400~3600	
	4.0升以上的		3600~5400	
商用车	客车	每辆	480~1440	核定载客人数9人（包括电车）以上
	货车	整备质量每吨	16~120	包括半挂车、挂车、客货两用汽车、三轮汽车和低速载货汽车等
其他车辆	专用作业车	整备质量每吨	16~120	不包括拖拉机
	轮式专用机械车	整备质量每吨	16~120	
摩托车		每辆	36~180	
船舶	机动船舶	净吨位每吨	3~6	拖船、非机动驳船分别按照机动船舶税额的50%计算；游艇的税额另行规定
	游艇	艇身长度每米	600~2000	

（二）车船税税科目与单位税额的其他规定

1. 机动船舶

机动船舶具体适用的单位税额为：

（1）净吨位小于或等于200吨的，每吨3元；

（2）净吨位201~2000吨的，每吨4元；

（3）净吨位2001~10000吨的，每吨5元；

（4）净吨位10001吨及以上的，每吨6元。

拖船按照发动机功率每1千瓦折合净吨位0.67吨计算征收车船税。

2. 游艇

游艇具体适用的单位税额为：

（1）艇身长度不超过10米的游艇，每米600元；

（2）艇身长度超过10米但不超过18米的游艇，每米900元；

（3）艇身长度超过 18 米但不超过 30 米的游艇，每米 1300 元；

（4）艇身长度超过 30 米的游艇，每米 2000 元；

（5）辅助动力帆艇，每米 600 元。

游艇艇身长度是指游艇的总长。

3. 关于计算尾数

车船税法及其实施条例涉及的整备质量、净吨位、艇身长度等计税单位，有尾数的，一律按照含尾数的计算单位据实计算车船税应纳税额。计算得出的应纳税额小数点后超过两位的可四舍五入保留两位小数。

4. 计税基准信息的确定

乘用车以车辆登记管理部门核发的机动车登记证书或者行驶证书所载的排气量毫升数确定税额区间。

车船税法和实施条例所涉及的排气量、整备质量、核定载客人数、净吨位、功率（千瓦或马力）、艇身长度以车船登记管理部门核发的车船登记证书或者行驶证相应项目所载数据为准。

（三）计税依据

车船税以应税车船为课税对象，实行从量定额的方法计算应纳税额，应税车船的数量即为车船税的计税依据。具体到每种应税车船上，其计税依据表现为辆、吨、米，如表 7-1 所示。

五、车船税应纳税额的计算

（一）应纳税额的确定

车船税实行从量定额的方法计算应纳税额，基本的计算公式为：

应纳税额=计税依据×税率

车船税由地方税务机关负责征收。

在计算车船时要区分是否为新购置的车船。如果是新购置的车船，购置当年的应纳税额自纳税义务发生的当月起按月计算。计算公式为：

应纳税额=(年应纳税额÷12)×应纳税月份数

应纳税月份数=12-纳税义务发生时间(取月份)+1

【例 7-4】 李某 2018 年 3 月从某汽车有限公司购买一辆小汽车供自己使用，支付了含增值税税款在内的款项 234000 元，另支付代收临时牌照费 550 元、代收保险费 1000 元，支付购买工具件和零配件价款 3000 元，车辆装饰费 1300 元。所支付的款项均由该汽车有限公司开具“机动车销售统一发票”和有关票据。所购小汽车核定载客人数为 5 人，汽缸容量为 2.0 升。

请计算李某当年应纳的车船税税额。

【解析】

查找车船税税目税额表可知，核定载客人数为 5 人，汽缸容量为 2.0 升的乘用车对应的税额区间为360元至660元之间。具体适用税额取决于所在地省、自治区、直辖市人民政府的规定。计税单位为一辆。则：

全年车船税应纳税额下限＝1×360＝360（元）

全年车船税应纳税额上限＝1×660＝660（元）

又因纳税义务发生时间为3月，故该年度3月至10月存在车船税的纳税义务。

李某在购置年度应纳车船税税额下限＝360÷12×10＝300（元）

李某在购置年度应纳车船税税额上限＝660÷12×10＝550（元）

因此，该年度李某应纳车船税税额在300元至550元之间（含两个端点的值），具体应纳税额取决于所在地的规定。

（二）特殊情形下车船税应纳税额的确定

在一个纳税年度内，已经完税的车船被盗抢、报废、灭失的，纳税人可以凭有关管理机关出具的证明和完税证明，向纳税所在地的主管税务机关申请退还自被盗抢、报废、灭失月份起至该纳税年度终了期间的税款。

已经办理退税的被盗抢车船，失而复得的，纳税人应当从公安机关出具相关证明的当月起计算缴纳车船税。

在一个纳税年度内，纳税人在非车辆登记地由保险机构代收代缴机动车车船税，且能够提供合法有效完税证明的，纳税人不再向车辆登记地的地方税务机关缴纳车辆车船税。

六、税收优惠

（一）车船税法定减免

我国车船税实行法定减免和特定减免，其中，法定减免税范围的具体规定是：

（1）捕捞、养殖渔船。

（2）军队、武装警察部队专用的车船。

（3）警用车船。

（4）依照法律规定应当予以免税的外国驻华使领馆、国际组织驻华代表机构及其有关人员的车船。

（5）对节约能源的车船减半征收车船税；对使用新能源的车船免征车船税；减半征收车船税的节约能源采用车和商用车、免征车船税的使用新能源的汽车均应符合规定的标准。

（6）对受严重自然灾害影响纳税困难以及有其他特殊原因确需减税、免税的，可以减征或者免征车船税。具体办法由国务院规定，并报全国人民代表大会常务委员会备案。

省、自治区、直辖市人民政府根据当地实际情况，可以对公共交通车船，农村居民拥有并主要在农村地区使用的摩托车、三轮汽车和低速载货汽车定期减征或者免征车船税。

（二）车船税特定减免

以下情况属于车船税特定减免的范围：

（1）经批准临时入境的外国车船和香港特别行政区、澳门特别行政区、台湾地区的车船，不征收车船税。

（2）按照规定缴纳船舶吨税的机动船舶，自车船税法实施之日起 5 年内免征车船税。

（3）依法不需要在车船登记管理部门登记的机场、港口、铁路站场内部行驶或作业的车船，自车船税法实施之日起 5 年内免征车船税。

（4）依 2018 年 7 月 10 日的财税〔2018〕74 号文件，对节能汽车减半征收车船税，对新能源车船免征车船税。相关标准见该文件的具体规定。

七、征收管理

根据 2012 年 1 月 1 日开始施行的《中华人民共和国车船税法》，车船税的征收规定如下：

（一）纳税义务发生时间与纳税期限

车船税纳税义务发生时间为取得车船所有权或者管理权的当月，纳税人要在上述当月的期限内完成车船税税款缴纳。

当月对应的月份以购买车船的发票或其他证明文件所载日期的当月为准。

车船税按年申报，分月计算，一次性缴纳。纳税年度为公历 1 月 1 日至 12 月 31 日。具体申报纳税期限由省、自治区、直辖市人民政府规定。

（二）纳税环节

车船税的征税环节为使用环节，即最终消费环节。具体而言，纳税人应当于每年在对应于纳税义务发生时间的当月向当地主管税务机关缴纳车船税，也可以委托保险机构代为缴纳，但要取得并保管好完税凭证。

（三）纳税地点

车船税的纳税地点原则上为车船登记地主管税务机关所在地。如果存在扣缴义务人，则车船税的纳税地点为车船税扣缴义务人所在地。对于依法不需要办理登记的车船，纳税地点为车船所有人或管理信管税务机关所在地。

第四节　印花税

印花税法是指国家制定的用以调整印花税征收与缴纳之间权利及义务关系

的法律规范。现行印花税法的基本规范，是1988年8月6日国务院发布并于同年10月1日实施的《中华人民共和国印花税暂行条例》。

一、印花税概念

印花税是以经济活动和经济交往中，书立、领受应税凭证的行为为征收对象征收的一种税。印花税因其采用在应税凭证上粘贴印花税票的方法缴纳税款而得名。

二、纳税义务人

印花税的纳税义务人，是在中国境内书立、使用、领受印花税法所列举的凭证并应依法履行纳税义务的单位和个人。上述单位和个人，按照书立、使用、领受应税凭证的不同，可以分别确定为立合同人、立据人、立账簿人、领受人、使用人和各类电子应税凭证的签订人6种。

需要注意的是，对应税凭证，凡由两方或两方以上当事人共同书立的，其当事人各方都是印花税的纳税人，应各就其所持凭证的计税金额履行纳税义务。

三、税目与税率

（一）税目

印花税的税目，指印花税法明确规定的应当纳税的项目，它具体划定了印花税的征税范围。印花税共有13个税目，如表7-2所示。

（二）税率

印花税的税率有两种形式，即比例税率和定额税率，各税目适用税率的具体规定如表7-2所示。

表7-2　印花税税目、税率

税目	范围	税率	纳税人	说明
1. 购销合同	包括供应、预购、采购、购销结合及协作、调剂、补偿、易货等合同	按购销金额3‱贴花	立合同人	
2. 加工承揽合同	包括加工、定做、修缮、修理、印刷、广告、测绘、测试等合同	按加工或承揽收入5‱贴花	立合同人	
3. 建设工程勘察设计合同	包括勘察、设计合同	按收取费用5‱贴花	立合同人	
4. 建筑安装工程承包合同	包括建筑、安装工程承包合同	按承包金额3‱贴花	立合同人	

续表

税目	范围	税率	纳税人	说明
5. 财产租赁合同	包括租赁房屋、船舶、飞机、机动车辆、机械、器具、设备等合同	按租赁金额 1‰贴花。税额不足 1 元按 1 元贴花	立合同人	
6. 货物运输合同	包括民用航空运输、铁路运输、海上运输、内河运输、公路运输和联运合同	按运输收取的费用 5‱贴花	立合同人	单据作为合同使用的。按合同贴花
7. 仓储保管合同	包括仓储、保管合同	按仓储收取的保管费用 1‰贴花	立合同人	仓单或栈单作为合同使用的按合同贴花
8. 借款合同	银行及其他金融组织和借款人（不包括银行同业拆借）所签订的借款合同	按借款金额 0.5‱贴花	立合同人	单据作为合同使用的按合同贴花
9. 财产保险合同	包括财产、责任、保证、信用等保险合同	按收取的保险费收入 1‰贴花	立合同人	单据作为合同使用的，按合同贴花
10. 技术合同	包括技术开发、转让、咨询、服务等合同	按所记载金额 3‱贴花	立合同人	
11. 产权转移书据	包括财产所有权和版权、商标专用权、专利权、专有技术使用权等转移书据、土地使用权出让合同、土地使用权转让合同、商品房销售合同	按所记载金额 5‱贴花	立据人	
12. 营业账簿	生产、经营用账册	记载资金的账簿。按实收资本和资本公积的合计金额 5‱贴花。其他账簿按件贴花 5 元	立账簿人	
13. 权利、许可证照	包括政府部门发给的房屋产权证、工商营业执照、商标注册证、专利证、土地使用证	按件贴花 5 元	领受人	

四、应纳税额的计算

（一）计税依据的一般规定

印花税的计税依据为各种应税凭证上所记载的计税金额。具体规定为：

（1）购销合同的计税依据为合同记载的购销金额。

（2）加工承揽合同的计税依据是加工或承揽收入的金额。

（3）建设工程勘察设计合同的计税依据为收取的费用。

（4）建筑安装工程承包合同的计税依据为承包金额。

（5）财产租赁合同的计税依据为租赁金额；经计算，税额不足 1 元的，按 1 元贴花。

（6）货物运输合同的计税依据为取得的运输费金额（运费收入），不包括所运货物的金额、装卸费和保险费等。

（7）仓储保管合同的计税依据为收取的仓储保管费用。

（8）借款合同的计税依据为借款金额。

（9）财产保险合同的计税依据为支付（收取）的保险费，不包括所保财产的金额。

（10）技术合同的计税依据为合同所载的价款、报酬或使用费。

（11）产权转移书据的计税依据为所载金额。

（12）营业账簿税目中记载资金的账簿的计税依据为“实收资本”与“资本公积”两项的合计金额。其他账簿的计税依据为应税凭证件数。

（13）权利、许可证照的计税依据为应税凭证件数。

（二）应纳税额的计算方法

纳税人的应纳税额，根据应纳税凭证的性质，分别按比例税率或者定额税率计算，其计算公式为：

应纳税额=应税凭证计税金额（或应税凭证件数）×适用税率

【例 7-5】 某企业 2018 年 2 月开业，当年发生以下有关业务事项：领受房屋产权证、工商营业执照、土地使用证各 1 件；与其他企业订立转移专用技术使用权书据 1 份，所载金额 100 万元；订立产品购销合同 1 份，所载金额为 200 万元；订立借款合同 1 份，所载金额为 400 万元；企业记载资金的账簿，“实收资本”“资本公积”为 800 万元；其他营业账簿 10 本。

请计算该企业当年应缴纳的印花税税额。

【解析】

（1）企业领受权利、许可证照应纳税额：应纳税额=3×5=15（元）

（2）企业订立产权转移书据应纳税额：应纳税额=1000000×0.5‰=500（元）

（3）企业订立购销合同应纳税额：应纳税额=2000000×0.3‰=600（元）

（4）企业订立借款合同应纳税额：应纳税额=4000000×0.05‰-200（元）

（5）企业记载资金的账簿：应纳税额=8000000×0.5‰=4000（元）

（6）企业其他营业账簿应纳税额：应纳税额=10×5=50（元）

（7）当年企业应纳印花税税额：15+500+600+200+4000+50=5365（元）

五、税收优惠

印花税的税收优惠有：

（1）对已缴纳印花税凭证的副本或者抄本免税；

（2）对财产所有人将财产赠给政府、社会福利单位、学校所立的书据免税；

（3）对国家指定的收购部门与村民委员会、农民个人书立的农副产品收购合同免税；

（4）对无息、贴息贷款合同免税；

（5）对外国政府或者国际金融组织向我国政府及国家金融机构提供优惠贷款所书立的合同免税；

（6）对房地产管理部门与个人签订的用于生活居住的租赁合同免税；

（7）对农牧业保险合同免税；

（8）对特殊货运凭证免税；

依 2018 年 5 月 3 日的财税〔2018〕50 号文件规定，自 2018 年 5 月 1 日起，对按万分之五税率贴花的资金账簿减半征收印花税，对按件贴花五元的其他账簿免征印花税。

六、征收管理

（一）纳税方法

印花税的纳税办法，根据税额大小、贴花次数以及税收征收管理的需要，分别采用以下三种纳税办法。

1. 自行贴花办法

这种办法，一般适用于应税凭证较少或者贴花次数较少的纳税人。纳税人书立、领受或者使用印花税法列举的应税凭证的同时，纳税义务即已产生，应当根据应纳税凭证的性质和适用的税目税率，自行计算应纳税额，自行购买印花税票，自行一次贴足印花税票并加以注销或划销，纳税义务才算全部履行完毕。

2. 汇贴或汇缴办法

这种办法，一般适用于应纳税额较大或者贴花次数频繁的纳税人。

一份凭证应纳税额超过 500 元的，应向当地税务机关申请填写缴款书或者完税证，将其中一联粘贴在凭证上或者由税务机关在凭证上加注完税标记代替贴花。这就是通常所说的“汇贴”办法。

同一种类应纳税凭证，需频繁贴花的，纳税人可以根据实际情况自行决定是否采用按期汇总缴纳印花税的方式，汇总缴纳的期限为 1 个月。

3. 委托代征办法

这一办法主要是通过税务机关的委托，经由发放或者办理应纳税凭证的单位代为征收印花税税款。所谓发放或者办理应纳税凭证的单位，是指发放权利、许可证照的单位和办理凭证的鉴证、公证及其他有关事项的单位。

（二）纳税环节

印花税应当在书立或领受时贴花。具体是指在合同签订时、账簿启用时和证照领受时贴花。如果合同是在国外签订，并且不便在国外贴花的，应在将合同带入境时办理贴花纳税手续。

（三）纳税地点

印花税一般实行就地纳税。对于全国性商品物资订货会（包括展销会、交易会等）上所签订合同应纳的印花税，由纳税人回其所在地后及时办理贴花完税手续；对地方主办、不涉及省际关系的订货会、展销会上所签合同的印花税，其纳税地点由各省、自治区、直辖市人民政府自行确定。

第五节　资源税

资源税法是指国家制定的用以调整资源税征收与缴纳之间权利及义务关系的法律规范。现行资源税法的基本规范是《中华人民共和国资源税暂行条例》，该条例于1993年12月25日国务院首次颁布，2011年9月30日根据《国务院关于修改〈中华人民共和国资源税暂行条例〉的决定》该条例进行了修订，修订后的《中华人民共和国资源税暂行条例》于2011年11月1日起实施。

一、资源税概念

资源税是对在我国境内从事应税矿产品开采和生产盐的单位和个人课征的一种税，属于对自然资源占用课税的范畴。

二、纳税义务人与征税对象

（一）纳税义务人

资源税的纳税义务人是指在中华人民共和国领域及管辖海域开采应税资源的矿产品或者生产盐（以下简称开采或者生产应税产品）的单位和个人。

单位是指国有企业、集体企业、私营企业、股份制企业、其他企业和行政单位、事业单位、军事单位、社会团体及其他单位；个人是指个体经营者和其他个人；其他单位和其他个人包括外商投资企业、外国企业及外籍人员。

中外合作开采石油、天然气，按照现行规定只征收矿区使用费，暂不征收资源税。因此，中外合作开采石油、天然气的企业不是资源税的纳税义务人。

（二）征税对象

资源税的征税对象是指在中华人民共和国领域及管辖海域内被开采的应税矿产品或者生产的盐。

三、税目和税率

资源税采取从量定额或从价定率的办法征收，实施“普遍征收、级差调节”的原则。普遍征收是指对在我国境内开发的一切应税资源产品征收资源税；级差调节是指运用资源税对因资源贮存状况、开采条件、资源优劣、地理位置等客观存在的差别而产生的资源级差收入，通过实施差别税额标准进行调节。资源条件好的，税额高一些；资源条件差的，税额低一些。

资源税税目、税率包括 7 大类，在 7 个税目下面又设有若干个子目。现行资源税的税目及子目主要是根据资源税应税产品和纳税人开采资源的行业特点设置的。

资源税税目及其对应的税率如表 7-3 所示。

表 7-3　资源税税目、税率

税　目	税　率
一、原油	6%～10%
二、天然气	6%～10%
三、煤炭	2%～10%
四、金属矿	铁矿（1%～6%）、金矿（1%～4%）、铜矿（2%～8%）、铝土矿（3%～9%）、铅锌矿（2%～6%）、镍矿（2%～6%）、锡矿（2%～6%）；未列举名称的其他金属矿产品（税率不超过 20%）
五、非金属矿原矿	石墨（3%～10%）、硅藻土（1%～6%）、高岭土（1%～6%）、萤石（1%～6%）、石灰石（1%～6%）、硫铁矿（1%～6%）、磷矿（3%～8%）、氯化钾（3%～8%）、硫酸钾（6%～12%）、井矿盐（1%～6%）、湖盐（1%～6%）、提取地下卤水晒制的盐（3%～15%）、煤层（成）气（1%～2%）、黏土或砂石（每吨或立方米 0.1～5 元）；未列举名称的其他非金属矿产品（分量税率每吨或立方米不超过 30 元；从价税率不超过 20%）
六、海盐	1%～5%

纳税人具体适用的税率，在表 7-3 规定的税率幅度内，根据纳税人所开采或者生产应税产品的资源品位、开采条件等情况，由财政部商国务院有关部门确定；财政部未列举名称且未确定具体适用税率的其他非金属矿原矿和有色金属矿原矿，由省、自治区、直辖市人民政府根据实际情况确定，报财政部和国家税务总局备案。纳税人在开采主矿产品的过程中伴采的其他应税矿产品，凡

未单独规定适用税额的，一律按主矿产品或视同主矿产品税目征收资源税。

四、应纳税额的计算

资源税的应纳税额，按照从价定率或者从量定额的办法，分别以应税产品的销售额乘以纳税人具体适用的比例税率或者以应税产品的销售数量乘以纳税人具体适用的定额税率计算。

（1）实行从量定额征收的，根据应税产品的课税数量和规定的单位税额计算应纳税额，具体计算公式为：

应纳税额＝课税数量×单位税额

代扣代缴应纳税额＝收购未税矿产品的数量×适用的单位税额

（2）实行从价定额征收的，应纳税额计算公式为：

应纳税额＝销售额×税率

【例 7–6】华北某油田 8 月原油销售额为 1000000 元，其适用的税率为 8%。

请计算该油田本月应纳资源税税额。

【解析】应纳税额＝销售额×税率＝1000000×8%＝80000（元）

【例 7–7】某铜矿山 12 月销售铜矿石原矿一批，销售额 300000 元，按规定适用 6% 的税率。

请计算该矿山本月应纳资源税税额。

【解析】应纳税额＝销售额×税率＝300000×6%＝18000（元）

五、税收优惠

有下列情形之一的，减征或者免征资源税：

（1）开采原油过程中用于加热、修井的原油，免税。

（2）纳税人开采或者生产应税产品过程中，因意外事故或者自然灾害等原因遭受重大损失的，由省、自治区、直辖市人民政府酌情决定减税或者免税。

（3）铁矿石资源税减按 40% 征收资源税。

（4）对鼓励利用的低品位矿、废石、尾矿、废渣、废水、废气等提取的矿产品，由省级人民政府根据实际情况确定是否减税或免税，并制定具体办法。

（5）从 2007 年 1 月 1 日起，对地面抽采煤层气暂不征收资源税。

（6）自 2010 年 6 月 1 日起，纳税人在新疆开采的原油、天然气，自用于连续生产原油、天然气的，不缴纳资源税；自用于其他方面的，视同销售，按照税法规定计算缴纳资源税。

（7）有下列情况之一的，免征或减征资源税：

①油田范围内运输稠油过程中用于加热的原油、天然气，免征资源税。

②稠油、高凝油和高含硫天然气税减征 40%。

③三次采油资源税减征 30%。

④对低丰度油气田资源税暂减征 20%。

⑤对深水油气田资源税减征 30%。

⑥实际开采年限在 15 年以上的衰竭期矿山开采的矿产资源，资源税减征 30%。

⑦对依法在建筑物下、铁路下、水体下通过充填开采方式的矿产资源，资源税减征 50%。

纳税人的减税、免税项目，应当单独核算销售额或者销售数量；未单独核算或者不能准确提供销售额或者销售数量的，不予减税或者免税。

（8）依 2018 年 3 月 29 日财税〔2018〕26 号文件，为促进页岩气开发利用，有效增加天然气供给，经国务院同意，自 2018 年 4 月 1 日至 2021 年 3 月 31 日，对页岩气资源税（按 6% 的规定税率）减征 30%。

六、出口应税产品不退（免）资源税的规定

资源税规定仅对在中国境内开采或生产应税产品的单位和个人征收，进口的矿产品和盐不征收资源税。出口的应税产品也不免征或退还已纳的资源税。

七、征收管理

（一）纳税义务发生时间

纳税人销售应税产品，纳税义务发生时间为收讫销售款或者取得索取销售款凭据的当天；自产自用应税产品，纳税义务发生时间为移送使用的当天。具体分析如下：

（1）纳税人销售应税产品，其纳税义务发生时间为：

①纳税人采取分期收款结算方式的，其纳税义务发生时间，为销售合同规定的收款日期的当天。

②纳税人采取预收货款结算方式的，其纳税义务发生时间，为发出应税产品的当天。

③纳税人采取其他结算方式的，其纳税义务发生时间，为收讫销售款或者取得索取销售款凭据的当天。

（2）纳税人自产自用应税产品的纳税义务发生时间，为移送使用应税产品的当天。

（3）扣缴义务人代扣代缴税款的纳税义务发生时间，为支付首笔货款或者开具应支付货款凭据的当天。

（二）纳税期限

纳税期限是纳税人发生纳税义务后缴纳税款的期限。资源税的纳税期限为

1 日、3 日、5 日、10 日、15 日或者 1 个月，纳税人的纳税期限由主管税务机关根据实际情况具体核定。不能按固定期限计算纳税的，可以按次计算纳税。

纳税人以 1 个月为一期纳税的，自期满之日起 10 日内申报纳税；以 1 日、3 日、5 日、10 日或者 15 日为一期纳税的，自期满之日起 5 日内预缴税款，于次月 1 日起 10 日内申报纳税并结清上月税款。

（三）纳税地点

（1）凡是缴纳资源税的纳税人，都应当向应税产品的开采或者生产所在地主管税务机关缴纳税款。

（2）如果纳税人在本省、自治区、直辖市范围内开采或者生产应税产品，其纳税地点需要调整的，由所在地省、自治区、直辖市税务机关决定。

（3）如果纳税人应纳的资源税属于跨省开采，其下属生产单位与核算单位不在同一省、自治区、直辖市的，对其开采的矿产品一律在开采地纳税，其应纳税款由独立核算、自负盈亏的单位，按照开采地的应纳税额计算划拨。

（4）扣缴义务人代扣代缴的资源税，也应当向收购地主管税务机关缴纳。

第六节　城镇土地使用税

城镇土地使用税法是指国家制定的用以调整城镇土地使用税征收与缴纳之间权利及义务关系的法律规范。

现行城镇土地使用税法的基本规范，是 2006 年 12 月 31 日中华人民共和国国务院令第 483 号发布的《中华人民共和国城镇土地使用税暂行条例》。

一、城镇土地使用税概念

城镇土地使用税是以在中国境内地城镇土地为课税对象、在特定的环节向使用城镇土地的单位和个人征收的一种税。就其性质而言，属于直接税的范畴。

二、纳税义务人、征税对象与征税范围

（一）纳税义务人

城镇土地使用税的纳税义务人是指在中国境内使用地城镇土地的单位和个人。具体包括：

（1）拥有土地使用权的单位和个人为纳税人；

（2）拥有土地使用权的单位和个人不在土地所在地的，其土地的实际使用人和代管人为纳税人；

（3）土地使用权未确定的或权属纠纷未解决的，其实际使用人为纳税人；

（4）土地使用权共有的，共有各方都是纳税人，由共有各方分别纳税。

（二）征税对象与征税范围

城镇土地使用税的征税对象是城镇土地，征税范围是城市、县城、建制镇、工矿区范围内使用的土地。

三、计税依据与税率

（一）计税依据

城镇土地使用税的计税依据是纳税人实际占用的土地面积。土地占用面积的组织测量工作，由省、自治区、直辖市人民政府根据实际情况确定。

（二）税率

城镇土地使用税的税率为单位税额。每平方米年税额分别规定如下：

（1）大城市 1.5 元至 30 元；

（2）中等城市 1.2 元至 24 元；

（3）小城市 0.9 元至 18 元；

（4）县城、建制镇、工矿区 0.6 元至 12 元。

省、自治区、直辖市人民政府，可以上述规定的税额幅度内，根据市政建设状况、经济繁荣程度等条件，确定所辖地区的适用税额幅度。

市、县人民政府应当根据实际情况，将本地区土地划分为若干等级，在省、自治区、直辖市人民政府确定的税额幅度内，制定相应的适用税额标准，报省、自治区、直辖市人民政府批准执行。

经省、自治区、直辖市人民政府批准，经济落后地区土地使用税的适用税额标准可以适当降低，但降低额不得超过税法规定最低税额的 30%。经济发达地区土地使用税的适用税额标准可以适当提高，但须报经财政部批准。

四、应纳税额的计算

城镇土地使用税的应纳税额，按照从量定额的办法，以应税对象的计税数量乘以纳税人具体适用的单位税额来计算。计算公式为：

应纳税额 = 计税依据×单位税额

【例 7-8】 某大城市某企业生产经营占地面积 1000 平方米。

请计算该企业年度应纳城镇土地使用税税额。

【解析】 应纳税额 = 计税依据×单位税额

该企业年度应纳城镇土地使用税税额下限 = 1000×1.5 = 1500（元）

该企业年度应纳城镇土地使用税税额上限 = 1000×30 = 30000（元）

地处于某大城市的该企业年度应纳城镇土地使用税税额在 1500 元至30000

元，具体应纳税额的确定要取决于所在地省级人民政府的规定。

五、税收优惠

城镇土地使用税的税收优惠主要是法定减免。下列用途的土地免缴城镇土地使用税：

（1）国家机关、人民团体、军队自用的土地；

（2）由国家财政部门拨付事业经费的单位自用的土地；

（3）宗教寺庙、公园、名胜古迹自用的土地；

（4）市政街道、广场、绿化地带等公共用地；

（5）直接用于农、林、牧、渔业的生产用地；

（6）经批准开山填海整治的土地和改造的废弃土地，从使用的月份起免缴土地使用税 5 年至 10 年；

（7）由财政部另行规定免税的能源、交通、水利设施用地和其他用地。

此外，如果纳税人缴纳土地使用税确有困难需要定期减免的，可以由县以上地方税务机关批准。

六、征收管理

（一）纳税义务发生时间

纳税人在使用城镇土地税法中规定的土地时，其纳税义务产生。

对于新征用的土地，其纳税义务发生时间的规定为：

（1）征用的耕地，自批准征用之日起满 1 年时开始缴纳土地使用税；

（2）征用的非耕地，自批准征用次月起缴纳土地使用税。

（二）纳税期限

城镇土地使用税采用按年计算、分期缴纳的方式进行计税管理。具体的缴纳期限由省、自治区、直辖市人民政府确定。

（三）纳税地点

土地使用税由土地所在地的税务机关征收。土地管理机关应当向土地所在地的税务机关提供土地使用权属资料。

第七节　土地增值税

土地增值税法是指国家制定的用以调整土地增值税征收与缴纳之间权利及义务关系的法律规范。

现行土地增值税法的基本规范，是 1993 年 12 月 13 日中华人民共和国国务院令第 138 号发布的《中华人民共和国土地增值税暂行条例》。

一、土地增值税概念

土地增值税是对有偿转让国有土地使用权及地上建筑物和其他附着物产权，取得增值收入的单位和个人征收的一种税。

二、土地增值税征收制度

（一）纳税义务人

土地增值税的纳税义务人为转让国有土地使用权、地上的建筑及其附着物（以下简称转让房地产）并取得收入的单位和个人。单位包括各类企业、事业单位、国家机关和社会团体及其他组织。个人包括个体经营者。

（二）征税范围

根据《土地增值税暂行条例》及其实施细则的规定，土地增值税的征税范围包括：

1. 转让国有土地使用权

这里所说的“国有土地”，是指按国家法律规定属于国家所有的土地。

2. 地上的建筑物及其附着物连同国有土地使用权一并转让

这里所说的“地上的建筑物”，是指建于土地上的一切建筑物，包括地上地下的各种附属设施。这里所说的“附着物”，是指附着于土地上的不能移动或一经移动即遭损坏的物品。

（三）税率

土地增值税实行四级超率累进税率，如表 7-4 所示。

表 7-4　土地增值税四级超率累进税率

级数	增值额与扣除项目金额的比率	税率（%）	速算扣除系数（%）
1	不超过 50% 的部分	30	0
2	超过 50% 至 100% 的部分	40	5
3	超过 100% 至 200% 的部分	50	15
4	超过 200% 的部分	60	35

（四）应税收入的确定

根据《土地增值税暂行条例》及其实施细则的规定，纳税人转让房地产取得的应税收入，应包括转让房地产的全部价款及有关的经济收益。从收入的形式来看，包括货币收入、实物收入和其他收入。

（五）扣除项目的确定

计算土地增值税应纳税额，并不是直接对转让房地产所取得的收入征税，而是要对收入额减除国家规定的各项扣除项目金额后的余额计算征税（这个余额就是纳税人在转让房地产中获取的增值额）。因此，要计算增值额，首先必须确定扣除项目。税法准予纳税人从转让收入额中减除的扣除项目包括如下几项：

1. 取得土地使用权所支付的金额

取得土地使用权所支付的金额包括两方面的内容：

（1）纳税人为取得土地使用权所支付的地价款。

（2）纳税人在取得土地使用权时按国家统一规定缴纳的有关费用。这是指纳税人在取得土地使用权过程中为办理有关手续，按国家统一规定缴纳的有关登记、过户手续费。

2. 房地产开发成本

房地产开发成本是指纳税人房地产开发项目实际发生的成本，包括土地的征用及拆迁补偿费、前期工程费、建筑安装工程费、基础设施费、公共配套设施费、开发间接费用等。

3. 房地产开发费用

房地产开发费用是指与房地产开发项目有关的销售费用、管理费用和财务费用。《实施细则》规定，财务费用中的利息支出，凡能够按转让房地产项目计算分摊并提供金融机构证明的，允许据实扣除，但最高不能超过按商业银行同类同期贷款利率计算的金额。其他房地产开发费用，按《实施细则》第七条（一）、（二）项规定（取得土地使用权所支付的金额和房地产开发成本，下同）计算的金额之和的5%以内计算扣除。凡不能按转让房地产项目计算分摊利息支出或不能提供金融机构证明的，房地产开发费用按《实施细则》第七条（一）、（二）项规定计算的金额之和的10%以内计算扣除。计算扣除的具体比例，由各省、自治区、直辖市人民政府规定。

上述规定的具体含义是：

（1）纳税人能够按转让房地产项目计算分摊利息支出，并能提供金融机构的贷款证明的，其允许扣除的房地产开发费用为：利息+（取得土地使用权所支付的金额+房地产开发成本）×5%以内（注：利息最高不能超过按商业银行同类同期贷款利率计算的金额）。

（2）纳税人不能按转让房地产项目计算分摊利息支出或不能提供金融机构贷款证明的，其允许扣除的房地产开发费用为：（取得土地使用权所支付的金额+房地产开发成本）×10%以内。

4. 与转让房地产有关的税金

与转让房地产有关的税金是指在转让房地产时缴纳的营业税、城市维护建设税、印花税。因转让房地产缴纳的教育费附加，也可视同税金予以扣除。

5. 其他扣除项目

对从事房地产开发的纳税人可按《实施细则》第七条（一）、（二）项规定计算的金额之和，加计 20% 的扣除。

6. 旧房及建筑物的评估价格

旧房及建筑物的评估价格是指在转让已使用的房屋及建筑物时，由政府批准设立的房地产评估机构评定的重置成本价乘以成新度折扣率后的价格。评估价格须经当地税务机关确认。

（六）应纳税额的计算

1. 增值额的确定

土地增值税纳税人转让房地产所取得的收入减除规定的扣除项目金额后的余额，为增值额。增值额是土地增值税的本质所在。当纳税人有下列情形之一的，按照房地产评估价格计算征收：①隐瞒、虚报房地产成交价格的；②提供扣除项目金额不实的；③转让房地产的成交价格低于房地产评估价格，又无正当理由的。

隐瞒、虚报房地产成交价格，应由评估机构参照同类房地产的市场交易价格进行评估。税务机关根据评估价格确定转让房地产的收入。提供扣除项目金额不实的，应由评估机构按照房屋重置成本价乘以成新度折扣率计算的房屋成本价和取得土地使用权时的基准地价进行评估。税务机关根据评估价格确定扣除项目金额。转让房地产的成交价格低于房地产评估价格，又无正当理由的，由税务机关参照房地产评估价格确定转让房地产的收入。

2. 应纳税额的计算方法

土地增值税按照纳税人转让房地产所取得的增值额和规定的税率计算征收。土地增值税的计算公式是：

$$应纳税额 = \sum(每级距的土地增值额 \times 适用税率)$$

但在实际工作中，分步计算比较烦琐，一般可以采用速算扣除法计算。即：计算土地增值税税额，可按增值额乘以适用的税率减去扣除项目金额乘以速算扣除系数的简便方法计算。

【例 7-9】某纳税人转让房地产所取得的收入为 400 万元，其扣除项目金额为 100 万元。

请计算其应纳土地增值税的税额。

【解析】

首先，先计算增值额。

增值额为：400-100=300（万元）

其次，再计算增值额与扣除项目金额的比值。

增值额与扣除项目金额的比值为：300÷100=300%

由此可见，增值额超过扣除项目金额200%，其适用的简便计算公式为：

土地增值税税额＝增值额×60%－扣除项目金额×35%

最后，计算土地增值税税额。

土地增值税税额为：300×60%－100×35%＝145（万元）

三、税收优惠

（一）建造普通标准住宅的税收优惠

纳税人建造普通标准住宅出售，增值额未超过扣除项目金额20%的，免征土地增值税。

这里所说的“普通标准住宅”，是指按所在地一般民用住宅标准建造的居住用住宅。高级公寓、别墅、度假村等不属于普通标准住宅。

（二）国家征用收回的房地产的税收优惠

因国家建设需要依法征用、收回的房地产，免征土地增值税。

这里所说的“因国家建设需要依法征用、收回的房地产”，是指因城市实施规划、国家建设的需要而被政府批准征用的房产或收回的土地使用权。因城市实施规划、国家建设的需要而搬迁由纳税人自行转让原房地产的，免征土地增值税。

（三）个人转让房地产的税收优惠

个人因工作调动或改善居住条件而转让原自用住房，经向税务机关申报核准，凡居住满5年或5年以上的，免予征收土地增值税；居住满3年未满5年的，减半征收土地增值税。居住未满3年的，按规定计征土地增值税。

四、征收管理

（一）纳税地点

土地增值税的纳税人应向房地产所在地主管税务机关办理纳税申报，并在税务机关核定的期限内缴纳土地增值税。这里所说的“房地产所在地”，是指房地产的坐落地。纳税人转让的房地产坐落在两个或两个以上地区的，应按房地产所在地分别申报纳税。

（二）纳税期限

土地增值税的纳税人应在转让房地产合同签订后的7日内，到房地产所在地主管税务机关办理纳税申报，并向税务机关提交房屋及建筑物产权、土地使用权证书，土地转让、房产买卖合同，房地产评估报告及其他与转让房地产有关的资料。

第八节 环境保护税

环境保护税法是指国家制定的用以调整环境保护税征收与缴纳之间权利及义务关系的法律规范。

现行环境保护税法的基本规范，是 2016 年 12 月 25 日第十二届全国人民代表大会常务委员会第二十五次会议通过的《中华人民共和国环境保护税法》及 2017 年 12 月 25 日以国务院令第 693 号文件发布的《中华人民共和国环境保护税法实施条例》。

一、环境保护税概念

环境保护税是以在中华人民共和国领域和中华人民共和国管辖的其他海域内，直接向环境排放应税污染物的企业事业单位和其他生产经营者征收的一种税。就其性质而言，属于间接税的范畴。应税污染物，是指税法所附《环境保护税税目税额表》和《应税污染物和当量值表》中规定的大气污染物、水污染物、固体废物和噪声等四类污染物。

二、纳税义务人与征税对象

（一）纳税义务人

环境保护税的纳税义务人是指在中华人民共和国领域和中华人民共和国管辖的其他海域内，直接向环境排放应税污染物的企业事业单位和其他生产经营者。

（二）征税对象与征税范围

环境保护税的征税对象是向环境排放污染物的行为。

征税范围包括：直接向环境排放的大气污染物、水污染物、固体废物和噪声。

征税范围的具体规定如表 7-5 所示。

1. 属于环境保护税征税范围的情形

依法有下列情形之一的，属于直接向环境排放污染物，需要缴纳相应污染物的环境保护税：

（1）依法设立的城乡污水集中处理、生活垃圾集中处理场所超过国家和地方规定的排放标准向环境排放应税污染物的，应当缴纳环境保护税。城乡污水集中处理场所，是指为社会公众提供生活污水处理服务的场所，不包括为工业园区、开发区等工业聚集区域内的企业事业单位和其他生产经营者提供污水处理服务的场所，以及企业事业单位和其他生产经营者自建自用的污水处理场所（后同）。

（2）企业事业单位和其他生产经营者贮存或者处置固体废物不符合国家和地方环境保护标准的，应当缴纳环境保护税。

（3）达到省级人民政府确定的规模标准并且有污染物排放口的畜禽养殖场，应当缴纳环境保护税。

2. 不属于环境保护税征税范围的情形

有下列情形之一的，不属于直接向环境排放污染物，不缴纳相应污染物的环境保护税：

（1）企业事业单位和其他生产经营者向依法设立的污水集中处理、生活垃圾集中处理场所排放应税污染物的，不缴纳环境保护税。

城乡污水集中处理场所，是指为社会公众提供生活污水处理服务的场所，不包括为工业园区、开发区等工业聚集区域内的企业事业单位和其他生产经营者提供污水处理服务的场所，以及企业事业单位和其他生产经营者自建自用的污水处理场所。

（2）企业事业单位和其他生产经营者在符合国家和地方环境保护标准的设施、场所贮存或者处置固体废物的，不缴纳环境保护税。

（3）达到省级人民政府确定的规模标准并且有污染物排放口的畜禽养殖场，依法对畜禽养殖废弃物进行综合利用和无害化处理的，不属于直接向环境排放污染物，不缴纳环境保护税。

随着社会经济的发展、产业政策的调整及生态环境的发展，环境保护税的征收范围也会不断调整完善。

三、计税依据、税目与税率

（一）计税依据

环境保护税的计税依据是纳税人直接向环境排放污染物的数量。纳税人直接向环境排放污染物的计税数量要结合环保部门的监测及环境保护税法税目和税额的规定进行测算。

（二）税目与税率

环境保护税的税率采用定额税率的形式如表 7-5 所示。

表 7-5　环境保护税税目税额表

税目		计税单位	税额	备注
大气污染物		每污染当量	1.2 元至 12 元	
水污染物		每污染当量	1.4 元至 14 元	
固体废物	煤矸石	每吨	5 元	

续表

<table>
<tr><th>税目</th><th></th><th>计税单位</th><th>税额</th><th>备注</th></tr>
<tr><td rowspan="3">固体废物</td><td>尾矿</td><td>每吨</td><td>15 元</td><td></td></tr>
<tr><td>危险废物</td><td>每吨</td><td>1000元</td><td></td></tr>
<tr><td>冶炼渣、粉煤灰、炉渣、其他固体废物（含半固态、液态废物）</td><td>每吨</td><td>25 元</td><td></td></tr>
<tr><td rowspan="6">噪声</td><td rowspan="6">工业噪声</td><td>超标 1~3 分贝</td><td>每月 350 元</td><td rowspan="6">1. 一个单位边界上有多处噪声超标，根据最高一处超标声级计算应纳税额；当沿边界长度超过 100 米有两处以上噪声超标，按照两个单位计算应纳税额
2. 一个单位有不同地点作业场所的，应分别计算应纳税额，合并计征
3. 昼、夜均有超标的环境噪声，昼、夜分别计算应纳税额，累计计征
4. 声源一个月内超标不足 15 天的，减半计算应纳税额
5. 夜间频繁突发和夜间偶然突发厂界超标噪声，按等效声级和峰值噪声两种指标中超标分贝值高的一项计算应纳税额</td></tr>
<tr><td>超标 4~6 分贝</td><td>每月 700 元</td></tr>
<tr><td>超标 7~9 分贝</td><td>每月 1400 元</td></tr>
<tr><td>超标 10~12 分贝</td><td>每月 2800 元</td></tr>
<tr><td>超标 13~15 分贝</td><td>每月 5600 元</td></tr>
<tr><td>超标 16 分贝及以上</td><td>每月 11200 元</td></tr>
</table>

四、应纳税额的计算

环境保护税的应纳税额，按照从量定额的办法，以应税对象的计税数量乘以纳税人具体适用的单位税额来计算。计算公式为：

应纳税额＝计税依据×单位税额

【例 7-10】 某煤矿企业 2018 年 10 月向环境排放尾矿 1000 吨。

请计算该企业 10 月应纳环境保护税税额。

【解析】 企业向环境排放尾矿属于环境保护税法规定的征税范围，查找环境保护税税目乘客表可知，其计税依据为吨，单位税额为 15 元。

应纳税额＝计税依据×单位税额

应纳环境保护税税额＝1000×15＝15000（元）

五、税收优惠

环境保护税的税收优惠主要是法定减免。

（一）暂免征税的情形

下列情形，暂免征收环境保护税：

（1）农业生产（不包括规模化养殖）排放应税污染物的；

（2）机动车、铁路机车、非道路移动机械、船舶和航空器等流动污染源排放应税污染物的；

（3）依法设立的城乡污水集中处理、生活垃圾集中处理场所排放相应应税污染物，不超过国家和地方规定的排放标准的；

（4）纳税人综合利用的固体废物，符合国家和地方环境保护标准的；

（5）国务院批准免税的其他情形。

其中，第五项免税规定，由国务院报全国人民代表大会常务委员会备案。

（二）环境保护税的减征

（1）纳税人排放应税大气污染物或者水污染物的浓度值低于国家和地方规定的污染物排放标准 30% 的，减按 75% 征收环境保护税。

（2）纳税人排放应税大气污染物或者水污染物的浓度值低于国家和地方规定的污染物排放标准 50% 的，减按 50% 征收环境保护税。

六、征收管理

（一）纳税义务发生时间

纳税人在排放应税污染物的当日，其纳税义务产生。

环境保护税采用按月计算、按季申报缴纳的方式进行计税管理。不能按固定期限计算缴纳的，可以按次申报缴纳。纳税人申报缴纳时，应当向税务机关报送所排放应税污染物的种类、数量，大气污染物、水污染物的浓度值，以及税务机关根据实际需要要求纳税人报送的其他纳税资料。

（二）纳税期限

纳税人按季申报缴纳的，应当自季度终了之日起 15 日内，向税务机关办理纳税申报并缴纳税款。纳税人按次申报缴纳的，应当自纳税义务发生之日起 15 日内，向税务机关办理纳税申报并缴纳税款。纳税人应当依法如实办理纳税申报，对申报的真实性和完整性承担责任。

（三）纳税地点

环境保护税由应税污染物排放地的税务机关征收。纳税人应当向应税污染物排放地的税务机关申报缴纳环境保护税。

应税污染物的排放地是指：

（1）应税大气污染物、水污染物排放口所在地；

（2）应税固体废物产生地；

（3）应税噪声产生地。

纳税人跨区域排放应税污染物的，税务机关对税收征收管辖有争议的，由争议各方按照有利于征收管理的原则协商解决；不能协商解决的，报请共同的上级税务机关决定。

第九节　车辆购置税

车辆购置税法是指国家制定的用以调整车辆购置税征收与缴纳之间权利及义务关系的法律规范。

现行车辆购置税法的基本规范，是 2018 年 12 月 29 日第十三届全国人民代表大会常务委员会第七次会议通过并于 2019 年 7 月 1 日起施行的《中华人民共和国车辆购置税法》（以下简称《车辆购置税法》）。

一、车辆购置税概念

车辆购置税是以在中国境内购置规定车辆为课税对象、在特定的环节向车辆购置税者征收的一种税。就其性质而言，属于直接税的范畴。车辆购置税实行一次性征收。购置已征车辆购置税的车辆，不再征收车辆购置税。

二、纳税义务人

车辆购置税的纳税人是指在我国境内购置应税车辆的单位和个人。其中购置是指以购买、进口、自产、受赠、获奖或者其他方式取得并自用应税车辆的行为。

三、征税对象与征税范围

车辆购置税以税法列举的车辆作为征税对象，未列举的车辆不纳税。其征税范围包括汽车、摩托车、电车、挂车、农用运输车。其中，电车包括：①无轨电车：以电能为动力，由专用输电电缆供电的轮式公共车辆；②有轨电车：以电能为动力，在轨道上行驶的公共车辆。挂车包括：①全挂车：无动力设备，独立承载，由牵引车辆牵引行驶的车辆；②半挂车：无动力设备，与牵引车共同承载，由牵引车辆牵引行驶的车辆。

四、税率与计税依据

（一）税率

车辆购置税实行统一的比例税率，税率为 10%。

（二）计税依据

车辆购置税以应税车辆为课税对象，实行从价定率、价外征收的方法计算应纳税额，应税车辆的价格即计税价格就成为车辆购置税的计税依据。但是，由于应税车辆购置的来源不同，应税行为的发生不同，计税价格的组成也就不一样。车辆购置税的计税依据有以下几种情况：

1. 购买自用应税车辆计税依据的确定

纳税人购买自用的应税车辆的计税依据为纳税人购买应税车辆而支付给销售方的全部价款和价外费用（不含增值税）。

购买的应税自用车辆包括购买自用的国产应税车辆和购买自用的进口应税车辆，如从国内汽车市场、汽车贸易公司购买自用的进口应税车辆。价外费用是指销售方价外向购买方收取的手续费、基金、违约金、包装费、运输费、保管费、代垫款项、代收款项和其他各种性质的价外收费，但不包括增值税税款。

2. 进口自用应税车辆计税依据的确定

纳税人进口自用的应税车辆以组成计税价格为计税依据，组成计税价格的计算公式为：

组成计税价格=关税完税价格+关税+消费税

进口自用的应税车辆是指纳税人直接从境外进口或委托代理进口自用的应税车辆，即非贸易方式进口自用的应税车辆，而且进口自用的应税车辆的计税依据，应根据纳税人提供的、经海关审查确认的有关完税证明资料确定。

3. 其他自用应税车辆计税依据的确定

税法规定，纳税人自产自用应税车辆的计税价格，按照纳税人生产的同类应税车辆的销售价格确定，不包括增值税税款；

纳税人以受赠、获奖或者其他方式取得自用应税车辆的计税价格，按照购置应税车辆时相关凭证载明的价格确定，不包括增值税税款。

纳税人自产、受赠、获奖和以其他方式取得并自用的应税车辆的计税依据，凡不能或不能准确提供车辆价格的，由主管税务机关依国家税务总局核定的、相应类型的应税车辆的最低计税价格确定。

纳税人申报的应税车辆计税价格明显偏低，又无正当理由的，由税务机关依照《中华人民共和国税收征收管理法》的规定核定其应纳税额。

五、应纳税额的计算

车辆购置税实行从价定率的方法计算应纳税额，计算公式为：

应纳税额=计税依据×税率

由于应税车辆的来源、应税行为的发生以及计税依据组成的不同，因而，车辆购置税应纳税额的计算方法也有区别。

(一) 购买自用应税车辆应纳税额的计算

在应纳税额的计算当中，应注意以下费用的计税规定：

(1) 购买者随购买车辆支付的工具件和零部件价款应作为购车价款的一部分，并入计税依据中征收车辆购置税。

(2) 支付的车辆装饰费应作为价外费用并入计税依据中计税。

(3) 代收款项应区别征税。凡使用代收单位（受托方）票据收取的款项，应视作代收单位价外收费，购买者支付的价费款，应并入计税依据中一并征税；凡使用委托方票据收取，受托方只履行代收义务和收取代收手续费的款项，应按其他税收政策规定征税。

(4) 销售单位开给购买者的各种发票金额中包含增值税税款，因此，计算车辆购置税时，应换算为不含增值税的计税价格。

(5) 购买者支付的控购费，是政府部门的行政性收费，不属于销售者的价外费用范围，不应并入计税价格计税。

(6) 销售单位开展优质销售活动所开票收取的有关费用，应属于经营性收入，企业在代理过程中按规定支付给有关部门的费用，企业已作经营性支出列支核算，其收取的各项费用并在一张发票上难以划分的，应作为价外收入计算征税。即企业收取的全部费用中，有一部分是要支付给其他部门的，并且已在财务上分别作经营性收入和经营性支出核算入账。但是所收取的费用是合并在同一张发票上的，难以恰当地分割为所支付的费用，则企业所收取的有关费用按价外收入计算征税。

【例 7-11】 王某当前年度 1 月从某汽车有限公司购买一辆小汽车供自己使用，支付了含增值税税款在内的款项 232000 元，另支付代收临时牌照费 550 元、代收保险费 1000 元，支付购买工具件和零配件价款 3000 元，车辆装饰费 1300 元。所支付的款项均由该汽车有限公司开具“机动车销售统一发票”和有关票据。

请计算王某应纳车辆购置税的税额。

【解析】

车辆购置税的计税依据

=(234000+550+1000+3000+1300)÷(1+16%)

= 239850÷（1+16%）

= 206767.24（元）

车辆购置税的应纳税额 = 206767.24×10% = 676.72（元）

（二）进口自用应税车辆应纳税额的计算

纳税人进口自用的应税车辆应纳税额的计算公式为：

应纳税额 =（关税完税价格+关税+消费税）×税率

（三）其他自用应税车辆应纳税额的计算

纳税人自产自用、受赠使用、获奖使用和以其他方式取得并自用应税车辆的，凡不能取得该型车辆的购置价格，或纳税人申报的应税车辆计税价格明显偏低，又无正当理由的，由税务机关依照《中华人民共和国税收征收管理法》的规定核定其应纳税额。

（四）特殊情形下自用应税车辆应纳税额的计算

1. 减税、免税条件消失车辆应纳税额的计算

免税、减税车辆因转让、改变用途等原因不再属于免税、减税范围的，纳税人应当在办理车辆转移登记或者变更登记前缴纳车辆购置税。计税价格以免税、减税车辆初次办理纳税申报时确定的计税价格为基准，每满一年扣减百分之十。

2. 未按规定纳税车辆应补税额的计算

纳税人未按规定纳税的，应按现行政策规定的计税价格，区分情况分别确定征税。不能提供购车发票和有关购车证明资料的，由税务机关依照《中华人民共和国税收征收管理法》的规定核定其应纳税额。

六、税收优惠

（一）车辆购置税减免税规定

我国车辆购置税实行法定减免，减免税范围的具体规定是：

（1）依照法律规定应当予以免税的外国驻华使馆、领事馆和国际组织驻华机构及其有关人员自用的车辆；

（2）中国人民解放军和中国人民武装警察部队列入装备订货计划的车辆；

（3）悬挂应急救援专用号牌的国家综合性消防救援车辆；

（4）设有固定装置的非运输专用作业车辆；

（5）城市公交企业购置的公共汽电车辆。

根据国民经济和社会发展的需要，国务院可以规定减征或者其他免征车辆购置税的情形，报全国人民代表大会常务委员会备案。

（二）车辆购置税的退税

纳税人将已征车辆购置税的车辆退回车辆生产企业或者销售企业的，可以向主管税务机关申请退还车辆购置税。退税额以已缴税款为基准，自缴纳税款

之日至申请退税之日，每满一年扣减百分之十。

七、征收管理

根据 2018 年 12 月 29 日颁布的《车辆购置税法》，车辆购置税的征收规定如下：

（一）纳税申报

车辆购置税实行一车一申报制度。纳税人在办理纳税申报时应如实填写《车辆购置税纳税申报表》，同时提供车主身份证明、车辆价格证明、车辆合格证明及税务机关要求提供的其他资料的原件和复印件，经车购办审核后，由税务机关保存有关复印件。

（二）纳税环节

车辆购置税的征税环节为使用环节，即最终消费环节。具体而言，车辆购置税的纳税义务发生时间为纳税人购置应税车辆的当日。纳税人应当自纳税义务发生之日起六十日内申报缴纳车辆购置税。纳税人应当在向公安机关交通管理部门办理车辆注册登记前，缴纳车辆购置税。

（三）纳税地点

纳税人购置应税车辆，应当向车辆登记注册地的主管税务机关申报纳税；购置不需办理车辆登记注册手续的应税车辆，应当向纳税人所在地主管税务机关申报纳税。车辆登记注册地是指车辆的上牌落籍地或落户地。

（四）纳税期限

纳税人购买自用的应税车辆，自购买之日起 60 日内申报纳税；进口自用的应税车辆，应当自进口之日起 60 日内申报纳税；自产、受赠、获奖和以其他方式取得并自用的应税车辆，应当自取得之日起 60 日内申报纳税。

这里的“购买之日”是指纳税人购车发票上注明的销售日期；“进口之日”是指纳税人报关进口的当天。

第十节　耕地占用税

耕地占用税法是指国家制定的用以调整耕地占用税征收与缴纳之间权利及义务关系的法律规范。

现行耕地占用税法的基本规范，是 2007 年 12 月 1 日中华人民共和国国务院令第 511 号发布的《中华人民共和国耕地占用税暂行条例》和 2008 年 2 月 26 日以财政部、国家税务总局令第 49 号文件发布的《中华人民共和国耕地占用税暂行条例实施细则》。

一、耕地占用税概念

耕地占用税是对占用耕地建房或从事其他非农业建设的单位和个人征收的一种税。就其性质而言，属于直接税的范畴。

此处的耕地是指种植农业作物的土地，包括菜地、园地。其中，园地包括花圃、苗圃、茶园、果园、桑园和其他种植经济林木的土地。建房包括建设建筑物和构筑物。

耕地占用税是国家为了鼓励公民合理利用土地资源，加强土地管理，保护农用耕地而设置的一种税。

二、纳税义务人、征税对象与征税范围

（一）纳税义务人

耕地占用税的纳税义务人是指在中国境内占用耕地建房或从事其他非农业建设的单位和个人。

经申请批准占用耕地的，纳税人为农用地转用审批文件中标明的建设用地人；农用地转用审批文件中未标明建设用地人的，纳税人为用地申请人。

未经批准占用耕地的，纳税人为实际用地人。

单位包括国有企业、集体企业、私营企业、股份制企业、外商投资企业、外国企业以及其他企业和事业单位、社会团体、国家机关、军队以及其他单位；个人，包括个体工商户以及其他个人。

（二）征税对象与征税范围

耕地占用税的征税对象是占用耕地的行为，征税范围包括纳税人为建房或从事其他非农业建设而占用的国家所有和集体所有的耕地。

占用鱼塘及其他农用土地建房或从事其他非农业建设，也视同占用耕地，必须依法征收耕地占用税。占用已开发从事种植、养殖的滩涂、草场、水面和林地等从事非农业建设，由省、自治区、直辖市本着有利于保护土地资源和生态平衡的原则，结合具体情况确定是否征收耕地占用税。

在占用之前的三年内属于上述范围的耕地或农用土地，也视为耕地。占用此类耕地或农用土地，也需要缴纳耕地占用税。

占用园地建房或者从事非农业建设的，视同占用耕地征收耕地占用税。

三、计税依据与税率

（一）计税依据

耕地占用税以纳税人实际占用的耕地面积为计税依据，以平方米为计量单位。耕地占用面积的组织测量工作，由省、自治区、直辖市人民政府根据实际

情况确定。实际占用的耕地面积，包括经批准占用的耕地面积和未经批准占用的耕地面积。

(二) 税率

在中国，不同地区之间人口和耕地资源的分布极不均衡，有些地区人烟稠密，耕地资源相对匮乏；而有些地区则人烟稀少，耕地资源比较丰富。且各地区之间的经济发展水平也有很大差异。考虑到不同地区之间客观条件的差别以及与此相关的税收调节力度和纳税人负担能力方面的差别，耕地占用税在税率设计上采用了地区差别定额税率。税率规定如下：

(1) 人均耕地不超过 1 亩的地区（以县级行政区域为单位，下同），每平方米为 10~50 元；

(2) 人均耕地超过 1 亩但不超过 2 亩的地区，每平方米为 8~40 元；

(3) 人均耕地超过 2 亩但不超过 3 亩的地区，每平方米为 6~30 元；

(4) 人均耕地超过 3 亩以上的地区，每平方米为 5~25 元。

国务院财政、税务主管部门根据人均耕地面积和经济发展情况确定各省、自治区、直辖市的平均税额（依暂行条例实施细则，见表 7-6）。

各地适用税额，由省、自治区、直辖市人民政府在暂行条例规定的税额幅度内，根据本地区情况核定。各省、自治区、直辖市人民政府核定的适用税额的平均水平，不得低于暂行条例实施细则中规定的平均税额（见表 7-6）。

经济特区、经济技术开发区和经济发达、人均耕地特别少的地区，适用税额可以适当提高，但最多不得超过上述规定的平均税额的 50%（见表 7-6）。

占用基本农田的，适用税额应当在规定的当地适用税额的基础上提高 50%。基本农田，是指依据《基本农田保护条例》划定的基本农田保护区范围内的耕地。

表 7-6 各省、自治区、直辖市耕地占用税平均税额表

地 区	每平方米平均税额（元）
上海	45
北京	40
天津	35
江苏、浙江、福建、广东	30
辽宁、湖北、湖南	25
河北、安徽、江西、山东、河南、重庆、四川	22.5
广西、海南、贵州、云南、陕西	20
山西、吉林、黑龙江	17.5
内蒙古、西藏、甘肃、青海、宁夏、新疆	12.5

四、应纳税额的计算

耕地占用税的应纳税额，按照从量定额的办法，以应税对象的计税数量乘以纳税人具体适用的单位税额来计算。计算公式为：

应纳税额=计税依据×单位税额=实际占用耕地面积×适用定额税率

【例 7-12】 2018 年 10 月，黑龙江省某企业生产经营占用耕地面积 2000 平方米，假设黑龙江省耕地占用税单位税额为 17.5 元每平方米。

请计算该企业应纳耕地占用税税额。

【解析】 应纳税额=计税依据×单位税额

该企业应纳耕地占税税额下限=2000×17.5=35000（元）

五、税收优惠

耕地占用税的税收优惠主要是法定减免。

（一）免征耕地占用税的情形

下列用途的耕地免缴耕地占用税：

（1）军事设施占用耕地。免税的军事设施，具体范围包括：地上、地下的军事指挥、作战工程；军用机场、港口、码头；营区、训练场、试验场；军用洞库、仓库；军用通信、侦察、导航、观测台站和测量、导航、助航标志；军用公路、铁路专用线，军用通信、输电线路，军用输油、输水管道；其他直接用于军事用途的设施。

（2）学校、幼儿园、养老院、医院占用耕地。免税的学校，具体范围包括县级以上人民政府教育行政部门批准成立的大学、中学、小学、学历性职业教育学校以及特殊教育学校。由国务院人力资源社会保障行政部门，省、自治区、直辖市人民政府或其人力资源社会保障行政部门批准成立的技工院校。

学校内经营性场所和教职工住房占用应税土地的，按照当地适用税额缴纳耕地占用税。

免税的幼儿园，具体范围限于县级以上人民政府教育行政部门登记注册或者备案的幼儿园内专门用于幼儿保育、教育的场所。

免税的养老院，具体范围限于经批准设立的养老机构内专门为老年人提供生活照顾的场所。

免税的医院，具体范围限于县级以上人民政府卫生行政部门批准设立的医院内专门用于提供医护服务的场所及其配套设施。医院内职工住房占用应税土地的，按照当地适用税额缴纳耕地占用税。

（二）减征耕地占用税的情形

（1）铁路线路、公路线路、飞机场跑道、停机坪、港口、航道占用耕地，减按每平方米 2 元的税额征收耕地占用税。

（2）农村居民占用耕地新建住宅，按照当地适用税额减半征收耕地占用税。

（3）农村烈士家属、残疾军人、鳏寡孤独以及革命老根据地、少数民族聚居区和边远贫困山区生活困难的农村居民，在规定用地标准以内新建住宅缴纳耕地占用税确有困难的，经所在地乡（镇）人民政府审核，报经县级人民政府批准后，可以免征或者减征耕地占用税。

免征或者减征耕地占用税后，纳税人改变原占地用途，不再属于免征或者减征耕地占用税情形的，应当按照当地适用税额补缴耕地占用税。

六、征收管理

耕地占用税的征收管理，依照《中华人民共和国税收征收管理法》和《中华人民共和国耕地占用税暂行条例》有关规定执行。

（一）纳税义务发生时间

经批准占用耕地的，耕地占用税纳税义务发生时间为纳税人收到土地管理部门办理占用农用地手续通知的当天。

未经批准占用耕地的，耕地占用税纳税义务发生时间为纳税人实际占用耕地的当天。

（二）纳税地点

耕地占用税由耕地所在地的税务机关征收。

各省、自治区、直辖市人民政府财政、税务主管部门应当将本省、自治区、直辖市人民政府制定的耕地占用税具体实施办法报送财政部和国家税务总局。

第十一节　烟叶税

烟叶税法，是指国家制定的用以调整烟叶税征收与缴纳权利及义务关系的法律规范。现行烟叶税的基本规范，是 2018 年 7 月 1 日起施行的、2017 年 12 月 27 日第十二届全国人民代表大会常务委员会第三十一次会议通过的《中华人民共和国烟叶税法》。

一、烟叶税概念

烟叶税是对在中华人民共和国境内，依照《中华人民共和国烟草专卖法》的规定收购烟叶的单位征收的一种税。

二、纳税义务人

烟叶税的纳税义务人，是指在中华人民共和国境内收购烟叶的单位，包括国有企业、集体企业、私营企业、股份制企业、其他企业和行政单位、事业单位、军事单位、社会团体、其他单位。

三、征税对象

烟叶税的纳税对象是指晾晒烟叶和烤烟叶。

四、计税依据与税率

烟叶税的计税依据是纳税人收购烟叶实际支付的价款总额。

纳税人收购烟叶实际支付的价款总额包括纳税人支付给烟叶生产销售单位和个人的烟叶收购价款和价外补贴。其中，价外补贴统一按烟叶收购价款的10%计算。

因此，烟叶税的计税依据可以理解为是烟叶的收购金额，计算公式为：

$$收购金额=收购价款\times(1+10\%)$$

烟叶税的税率为 20%。

五、应纳税额的计算

烟叶税应纳税额的计算公式为：

$$应纳税额=收购金额\times适用税率$$

【例 7-13】某市区一家企业 2018 年 10 月收购烟叶 20000 斤，烟叶收购价格为 4 元每斤。

请计算该企业应纳烟叶税税额。

【解析】

$$\begin{aligned}应纳烟叶税税额&=收购金额\times适用税率\\&=收购价款\times(1+10\%)\times适用税率\\&=20000\times4\times(1+10\%)\times20\%\\&=17600（元）\end{aligned}$$

六、征收管理

（一）纳税环节与纳税义务发生时间

烟叶税的纳税环节，是指《中华人民共和国烟叶税法》规定的纳税人应当缴纳烟叶税的环节。烟叶税的纳税环节，是烟叶的收购环节。

烟叶税的纳税义务发生时间为纳税人收购烟叶的当日。

（二）纳税地点

纳税人应当向烟叶收购地的主管税务机关申报缴纳烟叶税。

（三）纳税期限

烟叶税按月计征，纳税人应当于纳税义务发生月终了之日起 15 日内申报并缴纳税款。

第十二节　船舶吨税

船舶吨税法，是指国家制定的用以调整船舶吨税征收与缴纳权利及义务关系的法律规范。现行船舶吨税的基本规范，是 2018 年 7 月 1 日起施行的、2017 年 12 月 27 日第十二届全国人民代表大会常务委员会第三十一次会议以第八十五号中华人民共和国主席令通过的《中华人民共和国船舶吨税法》。

一、船舶吨税概念

船舶吨税是对自中华人民共和国境外港口进入境内港口的船舶（以下简称应税船舶）征收的一种税，可简称为吨税。

二、纳税义务人

船舶吨税的纳税义务人，是指自中华人民共和国境外港口进入境内港口的应税船舶负责人。

三、征税对象、税目与税率

船舶吨税的征税对象是自我国境外港口进入境内港口的船舶，征税对象的细分详见《吨税税目税率表》（沿用了暂行条例所附的《吨税税目税率表》，见表 7-7），税目按船舶净吨位划分为 4 档，分别是：不超过2000净吨、2000～10000 净吨、10000～50000 净吨、超过 50000 净吨；税率根据船舶净吨位和吨税执照期限长短分别设置，并分为普通税率和优惠税率。税率采用定额税率的形式。

表 7-7　船舶吨税税目税率表

税目（按船舶净吨位划分）	税率（元/净吨）						备注
	普通税率（按执照期限划分）			优惠税率（按执照期限划分）			
	1 年	90 日	30 日	1 年	90 日	30 日	
不超过 2000 净吨	12.6	4.2	2.1	9.0	3.0	1.5	拖船和非机动车驳船分别按相同净吨位船舶税率的 50%计生税款
超过 2000 净吨，但不超过 10000 净吨	24	8.0	4.0	17.4	5.8	2.9	
超过 10000 净吨，但不超过 50000 净吨	27.6	9.2	4.6	19.8	6.6	3.3	
超过 50000 净吨	31.8	10.6	5.3	22.8	7.6	3.8	

中华人民共和国籍的应税船舶，船籍国（地区）与中华人民共和国签订含有相互给予船舶税费最惠国待遇条款的条约或者协定的应税船舶，适用优惠税率。

其他应税船舶，适用普通税率。

船舶吨税按照船舶净吨位和吨税执照期限征收。

应税船舶负责人在每次申报纳税时，可以按照《吨税税目税率表》选择申领一种期限的吨税执照。

应税船舶在吨税执照期满后尚未离开港口的，应当申领新的吨税执照，自上一次执照期满的次日起续缴吨税。

净吨位，是指由船籍国（地区）政府签发或者授权签发的船舶吨位证明书上标明的净吨位。非机动船舶，是指自身没有动力装置，依靠外力驱动的船舶。非机动驳船，是指在船舶登记机关登记为驳船的非机动船舶。捕捞、养殖渔船，是指在中华人民共和国渔业船舶管理部门登记为捕捞船或者养殖的船舶。拖船，是指专门用于拖（推）动运输船舶的专业作业船舶。

吨税执照期限，是指按照公历年、日计算的期间。

四、吨税执照

（一）执照的申报

应税船舶在进入港口办理入境手续时，应当向海关申报纳税领取吨税执照，或者交验吨税执照（或者申请核验吨税执照电子信息）。应税船舶在离开港口办理出境手续时，应当交验吨税执照（或者申请核验吨税执照电子信息）。

应税船舶负责人申领吨税执照时，应当向海关提供下列文件：

（1）船舶国籍证书或者海事部门签发的船舶国籍证书收存证明；

（2）船舶吨位证明。

应税船舶因不可抗力在未设立海关地点停泊的，船舶负责人应当立即向附近海关报告，并在不可抗力原因消除后，依照本法规定向海关申报纳税。

（二）执照期限的延长

在吨税执照期限内，应税船舶发生下列情形之一的，海关按照实际发生的天数批注延长吨税执照期限：

（1）避难、防疫隔离、修理、改造，并不上下客货；

（2）军队、武装警察部队征用。

出现上述情形时，纳税人应当提供海事部门、渔业船舶管理部门或者出入境检验检疫部门等部门、机构出具的具有法律效力的证明文件或者使用关系证明文件，申明延长吨税执照期限的依据和理由。

（三）净吨位变化但吨税执照依然有效的情形

（1）应税船舶在吨税执照期限内，因修理、改造导致净吨位变化的，吨税执照继续有效。应税船舶办理出入境手续时，应当提供船舶经过修理、改造的证明文件。

（2）应税船舶在吨税执照期限内，因税目税率调整或者船籍改变而导致适用税率变化的，吨税执照继续有效。

因船籍改变而导致适用税率变化的，应税船舶在办理出入境手续时，应当提供船籍改变的证明文件。

（四）吨税执照毁损或遗失的情形

吨税执照在期满前毁损或者遗失的，应当向原发照海关书面申请核发吨税执照副本，不再补税。

五、计税依据与应纳税额的计算

船舶吨税的计税依据是船舶净吨位。

船舶吨税的应纳税额按照船舶净吨位乘以适用税率计算，适用税率取决于船舶净吨位和申报的吨税执照期限以及是否适用优惠税率，计算公式为：

应纳税额=船舶净吨位×适用税率

【例 7-14】某境外船舶于 2018 年 10 月 10 日进入我国港口，经船舶负责人申报，其净吨位为 10000 吨，申报的执照期限是 30 日，适用优惠税率。

请计算该船舶应纳的船舶吨税税额。

【解析】基于船舶净吨位、申报的执照期限、是否适用优惠税率，查询吨税税目税率表可知，该船舶适用的单位税额为：2.9 元/净吨。

应纳船舶吨税税额 = 船舶净吨位×适用税率

$$= 10000 \times 2.9$$

$$= 29000\ (\text{元})$$

六、征收管理

（一）纳税环节与纳税义务发生时间

吨税的纳税环节，是指《中华人民共和国船舶吨税法》规定的纳税人应当缴纳船舶吨税的环节。船舶吨税的纳税环节，是应税船舶进入港口的环节。

吨税纳税义务发生时间为应税船舶进入港口的当日。

应税船舶在吨税执照期满后尚未离开港口的，应当申领新的吨税执照，自上一次执照期满的次日起续缴吨税。

（二）纳税地点

船舶吨税由海关负责征收。纳税人应当向船舶报关地海关申报缴纳船舶吨税。海关征收吨税应当制发缴款凭证。

应税船舶负责人缴纳吨税或者提供担保后，海关按照其申领的执照期限填发吨税执照。

（三）纳税期限

应税船舶负责人应当自海关填发吨税缴款凭证之日起 15 日内缴清税款。

未按期缴清税款的，自滞纳税款之日起至缴清税款之日止，按日加收滞纳税款万分之五的税款滞纳金。

（四）纳税申报

纳税人在到达港口并进行纳税申报时，需要填写船舶吨税纳税申报表。

应税船舶到达港口前，经海关核准可以先行申报并办结出入境手续的，应税船舶负责人应当向海关提供与其依法履行吨税缴纳义务相适应的担保；应税船舶到达港口后，依照船舶吨税法的规定向入境地海关申报纳税。

下列财产、权利可以用于担保：

（1）人民币、可自由兑换货币；

（2）汇票、本票、支票、债券、存单；

（3）银行、非银行金融机构的保函；

（4）海关依法认可的其他财产、权利。

（五）税款少征、漏征或多缴

海关发现少征或者漏征税款的，应当自应税船舶应当缴纳税款之日起一年内，补征税款。但因应税船舶违反规定造成少征或者漏征税款的，海关可以自应当缴纳税款之日起三年内追征税款，并自应当缴纳税款之日起按日加征少征或者漏征税款万分之五的税款滞纳金。

海关发现多征税款的，应当在二十四小时内通知应税船舶办理退还手续，并加算银行同期活期存款利息。

应税船舶发现多缴税款的，可以自缴纳税款之日起三年内以书面形式要求海关退还多缴的税款并加算银行同期活期存款利息；海关应当自受理退税申请之日起三十日内查实并通知应税船舶办理退还手续。

应税船舶应当自收到上述通知之日起三个月内办理有关退还手续。

（六）税收处罚

应税船舶有下列行为之一的，由海关责令限期改正，处 2000 元以上 30000 元以下的罚款；不缴或者少缴应纳税款的，处不缴或者少缴税款 50% 以上 5 倍以下的罚款，但罚款不得低于 2000 元：

（1）未按照规定申报纳税、领取吨税执照；

（2）未按照规定交验吨税执照（或者申请核验吨税执照电子信息）以及提供其他证明文件。吨税税款、税款滞纳金、罚款以人民币计算。

七、税收优惠

船舶吨税的税收优惠为法定优惠。依照税法，下列船舶免征吨税：

（1）应纳税额在人民币五十元以下的船舶；

（2）自境外以购买、受赠、继承等方式取得船舶所有权的初次进口到港的空载船舶；

（3）吨税执照期满后二十四小时内不上下客货的船舶；

（4）非机动船舶（不包括非机动驳船）；

（5）捕捞、养殖渔船；

（6）避难、防疫隔离、修理、改造、终止运营或者拆解，并不上下客货的船舶；

（7）军队、武装警察部队专用或者征用的船舶；

（8）警用船舶；

（9）依照法律规定应当予以免税的外国驻华使领馆、国际组织驻华代表机构及其有关人员的船舶；

（10）国务院规定的其他船舶。这一规定需要由国务院报全国人民代表大会常务委员会备案。

出现上述情形（1）至（5）时，纳税人应当提供海事部门、渔业船舶管理部门或者出入境检验检疫部门等部门、机构出具的具有法律效力的证明文件或者使用关系证明文件，申明免税的依据和理由。

第十三节　城市维护建设税

城市维护建设税法，是指国家制定的用以调整城市维护建设税征收与缴纳权利及义务关系的法律规范。现行城市维护建设税的基本规范，是1985年2月8日国务院发布并于同年1月1日实施的《中华人民共和国城市维护建设税暂行条例》。

一、城市维护建设税概念

城市维护建设税是对从事工商经营，缴纳增值税、消费税的单位和个人征收的一种税。

城市维护建设税补充了城市维护建设资金的不足；限制了有些地区和部门借口城建资金不足，随意向企业摊派物资和资金；城市维护建设税是一个具有专款专用性质的地方税，具体安排由地方政府确定，从而调动了地方政府进行城市维护和建设的积极性。

二、纳税义务人

城建税的纳税义务人，是指负有缴纳增值税和消费税"两税"义务的单位和个人，包括国有企业、集体企业、私营企业、股份制企业、其他企业和行政单位、事业单位、军事单位、社会团体、其他单位，以及个体工商户及其他个人。但目前，对外商投资企业和外国企业缴纳的"两税"不征收城建税。

三、税率

城建税的税率，是指纳税人应缴纳的城建税税额与纳税人实际缴纳的"两税"税额之间的比率。城建税按纳税人所在地的不同，设置了三档地区差别比例税率：

（1）纳税人所在地为市区的，税率为7%；

（2）纳税人所在地为县城、镇的，税率为5%；

（3）纳税人所在地不在市区、县城或者镇的，税率为1%。

城建税的适用税率，应当按纳税人所在地的规定税率执行。但是，对下列两种情况，可按缴纳"两税"所在地的规定税率就地缴纳城建税：

（1）由受托方代扣代缴、代收代缴"两税"的单位和个人，其代扣代缴、代收代缴的城建税按受托方所在地适用税率执行。

（2）流动经营等无固定纳税地点的单位和个人，在经营地缴纳"两税"

的，其城建税的缴纳按经营地适用税率执行。

四、计税依据

城建税的计税依据，是指纳税人实际缴纳的“两税”税额。在全面营改增后，城建税的计税依据中不再包含营业税的税额。

纳税人违反“两税”有关税法而加收的滞纳金和罚款，是税务机关对纳税人违法行为的经济制裁，不作为城建税的计税依据，但纳税人在被查补“两税”和被处以罚款时，应同时对其偷漏的城建税进行补税、征收滞纳金和罚款。

五、应纳税额的计算

城建税纳税人的应纳税额大小是由纳税人实际缴纳的“两税”税额决定的，其计算公式为：

应纳税额=纳税人实际缴纳的增值税、消费税税额合计数×适用税率

【例7-15】 某市区一家企业2018年10月实际缴纳增值税300000元，缴纳消费税400000元。

计算该企业应纳的城建税税额。

【解析】

市区适用的城建税税率为7%。

应纳城建税税额=(实际缴纳的增值税+实际缴纳的消费税)×适用税率

=(300000+400000)×7%

=49000（元）

六、征收管理

（一）纳税环节

城建税的纳税环节，是指《城市维护建设税暂行条例》规定的纳税人应当缴纳城建税的环节。城建税的纳税环节，实际就是纳税人缴纳“二税”的环节。纳税人只要发生“二税”的纳税义务，就要在同样的环节，分别计算缴纳城建税。

（二）纳税地点

城建税以纳税人实际缴纳的增值税、消费税、营业税税额为计税依据，分别与“二税”同时缴纳。所以，纳税人缴纳“二税”的地点，就是该纳税人缴纳城建税的地点。

（三）纳税期限

由于城建税是由纳税人在缴纳“二税”时同时缴纳的，所以其纳税期限分

别与“二税”的纳税期限一致。根据增值税法和消费税法规定，增值税、消费税的纳税期限均分别为 1 日、3 日、5 日、10 日、15 日或者 1 个月。增值税、消费税的纳税人的具体纳税期限，由主管税务机关根据纳税人应纳税额大小分别核定；不能按照固定期限纳税的，可以按次纳税。

【本章小结】

本章涉及的税种较多，现行税法体系中除了商品（货物）和劳务税类、所得税类涉及的五种税外，其他类别的税种均在本章进行了介绍。主要包括财产和行为税类的税种，如房产税、契税、车船税、印花税等四种税；资源税和环境保护税类的税种，如资源税、城镇土地使用税、土地增值税和环境保护税等四种税；特定目的税类，如车辆购置税、耕地占用税、烟叶税、船舶吨税和城市维护建设税等五种税。因此，本章共计介绍了十三种税。本章分别从基本原理、税制构成要素、应纳税额的确定、征收管理、税收优惠等方面结合各种税的具体情况进行了简要介绍。